Renate Bergmann

Ich habe gar keine Enkel
Das Dach muss vor dem Winter drauf

Renate Bergmann, geb. Strelemann, wohnhaft in Berlin. Trümmerfrau, Reichsbahnerin, Haushaltsprofi und vierfach verwitwet: Seit 2013 erobert sie Twitter mit ihren absolut treffsicheren An- und Einsichten – und mit ihren Büchern die ganze analoge Welt.

Torsten Rohde, Jahrgang 1974, hat in Brandenburg/Havel Betriebswirtschaft studiert und als Controller gearbeitet. Sein Twitter-Account @RenateBergmann, der vom Leben einer Online-Omi erzählt, entwickelte sich zum Internet-Phänomen. »Ich bin nicht süß, ich hab bloß Zucker« unter dem Pseudonym Renate Bergmann war seine erste Buchveröffentlichung – und ein sensationeller Erfolg, auf den zahlreiche weitere, nicht minder erfolgreiche Bände und ausverkaufte Tourneen folgten.

Renate Bergmann

Ich habe gar keine Enkel

Das Dach muss vor dem Winter drauf.

Zwei Romane in einem Band

Weltbild

Besuchen Sie uns im Internet:
www.weltbild.de

Genehmigte Lizenzausgabe für Weltbild GmbH & Co. KG,
Werner-von-Siemens-Straße 1, 86159 Augsburg
Ich habe gar keine Enkel
Copyright der Originalausgabe © 2018 by Rowohlt Verlag GmbH,
Reinbek bei Hamburg
Das Dach muss vor dem Winter drauf
Copyright der Originalausgabe © 2019 by Rowohlt Verlag GmbH,
Reinbek bei Hamburg
Umschlaggestaltung: Atelier Seidel – Verlagsgrafik, Teising
Coverillustration: Rudi Hurzlmeier
Satz: Datagroup int. SRL, Timisoara
Druck und Bindung: CPI Moravia Books s.r.o., Pohorelice
Printed in the EU
ISBN 978-3-96377-499-7

2022   2021   2020   2019
Die letzte Jahreszahl gibt die aktuelle Lizenzausgabe an.

Renate Bergmann

Ich habe gar keine Enkel

Die **Online**-Omi räumt auf

Weltbild

Pssssst ...

Guten Tag!

Hier schreibt Renate Bergmann. Entschuldigen Se, wenn ich flüstere, aber man weiß ja heutzutage nie, wo sich die Gängster überall verstecken.
Bitte kontrollieren Se, ob Sie auch die Haustür abgeschlossen haben, bevor Sie weiterlesen. Am besten doppelt.
Heute muss ich Ihnen von einer aufregenden Geschichte berichten.
Es ist im Grunde ein Wunder und nur der Tatsache zu verdanken, dass ich so aufmerksam und regelmäßig »Aktendeckel XY« gucke, dass ich hier sitzen und Ihnen schreiben kann. Fast hätte mich nämlich so ein Raudi um meine paar Kröten gebracht! Und dann wäre ich im Armenhaus gelandet bei Wasser und Brot und ohne Klappcomputer, jawohl. Ich sage nur: »Enkeltrick«, wenn Se verstehen, was ich meine.

Es war an einem Dienstag. Ich weiß es noch ganz genau. Ich wollte mir gerade das Abendbrot machen, da schellte das Telefon. Der Hausapparat, nicht das Händi.
»Nanu«, dachte ich, »wer läutet denn da um diese Zeit noch an?!« Die Uhr ging schließlich schon auf sechs, da macht man doch keine Anrufe mehr.
Ich meldete mich wie immer höflich und korrekt: »Teil-

nehmer Bergmann, Spandau, guten Tag?« Am anderen Ende hörte ich es atmen, und dann fragte eine Bengelstimme: »Oma? Hallo, Oma! Nu rate mal, wer hier schprischt!«

»Junger Mann, wir sind hier nicht bei ›Rate mal mit Rosenthal‹. Sagen Se, wer Sie sind und was Sie wollen, und hören Sie mit dem Quatsch auf!«

So was! Eine Unverschämtheit. Wissen Se, ich hatte schon das Teewasser aufgesetzt und mir meine Stullen geschmiert. Da kommt eine solche Störung doch ungelegen. Erst recht, wenn nur rumgestammelt wird und der Anrufer nicht sagt, wer er ist und was er will.

Denken Se sich nur: Der Rotzlöffel wollte mir im Laufe des Gesprächs tatsächlich weismachen, er wäre mein Enkel! Ob ich ihn denn nicht erkennen würde, fragte er. Wie sollte ich? Ich habe gar keine Enkel! (Merken Se sich das bitte, das wird für die Geschichte noch wichtig!) Na, da hatte er sich aber die Falsche ausgesucht!

Weil ich eben seit über 50 Jahren jeden Monat »Verbrecherjagd XY« im Fernsehen gucke, merkte ich sofort auf. Ganz aufgeregt war ich, und das Herz schlug mir bis zum Hals. Der unverschämte Bengel war natürlich nur die Spitze des Eisbergs, sozusage nur der Vorgeschickte einer verdeckt und international operierenden Bande. Sicher, ich hätte auch einfach in die Trillerpfeife pusten und ihm zu Ohrensausen verhelfen können, aber davon wären wir ja den Hintermännern nicht auf die Spur gekommen. Eine Renate Bergmann ist eine Frau der Tat und keine wimmernde Oma, die zur Kripo rennt und heult. Man sieht doch jeden Tag, was die machen – gar nichts! Die haben kein Geld, kein Personal und keine Lust. Ich weiß, was los ist. Als ich damals den Diebstahl meiner Friedhofsharke gemeldet habe, na, da musste ich drei Mal wiederkommen! Am Ende hat ein schwitzender, sehr beleibter Beamter nach zwei Stunden Wartezeit meine Anzeige auf der Schreibemaschine aufgenommen. Und als ich angerufen habe, weil ich dachte, die Frau Berber wird ermordet, da dauerte es über eine Stunde, bis sie eine Fußstreife zu uns nach Spandau geschickt haben.

Nee, hier mussten wir selber handeln. Das wusste ich gleich. Den Halunken würden wir uns schnappen! Und nicht nur ihn, sondern seine ganze Bande!
Ich überlegte.
Meine Freundin Gertrud würde ich einbinden müssen, die war unverzichtbar. Bestimmt brauchten wir einen Spürhund, und auch wenn Norbert, ihr Doberschnauzer, sehr verspielt ist – wittern kann er sehr gut. Zumindest Hundekuchen und Schokolade. Außerdem nennt Kurt die Gertrud wegen ihres Reizdarms immer »Nick Knatterton«. Das passte! Hihi.
Kurt. Ja. Ihn und Ilse musste ich auch in die Ermittlungsmannschaft aufnehmen, schließlich brauchten wir den Koyota als Einsatzfahrzeug. Und Kurt kann als Einziger von uns noch Auto fahren. Ja. Also, er tut es zumindest. Ich will das hier nicht weiter ausführen, wir sind bisher immer angekommen, meist sogar da, wo wir hinwollten. Sicher, seine Augen sind nicht mehr die besten, aber wenn

ich die Wahl habe zwischen Kurt und Gunter Herbst, nehme ich Kurt. Gunter hört doch nichts! Da muss man die Strecke brüllen und letztlich noch beherzt ins Lenkrad greifen, wenn man sichergehen will, dass er abbiegt. Kurt gehörte unbedingt dazu! Ilse ist gut zum Kartelesen und Schmierestehen zu gebrauchen. Und sie kann ganz prima »Passt bloß auf, macht vorsichtig, nicht, dass noch was passiert!« rufen.

Und ich? Na, ich bin eben wie dafür gemacht, den Dingen auf den Grund zu gehen! Hatte nicht Gertrud neulich erst »Du siehst aus wie Miss Marple, Renate« zu mir gesagt, als das schicke karierte Kostüm aus dem Teleschoppingkaufhaus ankam? Und die Meiser und die Berber, meine Hausgenossinnen, reden hinter meinem Rücken sowieso nur als »die spitzelnde alte Wachtel« von mir. Bloß, weil ich ein Auge darauf habe, was im Haus passiert.

Und wer wem welche Briefe schickt.

Nee, das war klar. Wir würden uns der Sache annehmen und die Gangster zur Strecke bringen, die alte Leute um ihr mühsam Erspartes bringen.

Die sollten uns kennenlernen!

Ich packte gleich die Tasche mit dem Wichtigsten, was wir brauchen würden: Lupe, Notizblock, Stadtplan, Händi, Pfefferspray, Rheumasalbe und Korn.

Die Jagd konnte beginnen.

Was wir dabei erlebt, ob und wie wir die Raudis gefangen und was wir nebenher noch so alles rausgefunden, ermittelt und aufgedeckt haben – das schreibe ich Ihnen alles auf. Machen Se sich auf was gefasst!

Ihre Renate Bergmann

PS: Wissen Sie, was Stefan meint, wenn er von »CSI Kukident« spricht? Ich finde im Interwebs dazu nichts.

Es ist ja doch ein großer Unterschied, ob einem sein Stündlein geschlagen hat oder seine Stunde

Es war der Donnerstag, nachdem der Enkelbetrüger bei mir angeläutet hatte. Andere wären nach so einer Erfahrung vielleicht fix und fertig gewesen mit den Nerven und hätten den Rentnerkaffee abgesagt, aber eine Renate Bergmann nich.

Ach, »Seniorenverein«, meine ich. Die olle Kuckert hat sich aufgeregt und wollte es umbenannt haben. Wilma Kuckert. Sie ist Rechtsverdreherwitwe. Keiner mag sie recht. Wissen Se, ich bin bestimmt keine, die auf einsamen alten Leuten rumhackt. Aber Wilma hat nicht nur keine Freunde, sie macht sich auch noch jeden zum Feind. Sogar Ilse! Dabei trägt Ilse Spinnen vor die Tür und lässt sie frei, statt ihnen mit dem Staubsauger den Garaus zu machen. Wissen Se, was Ilse gesagt hat? »Wenn Wilma diese Welt verlässt, dann gibt das hier ein Freudenfest!«, hat sie gereimt! Nee, was haben wir gelacht. Seit sich Wilma bei der Rentnerwanderung bei Kurt untergehakt hat, weil sie der Schuh drückte, ist Ilse nicht gut auf sie zu sprechen. Da vergisst sie glatt, dass sie eine ganz Liebe ist. Na ja, wir sagen jetzt jedenfalls »Seniorenverein« und nicht mehr Rentnerclub, weil sich sonst wohl viele auf den Schlips getreten fühlen, wie Wilma sagt. Statt dass se stolz sind, alt zu sein und so viel Erfahrung zu haben, schummeln sie mit den Jahren! Sie färben sich die Haare, lassen sich die Falten wegoperieren und wollen nicht alt genannt werden. Himmel herrje, wissen Se was, ich sage Ihnen eins: Alt werden wir alle, da kann keiner was dagegen tun, und je eher man sich damit abfindet, desto länger und besser wird diese schöne Zeit!

Die Wilma lässt sich ja immer mit der Taxe zum Rentnerclub fahren. Pah! Alle kommen entweder mit dem Auto oder, wenn sie nicht mehr allein fahren können, mit dem Bus. Der eine oder andere lässt sich von den Enkeln fahren, weil es nach dem Kaffee mitunter noch ein Bier oder einen Schoppen »Mädchentraube« gibt. Ich habe meinen Neffen, den Stefan, auch schon gefragt, ob er uns nicht abholen kann, aber so richtig will er nicht. Er windet sich und kommt mit Ausreden. »Drei Duftbäumchen auf der Rückbank« hat er uns genannt, nur weil Ilse, Gertrud und ich uns fein machen und einen Spritzer Kölnisch Wasser auflegen, wenn wir ausgehen. Nee, der Bengel! Aber wenn es drauf ankommt, hat eine Renate Bergmann ihre Tricks. Ich habe ihn angerufen und gesagt, dass wir gerade gemütlich beisammensitzen und Kinderfotos von ihm anschauen. Was meinen Se, wie schnell der da ran war!

Die Kuckertsche fährt jedenfalls mit Limousine vor und lässt sich vom Fahrer sogar die Tür aufhalten und beim Aussteigen helfen. So eine Etepetete ist das. Als sie das erste Mal zu uns kam, ist sie durch die Räume spaziert und hat gemurmelt: »Hübsch, ja. Einfach, aber hübsch«, und dann ging das Gemecker auch schon los. »Rentner« klinge so alt, moserte sie rum und schlug eben »Seniorenverein« vor. Mir ist das schnuppe, was draußen draufsteht, wissen Se, solange drinnen immer noch dasselbe ist ... und das sind wir Rentner! Pah. Man muss die Leute manchmal glauben lassen, dass sie recht haben, und einfach trotzdem weitermachen wie bisher. Also haben wir uns umbenannt.

Bei unserem Kaffeenachmittag kommen alle Alten aus dem Kiez zusammen, ach, das ist immer schön. Man ist mal raus, sitzt gemütlich beieinander und erfährt, was es Neues gibt.

Wir vom Vorstand machen auch die Tischordnung und sehen zu, dass wir alle mal durchrutschen lassen. Es hat ja keinen Sinn, dass Gertrud, Ilse, Kurt und ich an einem Tisch sitzen, nicht wahr? Wir sehen uns bald jeden Tag, was soll man sich denn da immerzu erzählen? Nee, wir gucken, dass wir uns aufteilen und an die anderen Tafeln gehen. Hinterher, auf der Heimfahrt mit dem Koyota, können wir uns austauschen und auf den aktuellen Stand bringen. So wissen wir immer gut Bescheid, was in Spandau los ist: wenn eine in anderen Umständen ist, wer schon wieder fremdgeht oder ins Heim kommt. Die Enkelin vom alten Herrn Heckenschroff arbeitet beim Edeka. Wer bei ihm mit am Tisch sitzt, erfährt manchmal schon lange vor allen anderen, wann Kaffee oder Waschpulver oder gar Korn im Angebot ist. Ariane und Stefan lachen mich dafür zwar aus, aber man kann doch ganz anders planen, wenn man einen Wissensvorsprung hat! Denken Se sich nur, ich kaufe zum Beispiel noch eine große Packung Pralinen ein, und zwei Wochen später sind die eins fuffzich billiger. Da ärgert man sich doch! Aber so sind junge Leute. Die haben eben die schweren Jahre nach dem Krieg nicht mitgemacht, als wir jeden Pfennig zweimal umdrehen mussten ... na ja. Jeder nach seiner Fassong. Ich sage nur: Solange Stefan noch rauchen kann – bald zwei Päckchen die Woche! –, müssen se es recht dicke haben, und der Junge kann seine alten Tanten dann und wann auch mal mit dem Auto fahren.

Nee, Ilse und ich machen immer eine schöne Tischordnung. Wir sind alte Spandauerinnen und wissen nach so vielen Jahren genau, wer mit wem kann und wer nicht. Frieda Klotz und Hermine Hinkel zum Beispiel darf man nie zusammen platzieren, weil Hermine nämlich 64 auf der Silvesterfeier Friedas Fritz das Neujahrsküsschen auf ... Aber das führt hier womöglich zu weit. Jedenfalls weiß man nie, ob die Geschichte nicht wieder hochkommt nach all den Jahren. Da will dann keiner dabei sein.

Man muss auch gucken, nicht nur die gleichen Krankheiten an einen Tisch zu setzen. Wenn Sie dreimal Rücken zusammen platzieren, haben die ganz schnell einen Fachkreis über Orthopädie, und die arme Galle daneben langweilt sich und trinkt einen Bohnenkaffee nach dem anderen, was das Problemorgan nur noch mehr reizt. Nee, da muss man sich Mühe geben und zusehen, dass man Rücken, Knie, Leber und Blutdruck mischt. Zucker passt überall mit hin, Zuckerleute sind gesellig und spielen sich nicht so in den Vordergrund. Aber Rücken sind ganz schlimm, die Rücken jammern in einer Tour und versauen einem im Rudel den ganzen schönen Kaffeenachmittag. Gertrud mit ihrem Reizdarm muss sowieso immer in der Nähe eines angekippten Fensters sitzen. Sie sehen schon, es erfordert einiges an Umsicht und Feingefühl, damit die Tischordnung gelingt und es ein schöner Nachmittag wird.

Man muss aber auch aufpassen, dass niemand aufsteht und einfach an einen anderen Tisch geht. Sonst war am Ende womöglich alles umsonst, und der ganze schöne Plan artet in eine Reise nach Jerusalem aus.

An diesem Kaffeedonnerstag saß ich jedenfalls mit Lotte Lautenschläger an der Tafel. Ich kenne Lotte als gesellige Person, die nie um einen kleinen Spaß verlegen ist, aber heute war sie ganz betrübt.

Lotte ist eine treue Seele, die ihr Leben lang fleißig gearbeitet und sich nichts zuschulden kommen lassen hat. Sie war früher Zahnarzthelferin, als das noch so hieß und nicht »zahnmedizinische Fachangestellte«. Die hat genug Elend gesehen in über 40 Dienstjahren am Spucknapf, kann ich Ihnen sagen. Nu saß se ganz traurig hinter ihrer Kaffeetasse und wollte nicht so richtig mit der Sprache raus. Zweimal habe ich gefragt, aber sie blieb stumm. Da weiß eine Renate Bergmann, dass sie besser nicht weiterbohrt. Dass sie nicht erzählen wollte, lag aber nicht an mir, sondern an der übrigen Gesellschaft am Tisch. Ich hatte mich nämlich geopfert und Wilma Kuckert mit zu uns genommen.

Lotte guckte ins Leere und aß ihren Streuselkuchen ohne rechten Appetit. Dieses Mal hatte Ilse gebacken. Er war trocken und bröselte von der Kuchengabel, aber es war nun auch nicht so schlimm, dass Lottes Verstimmung daran gelegen haben könnte. Ich ließ es aber dabei bewenden, parlierte mit der Anwaltswitwe, und als die endlich mal austreten ging, machte ich mit Lotte ein Likörchen auf meiner Küchenbank aus. Sie hatte Tränen in den Augen, denken Se nur!

Mir ließ das gar keine Ruhe. Gleich am nächsten Tag rief ich sie an, und schon nach dem Mittag saß Lotte auf meinem Küchensofa. Kennen Se noch ein Küchensofa? Ach, ich finde das so gemütlich! Küchen sind in meinen Augen sowieso der Ort, an dem man am leichtesten ins Gespräch kommt. Es ist weniger gezwungen als in der guten Stube, und vieles ergibt sich einfach so nebenher beim Abwasch oder beim Gemüseputzen. Mein Franz liebte die Küchencouch auch, der hat oft ganze Wochenenden darauf verbracht. Er hat da geschlafen, sich die Fußnägel geschnitten, Zeitung gelesen und gegessen. Und wenn es ran war ... na, was soll ich mich dummhaben wie die Zick am Strick? Ich sage es frei heraus, wir waren jung, und da sind wir manchmal nicht in die Schlafstube gegangen, wenn das Verlangen über uns kam. Wenn mein Küchensofa Geschichten erzählen könnte, Sie müssten die Ohren anlegen! Mein Katerle schläft da tagsüber, die Frau Meiser, was meine Nachbarin ist, pflanzt sich da hin und wieder drauf und schielt zum Kühlschrank, wenn sie mal was auf dem Herzen hat. (Im Kühlschrank steht der Eierlikör, den ich selbst ansetze und den die Meiser mit Vorliebe schleckert und die Mongscherie, von denen sie auch schon so manche Packung auf den Hüften hat.)

Nun saß also Lotte in meiner Küche, und ich goss gerade das zweite Glas Likör ein, damit ihre Zunge lockerer wurde. »Lotte, nun erzähl mal. So schlimm kann es doch nicht sein: Was ist passiert?«, ermutigte ich sie dezent.

Sie atmete bebend tief ein und brachte mit zitternder Stimme immerhin das Wort »Enkeltrick« heraus. Danach flossen nur noch die Tränen. Die gute Lotte war fix und fertig und sachte erst mal gar nichts mehr.

Dabei war Lotte schon die Dritte bei uns im Kiez, die so einen Enkelanruf bekommen hatte. Kennen Se das? Enkeltrick? Ich meine nicht, wenn die Enkel nach Taschengeld betteln und einem vormachen, dass sie diesen Monat noch gar nichts fürs Zeugnis gekriegt haben. Das machen se alle, die jungen Leute. Da muss man nur streng über die Brille gucken und dann sind se meist stille. Und wenn Sie ihnen mal diskret einen kleinen Schein außer der Reihe zustecken, freuen die sich. Das hängt ja auch davon ab, wie groß die Renate ist. Die Rente. Huch, jetzt habe ich ein a zu viel getippt.
Entschuldigen Se.
Nee, der Enkeltrick ist anders. Ich erkläre Ihnen mal, was das ist und wie er geht. Also, da guckt eine Bande die Telefonbücher durch und sucht sich Namen raus, die nach alten Menschen klingen. Wenn einer Friedrich, Oskar oder Wilhelmine heißt, streichen die sich die Nummer an. In ein paar Jahren wird das nicht mehr gehen, denn gerade sind die alten Namen ja wieder sehr modern, und die jungen Eltern nennen die kleinen Geister alle Charlotte oder Fritz. Aber das ist ein anderes Thema. Die werden auch keinen Postanschluss mehr nehmen und sich nicht ins Telefonbuch eintragen lassen. Die haben bestimmt alle nur noch Händi. Dereinst werden die Gangster also die Monikas, Marens und Thomasse anrufen.
Ich habe es ja erlebt, ich weiß, wovon ich rede, und kann aus erster Hand berichten! »Renate« war in den 30er Jahren als Vorname sehr beliebt. Allein beim Seniorentreff sind wir zu fünft! Stellen Se sich nun vor, Sie sitzen als älterer Mensch zu Hause. Da sitzen ja die meisten. Sie gucken eine

schöne Serie oder machen gerade den Abwasch oder wischen Staub – da läutet das Telefon. Sie gehen ran, und am anderen Ende der Leitung ist ein junger Mann oder eine junge Frau und brüllt einen durch eine vorgeblich schlechte Leitung an: »Oma? Bist du es? Rate mal, wer hier ist!« Na, nun überlegen Se mal. Man ist ja verdattert im ersten Moment. Wie oft rufen die Enkel schon an? Höchstens am Geburtstag. Meist abends, wenn die Mutti sie erinnert hat: »Hast du wohl an Omas Geburtstag gedacht?« Dann schellt um halb acht der Postapparat, und der Connor oder die Vivienne ist dran, rattert in eins dreißig Glückwünsche runter, und das war es wieder bis Weihnachten. Woher kennt man denn noch die Stimme der Enkel?, frage ich Sie. Sicherlich, heutzutage, wo auch die älteren Herrschaften moderner sind, haben viele den Enkel als Fäßbock-Freund. Aber da hört man die Stimme auch nicht. Man sieht nur, wo sie überall unterwegs sind, und fragt sich, was das wohl alles kostet und wie die das mit dem bisschen Lehrlingsgeld wohl hinkriegen, ohne Dummheiten zu machen.

Also, was sagt man, wenn einen jemand »Oma« nennt und raten lässt, wer dran ist? Je nachdem, ob es eine weibliche oder eine männliche Stimme ist, denkt man »Vivienne« oder »Connor« oder wie die Blagen eben heißen. »Die Waltons vom Prenzlauer Berg« sozusagen, hihi. Wie viele Enkel hat man denn? frage ich Sie. Ich zum Beispiel habe gar keine Enkel, das wissen Se ja.

Aber da kommen wir später drauf zurück.

Wenn der Gangster Glück hat – und die Wahrscheinlichkeit ist recht hoch, dass das klappt –, sagt die Oma:

»Vivienne?«, und schon isse in die Falle gegangen. Die falsche Vivienne erzählt, dass sie ganz dringend Geld braucht, weil sie die einmalige Gelegenheit hat, ein Grundstück oder ein Auto zu kaufen. Das Angebot ist unverschämt günstig, weshalb alles ganz schnell gehen muss. Die Vivienne braucht Geld, und zwar viel. Meist Tausende! Sie fragen oft noch, wie viel die Oma denn wohl auf der hohen Kante hat, und wenn die sagt: »Auf dem Sparbuch sind 13 000«, dann antwortet das Gangster-Gör so sinngemäß: »Also fehlen mir nur noch 2000, aber die kriege ich schon zusammen.« Es geht eine Weile hin und her, die Vivienne macht Hektik und drängelt, dass sie wirklich keine Zeit zu verlieren hat. Sie scheucht die Oma zur Sparkasse und bläut ihr ein, dass sie um Himmels willen niemandem auch nur ein Sterbenswort davon erzählen dürfe, weil es eine Überraschung für die Mutti werden soll. Sie sagt vielleicht, dass nächste Woche der Bausparer fällig werden soll und dass die Oma das Geld zurückbekommt mit Zins und Zinseszins und einer Schachtel Konfekt obendrauf, um sie zu beruhigen und letzte Zweifel zu zerstreuen.

Das ist ungefähr die Kurzfassung. Bei mir haben se ja auf Granit gebissen, aber so bedröppelt, wie Lotte hier auf dem Küchensofa saß, war ganz klar, dass die denen auf den Leim gegangen war. Sie nippte schluchzend an ihrem Likör. Langsam beruhigte sie sich ein bisschen. Lotte verträgt ja keinen Korn und trinkt immer nur so süßes Schlabberwasser in den Varianten Johannisbeere, Kirsche und Heidelbeere. Es schmeckt alles ganz fürchterlich süß und man hat hinterher die klebrigen Likörschalen im Abwasch, nee, also schon deshalb ist das für mich nichts.

Ich goss noch mal ordentlich nach, und endlich erzählte Lotte die ganze Geschichte. Denken Se nur: Das gleiche böse Spiel haben sie mit ihr gespielt! Genau so war es, nur dass ihre »Vivienne« eine »Sandra« war. Ein paar Anrufe lang ging es wohl hin und her, dann stand fest, dass Lotte zur Sparkasse musste und 9000 Euro holen sollte.

Lotte hatte sich sehr beeilt, aber in Räuberzivil konnte sie nicht auf die Straße, Eile hin oder her. Wenn man zur Sparkasse geht, dann doch wohl ordentlich angezogen in Rock und Bluse. Lotte hatte sich gerade die Brosche angesteckt und wollte zur Tür raus, da schellte der Apparat wieder. Die jungsche Person, die sich Sandra nannte, war dran und schimpfte, warum Lotte noch immer zu Hause war. Reineweg böse war sie. Lotte ist hin zur Sparkasse, so schnell es eben ging mit ihrem Hammerzeh. Die Frau Pinscher hat noch ein paar Mal nachgefragt, ob sie wohl wirklich so viel Bares braucht, wofür es ist und ob sie sich das gut überlegt hat, aber da die nachgemachte Enkelin ja darauf bestanden hatte, dass sie keiner Sterbensseele ein Wort sagen dürfe, hielt sie den Mund und steckte die großen Scheine in den BH.

Lotte nippte wieder am Likörschälchen, an dem sich nun schon ein kleisteriger Rand gebildet hatte. Das würde ich gleich einweichen müssen, wenn sie weg war.

Sie erzählte weiter. Ganz außer Atem war sie, als sie zu Hause die drei Treppen hoch war, und kaum, dass sie in den Flur kam, schellte schon wieder der Apparat. Lotte meinte, es klingelte fast vorwurfsvoll. Sie konnte nicht mal die Kappe absetzen und war noch im Mantel, als sie abnahm. Da schimpfte ihr die Person schon entgegen, warum sie so lange weg gewesen war. Die Enkelimitatorin redete ganz schnell, berichtete Lotte. Dass es nun schon sehr spät und der Mann mit dem Auto und den Papieren schon da wäre und dass sie nun nicht selbst vorbeikommen könnte, um das Geld abzuholen, da der Autoverkäufer ja bei Laune gehalten werden musste. Sie machte noch ein bisschen Druck und sagte, dass Lotte Schuld hätte, wenn das Geschäft schiefgeht und sie die einmalige Gelegenheit verpasst. Stattdessen würde sie ihren neuen Freund schicken, den Kevin. Der würde das Geld holen. Lotte solle keine Zicken machen, ihm das Geld geben und bloß keine weiteren Verzögerungen mehr verursachen. Lotte hatte noch einen ganz kleinen hellen Moment und fragte: »Aber Sandra, woher weiß ich denn, dass das auch wirklich dein Freund ist?« – »Ach Oma. Du weißt doch noch, was früher, als kleines Mädchen, mein Lieblingsessen bei dir war?« – »Aber Mäuschen, wie könnte ich das vergessen? Milchreis! Den mache ich dir gern wieder mal, wenn du nächste Woche kommst und das Geld zurückbezahlst!« – »Genau. Das machen wir, Omi. Ach, da freue ich mich. Du fragst den Kevin nach meinem Lieblingsessen, und dann weißt du, dass er der Richtige ist. Ich muss jetzt Schluss machen, ich habe hier Stress, wir sehen uns nächste Woche. Danke schön, Omi, das vergesse ich dir nicht.«

Ich goss vom klebrigen Gesöff nach und deutete Lotte, dass sie weiterreden sollte. Sie hatte gerade einen Lauf ohne Tränen und Seufzen, das musste man nutzen. Lotte nahm einen großen Schluck und fuhr fort.

Es kam, wie Sie sich es vielleicht schon denken; diese selten einfältige Person hat tatsächlich an der Haustür einem wildfremden Bengel, den sie noch nie gesehen hatte, das Ersparte rausgegeben. In bar und ohne Quittung, nur gegen die Parole »Sandra isst gern Milchreis«. Erst als der Halunke weg war, fing die Lotte an zu überlegen. Sie wählte die Nummer der echten Enkelin, die sich nach etlichen Anläutsekunden endlich meldete. »Omi! Dass du mich mal anrufst ... Wie geht es dir denn?« Da schwante der Lotte das erste Mal, dass sie wohl ziemlichen Bockmist gebaut hatte. Ganz blümerant im Magen sei ihr geworden, erzählte se. Die echte Sandra ließ sich am Telefon kurz wiedergeben, was passiert war, bevor sie schnurstracks und außer der Reihe bei der Omi vorbeikam. »Geschimpft hat sie«, seufzte Lotte, »und mit Recht. Weißte, Renate, ich komme mir wie ein tüdelige olle Tante vor. Das waren meine ganzen Ersparnisse!« Wieder schniefte sie.

Ich gab ihr nichts mehr vom Likör. Wissen Se, auch wenn er nur 20 % hatte – ich kenne Lotte! Die verträgt doch nichts! Wenn wir beim Rentnervergnügen beisammensitzen und meinetwegen auf die Gesundheit eines neuen Urengelchens anst ... nee, warten Se. Jetzt bin ich abgerutscht. Urenkelchens, muss es heißen. Das sind ja nun beileibe nicht immer Engelchen, hihi! Wenn einer von uns Alten einen neuen Urenkel bekommen hat und wir auf die Gesundheit anstoßen und dass das Kind gut pullern kann, kriegt Lotte nach zwei Schlückchen Sekt schon rote Pusteln im Dekolletee. Sie bekommt aufsteigende Hitze und muss sich Luft zufächeln. Da ist sie wie Ilse. Auf Ilse muss man achtgeben, sonst erzählt sie nur wieder einen Schwank aus unserer Jugend, und das muss nun wirklich nicht sein. Ich war kein Mädchen von Traurigkeit, das können Se sich ja denken, aber das geht niemanden etwas an. Erst recht nicht, wenn Wilma Kuckert dabei ist, die olle Schnippe.

Statt Likör bot ich Bohnenkaffee an. Wir brauchten jetzt einen klaren Kopf.

Eine Renate Bergmann ist nicht auf den Kopf gefallen und weiß Bescheid. »Aktenstapel XY« gucken ist schließlich Bürgerpflicht! Nicht nur, dass man vielleicht Zeuge eines Verbrechens war und Hinweise geben kann, nein, man wird auch aufgeklärt und bleibt auf der Höhe der Zeit, was die Gauner aktuell für eine Masche draufhaben. Enkeltrick ist seit JAHREN ganz oben auf der Liste. Da bin ich im Bilde, da kenne ich jedes Detail. Sollten Sie, die das jetzt zufällig auch lesen, sich je mit dem Gedanken getragen haben, die Oma oder den Opa zu übervorteilen: Schämen Se sich! Denken Se nicht mal im Traum daran! Wir Alten wehren uns und lassen uns das nicht gefallen. Wissen Se, im Grunde habe ich nur drauf gewartet, dass mich mal so eine Kanaille anläutet und es bei mir versucht. Ich habe mir immer vorgestellt, dem das Handwerk zu legen. Aber als es dann so weit war, war ich doch zu ängstlich. Aber wenn die sich noch mal melden ...!

Kennen Se das, wenn man hinterher genau weiß, was man Passendes hätte sagen können? Ach, es ist ärgerlich! Im Nachhinein habe ich immer die richtige Antwort parat. Wie damals, als Wilma vor allen Leuten zu mir sagte: »Du mit deiner großen Witwenrente kannst eben große Sprünge machen«, fiel mir erst später, als ich auf meinem Duschhocker saß und mich abbrauste, die passende Antwort ein. »Dafür habe ich auch mein Leben lang Männerunterhosen gewaschen, Wilma!«, hätte ich sagen sollen. Ach, was würde ich geben für eine zweite Schangse! Die Enkeltrickser sollten es ruhig noch mal bei mir versuchen, denen würde ich zeigen, was eine Harke ist. Eine Renate Bergmann zieht keiner über den Tisch.

Schon deshalb, weil ich ja gar keine Enkel habe! Ich habe Stefan, der ist im Grunde so was wie ein Enkel. Er ist ein Neffe meines verstorbenen ersten Mannes Otto und nennt mich immer Tante Renate. Das ist auch richtig, Ilse hat das ausgerechnet. Sie kennt sich mit Verwandtschaftsverhältnissen gut aus und kann Ihnen sagen, wie die Königin von Spanien mit dem Prinzen von Belgien verwandt ist. Sie hat die Stammbäume der ganzen Königshäuser im Kopf und den der Familie Busch. Trudi Busch ist in unserer Wasserdisko-Gruppe, wissen Se, und sie prahlt alle paar Monaten mit einem neuen Urenkelchen. Manchmal kommt sie aber schon durcheinander. Die Kinder und Enkel schicken ihr ab und an ein Foto, sie wollen sie ja auf dem Laufenden halten. Trudi tut immer so, als läge schon wieder ein neues Baby vor. Dem Himmel sei Dank fragt Ilse immer die Namen ab, passt da auf und hält auch die Trudi auf dem Laufenden über den Enkelbestand. Nicht, dass die olle Busch noch doppelt oder dreifach Geburtskarten mit 50 Euro drin schickt. Das geht doch nicht! Das ist auch ein Art Enkeltrick! Nee, drei Urenkelchen hat sie und keines mehr. Laut Trudi heißen sie alle »Hömma!«. Ilse kann auch die Eltern benennen und weiß, wer von wem welchen Unterhalt zu kriegen hat und aus welchem Hause die Väter stammen. Da muss Ilse nicht mal in ein Buch gucken, das merkt die sich alles so.

Sie gibt aber eben jeden Monat an die 100 Euro für Zusatzpillen aus, die der Doktor nicht verschreibt. Sie bestellt das beim Teleschopp. So braune Töpfchen, die ganz edel aussehen. Ilse und Kurt schlucken das Zeug zu jeder Mahlzeit. Für die Knochen, für die Augen und gegen die Verkalkung. Ich war erst ganz besorgt. Wissen Se, ich bin keine, die einfach irgendwas einnimmt. Man weiß ja nie! Wer kennt schon die Nebenwirkungen? Ich weiß noch, Tante Gans – also Gertruds Mutter, Gertrud ist eine geborene Gans –, Tante Gans hat mal Tabletten gekriegt, da durfte sie keinen Kaffee dazu. Ganz wild ist sie geworden und fing des Nachts um drei an, die Betten aus dem Fenster zu hängen und Gardinen zu waschen. Zum Glück wohnten sie auf dem Dorf. Da haben se nur den Doktor gerufen, sie ans Bett gebunden, ihr kalte Umschläge gemacht und den Kaffee weggelassen. Dann ging es wieder. Wenn Se das heutzutage in der Stadt machen, na, da rufen doch die Nachbarn die Feuerwehr, und die bringen einen ins Heim. Da kommt man nie wieder raus.

Der Mann im Fernsehen hatte »Spreewaldhonig« im Angebot, und nun überlegen Gertrud und ich schon die ganze Zeit, ob die Bienen wohl die Gurken weggefressen haben.

Ich bin im Zweifel, ob ich Ihnen wohl jetzt von Ilses Medikamenten erzählen soll oder ob das zu weit vom Thema abschweift. Ach, es passt gerade so schön, hören Se zu: Ilse bestellt seit geraumer Zeit ständig Pillen im Fernsehen. Es ist kaum zu glauben, sage ich Ihnen, ich bin umgeben von Tablettenfressern. Kirsten, meine Tochter, hat einen Hang zum Spirituellen und geht nicht ohne ihre weißen Puffreiskörnchen aus dem Haus, diese Globussi. Die können Se ruhig essen, da passiert nichts. Das ist so, als würde man einen Teebeutel in Dresden kurz in die Elbe halten und das Wasser in Hamburg als Schwarztee verkaufen. Gertrud lässt sich gegen jedes Zipperlein was von ihrem Doktor aufschreiben, und Ilse versorgt Kurt und sich mit ihrem Bioschrott vom Televerkaufsschopp. Sie glauben nicht, was die da alles haben! Zu jeder Mahlzeit gibt es ein halbes Kompottschälchen voll. Kurt hat schon vier Pfund abgenommen. Nicht weil auch Diätpillen dabei wären, nein, sondern weil er wegen der Handvoll Tabletten jeden Morgen ein halbes Brötchen weniger schafft.

Ilse achtet aber sowieso darauf, dass Kurt nicht zu stark auslegt. Nicht nur, dass seine Hose, in der er mal beerdigt werden soll, Bundweite 32 hat – Sie wissen ja, er ist 87, da muss man immer mit allem rechnen –, nein, sie will auch, dass Kurt im Rentnerverein gut wegkommt. Wilma, diese gehässige Person, sagt immer: »Ein guter Hahn wird nicht fett«, wenn einer der Männer eine weitere Hose braucht. Also eine Größe größer. Sie wissen schon. Dann nicken die ollen Frauen und werfen sich kichernd Blicke zu, die so viel bedeuten wie »Bei denen geht unter der Bettdecke eben nichts mehr«. Nee, das will Ilse nicht. Schon deshalb hält sie Kurt mit dem Essen kurz.

Ja, und sie macht sich schon Sorgen um die Gesundheit, um die eigene nicht minder wie um die vom Kurt. Sie sind beide fit wie die Fische im Wasser, jedenfalls wenn man ihr Alter berücksichtigt. Sie ahnen es nicht, was die trotzdem noch alles einnehmen! Ich habe mir die ganzen Töpfchen mal angeguckt.

Gerstengras. Die beiden kauen Heu! Ich sach: »Ilse!«, sach ich. »Damit füttert Gunter Herbst sein Pferd!« Die alte Hallah, die jetzt 38 Jahre alt ist und die bei ihm im Gnadenbrot steht, wissen Se. Nee, entgegnete mir Ilse, es wäre spezielles Zeug, was mit Zink angereichert ist. Ich habe die Lesebrille aufgesetzt und genau auf dem Etikett nachgelesen, da stand: »Kann ein gesundes Nährstoffprofil unterstützen.« Ich weiß ehrlich gesagt gar nicht, was das ist, ein Nährstoffprofil. Ich mache immer Gemüse zum Braten, da hat man Fitamine dabei und ordentlich Salz und Pfeffer dran sowie fingerbreit Butter. Das waren nun über 80 Jahre lang Nährstoffe genug, da muss ich kein zermahlenes Heu für 30 Euro essen. Man kann nur den Kopf schütteln. In einem anderen Büchschen waren dunkelgolden schimmernde Kapseln, die wie Plasteperlen aussahen.

»Das ist **Lachsöl**«, sprach Ilse fast ehrfürchtig. »Davon

nehmen wir morgens und abends jeweils eine. Das ist gut fürs Herz.« Offen gesprochen: Das riecht man, wenn se das genommen haben. Ilse stößt danach immer so fischig auf. Ein weiterer Tiegel war voll mit grünen Pillen, die in ihrem eigenen Staub vor sich hin rotteten. Es wären gepresste **Algen**, sprach mein Ilschen und rang um Worte. So richtig wusste sie wohl selber nicht, wofür das Zeug gut war. »Für ... es ist für das Gesamtbefinden und das Immun. Man kriegt dann weniger Heuschnupfen.« – »Ilse«, sagte ich, »wenn du nicht getrocknetes Gerstenheu schlucken würdest, müsstest du auch nichts gegen Heuschnupfen nehmen.« Gläsers hatten noch nie Heuschnupfen. Sie sind schließlich beide vom Land. Ilse und ich saßen als kleine Mädchen oben auf dem Srohballenwagen, wenn die Ernte eingefahren wurde, und winkten den Bauern. Wie soll man da Heuschnupfen bekommen!

Ich sage Ihnen, wenn die Leute alt werden und nichts mehr zu tun haben, fallen sie auf jeden Quatsch rein.

Der halbe Küchenschrank war voll mit diesem Plunder. Ich kann Ihnen hier gar nicht alles aufzählen, aber für jedes Zipperlein gab es was. Überall stand »unterstützt«, »kann helfen« oder »trägt dazu bei« drauf. Also alles keine Versprechen, auf die man diese Heilsbringer festnageln könnte, aber doch gaukeln sie einem vor, dass man wieder ohne Krücken klarkäme. Da waren Pülverchen für die Gelenke, für die Augen und für schöne Fingernägel. In einer Dose waren blaue Tabletten. Die hat Ilse aber ganz schnell weggeräumt. Stattdessen hielt sie mir ein Glas Saft hin. Es schmeckte schleimig und ganz furchtbar süß, am ehesten wohl nach Himbeere. »Das sind Gelenkproteine. Damit bauen sich deine Knorpel in der Kniescheibe wieder auf. Die scheuern dann nich mehr aneinander, und es knackt nicht beim Bücken.« Man konnte nur staunen, auf was für blödsinnige Ideen die Leute kommen, die einem das verkaufen. Und dass das bei Ilse klappt! Wissen Se, das ist eine Studierte! Die Frau hat Verstand und lässt sich normalerweise kein X für ein U vormachen. »Ilse, Ilse, nee. Da geht bald die halbe Rente für drauf! Wie oft kaufst du das denn?« Sie wiegelte ab und murmelte, dass man es auf den Tag runterbrechen müsse, und für seine Gesundheit sollten einem ein paar Zent nicht zu viel sein. Das waren nicht Ilses Worte, das hatte die von diesem Fernseh-Quacksalber! Ich kenne mein Ilschen, das hat die nachgeplappert.

Für mich sind diese Scharlatane mindestens genauso gefährlich wie Enkeltrickbetrüger. Im Grunde ist das nichts anderes als Kaffeefahrt im Fernsehen, wenn Se mich fragen. Die gucken ganz direkt mit Dackelaugen in die Kamera und sprechen die Leute an: »Zwickt es Ihnen auch oft im Rücken, oder haben Sie eine Befindlichkeit beim Treppensteigen?«, fragt die Motoratorin meist. Die sind ja nicht dumm, die kommen immer von links durchs Knie ins Auge mit Worten wie »Befindlichkeit« oder »Unwohlsein«, weil se nämlich keine Heilsversprechen machen dürfen! Und ich frage Sie: Welchen alten Menschen zwickt es denn nicht mal in den Knochen? Da fühlt sich jeder angesprochen. »Wenn morgens nichts weh tut beim Aufstehen, biste tot«, hat Opa schon immer gesagt. Man stimmt den Quacksalbern leise zu, und schon packen se die Keule aus: »Oh, ich höre gerade aus der Regie, dass es sehr knapp wird, wir haben nur noch 200 Gelegenheiten und 180 Anrufer in der

Leitung. Wenn Sie schon morgen die Linderung spüren wollen, wird es allerhöchste Zeit, jetzt zum Hörer zu greifen. Lassen Sie sich diese Gelegenheit nicht entgehen!« So säuseln die da rum und packen die ollen Leute bei ihren Zipperlein. Sie reden ihnen quasi ein schlechtes Gewissen ein. Dass sie es ja selbst in der Hand hätten, was dagegen zu tun, man müsste nur anrufen und für 30 Euro etwas bestellen. Gucken Se da mal rein in so eine Sendung, man kommt aus dem Lachen gar nicht wieder raus. Alles ist immer reine Natur, vegan und bio und so, es hat keine Broteinheiten, damit auch Diabetiker mitmachen können und jeder das Zeug kauft. Bei den Wirkstoffen tun se immer geheimnisvoll und kommen mit irgendeiner Wurzel oder Beere, die nur im brasilianischen Dschungel wächst, damit man ja nicht auf die Idee kommt, dass man die Sachen ja auch selbst im Wald sammeln kann. Und so preisen die da Prepperate für die Leber, gegen Verkalkung, für den Appetit, zum Abnehmen und sogar zum Einschlafen und gegen Schuppenflechte an, alles, was alte Leute eben so beklagen. Und da die viel Zeit und Langeweile haben und diesen Quatsch gucken – jedenfalls, wenn »Rote Rosen« vorbei ist –, greifen die erwartungsfroh zum Hörer und ordern das.

Ausgerechnet Ilse! Man glaubt es kaum, dabei führt die normalerweise keiner hinter die Fichte. Aber wenn es um die Gesundheit geht, lässt man eben ungern jede noch so kleine Schangse unversucht. Es ist nicht leicht, alt zu werden, das kann ich Ihnen sagen!

»Ilse, du spinnst doch, das ist alles Geldschneiderei! Hast du das mal dem Doktor gezeigt?«, fragte ich energisch nach. Sowohl Kurt als auch sie nehmen natürlich was gegen Blutdruck ein, das ist in unserem Alter ganz normal. Nicht, dass die ganzen Kräuterpillen da noch gegen anwirkten! Ilse meinte, das wäre alles Nahrungsergänzung und keine Medizin. Für mich war das der Beweis, dass es überhaupt keine Wirkungen gab, denn sonst dürfte man den Kram nicht ungezügelt essen wie Knabberschips. Darf man aber! Auf den Dosen steht »Verzehrempfehlung«. Das steht auf dem Tütchen mit den getrockneten Apfelringen, die ich hin und wieder nasche, wenn ich mit Erwin einen Fernsehabend mache, genauso.

Derweil ich noch grübelte, wie ich Ilse wohl zur Vernunft bringen könnte, machte sie nebenbei ihre Pillenschälchen für das Abendbrot fertig. Eins für Ilse, eins für Kurt. In jedes Kompottschälchen zählte sie eine oder auch mehr Kapseln aus den ganzen Pötten. Von den Algen sogar vier. Algen! Ich bitte Sie, die essen Algen! Ich gehe da, wenn der Grabstein von Otto wieder grün ist, mit der Wurzelbürste dran. Der liegt im Schatten, wissen Se, da bleibt das gar nicht aus. Da muss man tüchtig schrubben, dass der Dreck runtergeht. Das sieht doch sonst schäbig aus! Auf die Idee, das zu trocknen und ollen Leuten für 50 Euro die Dose zu verkaufen, muss man erst mal kommen.

Das ist, da wiederhole ich mich gerne, Kaffeefahrt im Kabelfernsehen, sage ich Ihnen. Und zwar ganz übelster Art in meinen Augen. Und dabei kommt man nicht mal raus! Da braucht es nicht mal falsche Enkel, die den Leuten das Geld aus den Taschen ziehen, da finden sich schon genug andere! Aber im Fall von Lotte Lautenschläger ging es um den klassischen Enkeltrick, wo sie den Omas ans Sparbuch wollen und nicht übers Fernsehen Krückenfreiheit versprechen. »Lotte«, sagte ich also am bewussten Nachmittag, »wir gehen jetzt zusammen zur Polizei. Keine Widerrede, es muss sein. Ich begleite dich. Auch wenn du vielleicht dein Geld nicht wiederkriegst – wir lassen uns das nicht gefallen!« Ich sprach sehr energisch und ließ Lottes »Aber ...« nicht gelten. »Wir fahren gleich los. Der 48er-Bus hält direkt vorm Revier.«

Ich rief noch Gertrud an, dass sie mitkommt. Nicht, dass die was zur Sache hätte beitragen können, aber bei ihr tun Vorsorge und Aufklärung not. Die ist sehr gutgläubig und wäre eine Kandidatin für die Enkelbagaluden. Es konnte nicht schaden, wenn sie ein bisschen lernte. Also sind wir los auf das Kommissariat, Gertrud, die Lautenschlägerin und ich. Ein schönes altes Gebäude ist das – von außen betrachtet. Früher, noch zu Kaisers Zeiten, war es eine Kaserne. Nun hat die Verwaltung sich darin breitgemacht. »Verwaltung« braucht ja immer viel Platz. »Betrugsangelegenheiten« war im zweiten Stock, einen Fahrstuhl gab es nicht. Was sollte werden? Wir hakten uns unter und machten die Stiegen hoch. Meine kaputte Hüfte und ich brauchten ein bisschen länger, aber wir hatten ja Zeit. Vor dem Büro mussten wir erst mal verpusten. Ich richtete mir zudem die Frisur. Schließlich will man keinen verlotterten Eindruck machen. Ich klopfte an und wartete geduldig das knurrige »Herein« ab.

Es war eine düstere Amtsstube, in der eine Funzellampe von der Decke baumelte. Dass die seit Jahren keinen feuchten Wischlappen gesehen hatte, bemerkte ich auf den ersten Blick. »Wenn hier so gearbeitet wird, wie sie putzen, na, dann darf man wohl nicht viel erwarten«, schoss es mir durch den Kopf. An der Lampe hing ein Fliegenfänger, an dem Insekten klebten, die bestimmt noch den kaiserlichen Soldaten über die Frühstücksstulle gekrabbelt waren.

Der Amtmann war ein behäbiger Herr, der wohl schon über sechzig war. »Polizeihauptwachtmeister Lamprecht«, stand auf dem Schildchen, das er auf dem Schreibtisch vor sich stehen hatte. Ich bin mit meinen 82 Lenzen nun nicht mehr die flinkeste Person, aber gegen den Herrn Lamprecht war ich bestimmt noch gut auf Zack. Er schob sich seine halbe Lesebrille auf die Nasenspitze und guckte mich über den Rand musternd an. »Wir kennen uns doch!«, rief er streng aus.

Ach du lieber Himmel, das wird wohl nicht ... wie sagt man immer so schön? »Die Welt ist ein Dorf!« Ich bin eine anständige Bürgerin, meine Weste ist blütenweiß! Oft hatte ich in meinem Leben also nicht mit der Polizei zu tun. Obwohl, wenn man so überlegt ...

Einmal wurde ich einvernommen. Das war 1973, als mein Franz verstarb. Ich kam gerade von der Brigadefahrt im Harz, da lag er mausetot im heimischen Ehebett. Ich habe den Pfarrer angerufen, den Doktor und den Bestatter, wie es sich gehört. Es war schließlich nicht mein erster dahingeschiedener Gatte, sondern schon der dritte. Da weiß eine Renate Bergmann, damals noch Hilbert, was zu tun ist. Der Doktor war seinerzeit aber neu, so ein jungscher, der noch ganz unsicher bei allem tat. Wissen Se, ich war drei Tage weg gewesen, und was von Franz übrig war, war nicht mehr ganz taufrisch. Der Doktoranfänger konnte nicht genau sagen, wann Franz über die Wupper gegangen war, und rief in seiner Hilflosigkeit nach der Polizei. Himmel herrje, was meinen Se, was die für einen Wirbel gemacht haben. Und wie ich mir vorkam! Ich hatte noch nicht mal meine Witwenkluft an, sondern stand im geblümten Kleid vor den Schutzleuten. Schließlich kam ich gerade von großer Fahrt. Das schwarze Kleid hing natürlich aufgebügelt im Schlafzimmerschrank, aber mit dem Pfarrer und dem Doktor auf der Ankleidebank – wie, wann und wo hätte ich mich da umziehen sollen? Kein Wunder, dass ich den Herren vorkam wie eine Lebedame, erst recht, nachdem ich auf den Schreck einen Korn gereicht hatte.

Aber nee, der Polizist von damals war das nicht. Der Beamte war anno 73 ja auch schon alt und lag wahrscheinlich längst in der Nachbarschaft von Franz. »Ich muss beim Gießen mal auf die Grabsteine gucken«, dachte ich noch und überlegte weiter, woher ich den Lamprecht wohl kannte, aber es fiel mir beim besten Willen nicht ein. Der biss derweil von seiner Stulle ab und murmelte mit vollem Mund: »Sie sind doch die beiden reifen Früchtchen, die Herrn Briesewitt aus der Bergstraße damals die Banane in das Auspuffrohr gesteckt haben.« Er kaute breit und genüsslich, aber in den Augen blitzte der Schalk. Lotte guckte ganz verdattert. Immerhin ging es hier um ihre Vermögensangelegenheit! »Das war ... das ist ... also wirklich. Gertrud hat ... ich war gar nicht ... ich habe nur geguckt! Und das gehört gar nicht hierher«, versuchte ich elegant das Thema zu wechseln. Der Lamprecht lächelte noch immer breit vor sich hin. Mit dem würden wir zurechtkommen, dessen war ich gewiss.

Aber wenn ich seine Stulle schon sah! Der hatte bestimmt keine Frau zu Hause. Die Brotscheiben waren unregelmäßig geschnitten und passten nicht »Kante auf Kante«. Eine welke Wurstscheibe hing über den Rand. Der ließ sich an der Fleischtheke bestimmt die obersten Scheiben andrehen! Das gibt es mit mir nicht. Wenn ich Aufschnitt kaufe, nehme ich gern von jeder Sorte zwei Scheiben – man will ja schließlich ein bisschen Abwechslung, nicht wahr? –, lasse das Metzgerfräulein die erste Scheibe aber beiseitelegen. So weit kommt es noch, dass die mir grau gewordenen Kochschinken ins Päckchen jubelt! Eine Renate Bergmann lässt sich nicht beschupsen und kauft keine müde Gammelwurst, ob die Fleischersche nun die Backen aufbläst oder nicht. Schließlich ist das Zeug teuer genug. Aber lieber zahle ich eine Mark mehr, als dass ich diese Paste aus der Chemiefabrik esse, die se uns im Supermarkt in der Plasteschale anbieten. Nee, ich kaufe beim Fleischer, bei dem ich weiß, was der in die Wurst macht!

Wie auch immer: Wir ließen den Ermittler erst mal aufessen. Er wischte sich mit dem Handrücken notdürftig den Mund ab. (Eigentlich wischte er die Reste nur weiter und schob sie in den Schnurrbart. Die andere Hälfte der Krümel fiel ihm in die Tastatur vom Computer. Die sah aus, Sie machen sich kein Bild! Wenn man die mal umgedreht und ausgeklopft hätte, ich sage Ihnen, mit dem, was da rausgekommen wäre, hätte man bequem zwei Schnitzel panieren können.) Am liebsten hätte ich in diesem Amtsstübchen mal tüchtig reine gemacht. Es juckte mich in den Fingern, aber deshalb waren wir nicht hier. Wir hatten eine ernste Angelegenheit vorzutragen. Ich ließ Lotte erzählen. Wir hatten das geübt, erst mit Likör, dann zweimal ohne.

Es muss schließlich flüssig und überzeugend sein, man darf ja die knappe Zeit der Polizei nicht überstrapazieren.

Dachte ich bis dahin zumindest.

Lotte erzählte, wie wir es geprobt hatten: knapp und präzise. Sie hielt sich an die Fakten und führte nicht mal aus, in welchem Kostüm sie in der Bank erschienen war. Als sie nach zehn Minuten schloss, sagte der Kommissar: »Na, dann wollen wir mal ein Protokoll machen«, und spannte einen frischen Bogen mit zwei Seiten Durchschlagpapier in seine Schreibmaschine ein. Sogleich rief er: »Name?«

»Lautenschläger. Lotte Lautenschläger.«

»Lautenschläger ... also LAU ... D oder T? Oder DT wie Damentoilette?«.

So ging es eine Weile hin und her: Lotte diktierte, der Herr Kommissar schrieb. Jeden Buchstaben suchte er sorgfältig, indem er seinen rechten Zeigefinger kreisen ließ und vor dem Anschlag mit gespitzten Lippen noch mal prüfte, ob er richtiglag. Dann ließ er den Finger fallen, und es machte ein schlagendes Geräusch. Nach nicht mal 20 Minuten hatten wir Lottes Namen und Adresse beisammen.

Wissen Se, ich bin ein duldsamer Mensch. Ich habe bei »Die Sklavin Isaura« 300 Folgen lang darauf gewartet, dass das Mädchen endlich sein Glück findet, aber der Lamprecht raubte mir den letzten Nerv. Ich bin bestimmt kein hibbeliges Ding ohne Geduld, aber ich bin auch 82 Jahre alt und weiß, dass ich nicht mehr ewig Zeit habe! Mir war gleich klar, dass das hier reine Zeitverschwendung war. »Die Sache musst du selbst in die Hand nehmen, Renate«, schoss es mir abermals durch den Kopf. Gleichzeitig fing mein Herz an zu klopfen vor Aufregung. Wissen Se, immerhin hatte man es hier mit Verbrechern zu tun, die skrupellos alte Leute betrogen. Die würden vielleicht auch vor Mord und Totschlag nicht zurückweichen! Aber es musste sein. Wer kümmert sich denn um uns Alte, wenn nicht wir selbst? Ich hörte der Buchstabiererei von Lotte und dem Kampfhecht gar nicht mehr zu. Lamprecht. In Gedanken bastelte ich schon einen Plan.

Diesen Verbrechern würde ich das Handwerk legen! Natürlich nicht allein! Nee, da braucht man Leute, auf die man sich verlassen kann. Richtige gute Leute, die zu einem stehen und mit denen man Pferde stehlen kann. Sie wissen schon, wie ich das meine. Es gibt in Berlin heutzutage ja kaum noch Pferde, und stehlen war genau das, gegen das ich angehen wollte. Kurt und Ilse und Gertrud und Norbert waren unabdingbar, das sagte ich ja schon. Ich musste Ilse nur davon überzeugen, dass die Polizei ihr wegen der Ehedokumente nichts könnte!

Sie hat ja so Sorge, dass noch mal was nachkommt. Wissen Se, die Trauung liegt jetzt über 60 Jahre zurück und in all den Jahren hat keiner nach dem Ding gefragt. Wer interessiert sich schon dafür?, frage ich Sie. Ich brauchte meine Heiratsurkunden immer nur für den Erbschein. All die Jahre lag das Ding bei Gläsers in der Gewitterkassette, und alle, die sich noch entsinnen konnten, haben Stillschweigen bewahrt über den Makel: Kurt konnte damals nämlich nicht richtig unterschreiben. Er ist am Tag vor der Hochzeit aus dem Kirschbaum gefallen und hat sich beide Hände gebrochen. Ach, das war eine Aufregung. Ilses Mutter hatte am Nachmittag vor dem Fest plötzlich Bedenken, dass der Kuchen nicht reicht. Damals wurde ja größer gefeiert, das halbe Dorf war mit dabei. Unter 80 Gästen zählte es gar nicht richtig als Hochzeit. Es gab gemischten Braten und Pudding hinterher, und auch die barmherzigen Schwestern in ihrem Klosterstift haben ein Essen gekriegt an so einem Tag. Jedenfalls ist Mutter Kleiber – Ilse ist eine geborene Kleiber – am Tag vorher den Kuchenplan noch mal durchgegangen. Damals gab es ja noch keinen WhatsApp! Kennen Sie das? Heute, wenn zum Beispiel für die Handballmannschaft der Kinder gebacken werden muss, schreiben sich die Muttis alle über Händi, wer was backt. Das geht dann zwei Tage hin und her. Am Ende ist eine bockig und kommt nicht, und es gibt trotz der Abstimmerei viermal Käsekuchen, weil der schneller geht als Limonentart oder anderer neumodischer Kram. Damals hat Mutter Kleiber die Kuchenplanung persönlich überwacht und am Freitag vor der Eheschließung bei sich gedacht: »Der reicht nicht! Wir brauchen noch zwei Bleche Kirschkuchen.« Also musste Kurt, damals noch ein junger Mann auf Freiersfüßen in Saft und Kraft, rauf auf den Baum. Wie es dann genau passiert ist (und ob er vorher nicht doch ein Bier getrunken hatte), weiß bis heute kein Mensch. Jedenfalls gab es einen lauten Schrei, und ehe man sich's versah, lag Kurt unterm Kirschbaum, die Reste der morschen Leiter auf ihm drauf. Wie das so ist, der Mensch hat den Instinkt, sich mit den Händen abzustützen. Und das wurde Kurt zum Verhängnis. Während Vater Kleiber Pferd und Wagen anspannte und den armen Bräutigam zum Doktor fuhr, sammelten Ilse und ihre Mutter die Kirschen aus dem Gras.

Die waren gut, die konnte man noch essen! Sie langten nur für ein Blech statt der geplanten zwei, aber da Kurt mit zwei Gipsarmen ohnehin nicht essen konnte und Ilse wegen der ganzen Aufregung keinen rechten Appetit hatte, ging es auch so. Er reichte sogar, um noch Kuchenteller im halben Dorf zu verteilen an die wenigen Leute, die nicht eingeladen waren und mitfeierten.

Was meinen Se, was auf dem Standesamt los war! »Ja« sagen ging ohne Hände. Aber letztlich muss die Heiratsurkunde unterschrieben werden. Und nun frage ich sie: Wie sollte Kurt das machen? Er probierte es erst mit dem Kuli im Mund, aber das hat der Standesbeamte nicht gelten lassen. Letztlich klemmte ihm Ilse den Stift zwischen die Fingerspitzen, die vorn aus dem Gips lugten, und er schob ihn in Kurven über das Papier. Zwar bezeugten mein erster Mann Otto und ich die Ehe, aber darum geht es ja nicht. Es geht doch um die Zukunft, denken Se mal: Ilse ist 82 und Kurt 87. Früher oder später wird da was passieren. Es ist ja noch nicht entschieden, wer zuerst ... geht und wer bleibt und gießen muss, aber nur mal angenommen, Ilse kommt mit dem Erbschein und der Heiratsurkunde auf das Gericht oder zur Bank, um die Sparbücher aufzulösen. Was zählt denn da noch die Unterschrift von mir oder meinem Otto selig? Die sehen nur, dass Kurt beim Sparbuchantrag ganz anders unterschrieben hat als seinerzeit auf dem Ehedokument. Wer weiß, was da noch auf Ilse zukommt dereinst! Am Ende verweigern die ihr noch die Witwenrente? Ach, es ist alles verzwickt! Da steht uns noch was ins Haus, sage ich Ihnen!

Zumal Kurt in letzter Zeit nur Zicken macht, wenn es

um das Thema »Abschied nehmen« geht. Gläsers haben seit Jahren alles geregelt und verfügt. Aber was macht der olle Zausel? Eines Abends guckt der im Fernsehen einen Bericht über Bestattungen – und will nun auf einmal verbrannt werden. Ilse war sprachlos. Jahrelang hieß es: »Ich habe es nicht so mit der Hitze, ich will nicht ins Feuer«, aber kaum sieht der eine Urne mit dem Wappen von Bayern München drauf, will er plötzlich auch in die Vase. Ilse sagt, wenn er das so will, soll er es so haben, aber ich glaube ihr nicht. Wenn es so kommen sollte, dass Kurt vor ihr unter Tage muss, dann legt sie ihn in den Eichensarg wie geplant. Ich kenne doch Ilse, die trägt Kurt nicht in einer Fußballerurne zu Grabe! Sie lässt ihn aber in dem Glauben, dass er seinen Willen kriegt, und ist nun sehr streng mit ihm, was das Essen angeht.

Kurt darf zum Beispiel keinen Mais mehr. Nicht vom Doktor her, der sagt: »Obst und Gemüse ist gesund.« Nee, Ilse hat es verboten, und das kam so:

Wir waren auf dem Rummelplatz und haben den Jonas getroffen, den Enkel von Gläsers. Der hat ja nun schon eine kleine Freundin, und es war ihm gar nicht recht, dass er uns Alte traf. Ilse merkte auf der Stelle auf und fragte das Mädel – eine gewissen Elisa – gleich aus. Man muss ja wissen, aus welchem Hause das Kind kommt, nicht wahr? Womöglich gab es früher mal einen Skandal, und die Verbindung ziemt sich nicht? Ilse ist da sehr auf den Ruf der Familie bedacht. Der Jonas ist aber nicht auf den Kopf gefallen und lenkte sofort vom Thema ab, kaum dass Ilse fragen konnte, was der Vati von der Elisa arbeitet, wo sich die Eltern kennengelernt hatten und was die Mutti für eine Geborene ist.

»Probier mal das Popcorn, Oma, das ist super«, sprach Jonas und drückte Ilse einen großen Eimer milchweißer Flocken vor die Nase. Kurt probierte, Ilse nahm eins, und ich versuchte auch. Es schmeckte gut, man konnte nicht meckern. Man musste das Geflocke gar nicht groß kauen, es zerfiel fast wie von selbst im Mund. »Das ist nur aufgebackener Mais. Der poppt in der Pfanne auf, das zeige ich euch demnächst mal.« Jonas war wohl froh, dass Ilse nicht noch Elisas Beckenmaß kontrollierte, sondern sich bereitwillig ablenken ließ. Das sah man dem Jungen direkt an.

Wir bummelten an dem Abend noch gemütlich über den Rummel, aber wissen Se, es ist ja doch immer dasselbe. Für diese Autoskuter sind wir zu alt, die sind tiefer gelegt als Kirstens Sportporsche. Außerdem ist eine Fahrt mit Kurt im Koyota nicht viel anders, er bumst auch alle zwei Meter irgendwas an. Zwei, drei Eierpunsch, und wir waren wieder verschwunden. Es geht ja nur drum, dass man mal vor die Tür kommt, nicht wahr?

In der Woche drauf war der Jonas bei Gläsers zu Besuch. Man merkt das bei den Jungs in der Pubertät: Sobald die eine Freundin haben, langt das Taschengeld hinten und vorne nicht. Dann lassen sie sich auffallend oft bei den Großeltern sehen. »Nur so, Oma, ich wollte dich mal besuchen.« Kennen Se auch, nicht wahr? Aber der Junge war nicht nur auf Geld aus, das kann man nicht sagen. Er hatte sich das mit dem Poppskorn genau gemerkt. Er brachte getrockneten Mais mit und schüttete ihn zusammen mit zwei Löffeln Zucker in eine sehr heiße Pfanne mit Glasdeckel. Kaum zwei Minuten später flogen die Maiskörner mit lauten »Plopps« dagegen, ach, das war ein Spaß! Sie kennen das bestimmt, aber für uns Alte, die so was nicht essen, war das neu. Jonas sagte, das wäre »Poppskorn süß« mit kandiertem Zucker. Man könnte es genauso gut salzig machen. Es naschte sich ruck, zuck weg. Natürlich bekam der Junge einen Zehner von Ilse, dafür sind Großeltern doch da, und auch ich ließ mich nicht lumpen und steckte ihm beim Verabschieden einen Fünfer zu. Man muss es nicht übertreiben, das ist viel Geld. Er muss lernen, es sich einzuteilen, wissen Se, wir müssen alle mit dem klarkommen, was wir an Rente kriegen. Rente ist nicht anders als Taschengeld!

Ich hatte die Geschichte schon fast wieder vergessen, als wir nach der Fußpflege im Zänter essen waren. Das machen wir immer so, wissen Se. Der ganze Tag ist zerhackt, wenn man erst nach acht zum Termin geht. Dann wird es zu knapp mit dem Mittagessen. Deshalb bummeln wir gern durch das Einkaufszänter, besorgen hier und da eine Kleinigkeit und essen auch zu Mittag. Das gönnen wir uns. Meist haben se ein besonderes Menü mit kleinem Salat und Getränk dabei für einen Sonderpreis, da kann man nichts sagen. Das kommt oft noch günstiger als ein Seniorenteller. Als wir bestellten, sagte Ilse zur Kellnerin: »Den Salat für meinen Mann aber bitte ohne Mais.« Ich guckte ganz verdutzt. Kurt hatte doch immer Mais gegessen und gern gemocht! »Kurt, was ist denn los? Verträgst du keinen Mais mehr? Hast du Magendarm?«, wandte ich mich an ihn, aber wie nicht anders zu erwarten war, grunzte der nur knapp und deutete mit einem Nicken auf Ilse. Ilse legte die Speisekarte weg und flüsterte mir zu: »Renate. Du hast ja bei Jonas' Poppskorn gesehen, wie Mais bei Hitze reagiert.

Du weißt, Kurt ist 87, da muss man jederzeit mit allem rechnen. Er will verbrannt werden, und nun sei mal ehrlich: Man möchte doch im Krematorium nicht so ein Aufsehen, oder?« Da hatte se recht. Das ist eine pietätvolle Angelegenheit, die man nicht durch ein Feuerwerk bei der Einäscherung ruinieren will. Ich bin Ilse dankbar für den Hinweis und sehe jetzt auch zu, dass ich bei Mais vorsichtig bin. Man muss ja an so vieles denken!

Ja, so hält Ilse den Kurt im Zaum. Warten Se mal ab, noch ein, zwei Speiseverbote dazu, und der überlegt sich das noch mal mit der Einäscherung.

Aber zurück ins Präsidium: Der Lamprecht nahm nach all dem Stress – sie waren immerhin mit den Adressdaten fertig – einen Schluck aus seiner Tasse. Ich hatte den angebotenen Kaffee dankend abgelehnt. Gerne trinke ich einen schönen Bohnenkaffee, das ist was Feines, auch wenn die Doktern schimpft wegen Blutdruck. Eine Tasse hin und wieder darf ich, das lasse ich mir nicht verbieten. Der hier wäre jedoch aus einer verbeulten Blechthermoskanne gewesen, mitgebracht vom Kommissar. Die war von außen schon ganz schmuddelig, und ich konnte mir schon vorstellen, wann der die wohl das letzte Mal heiß ausgewaschen hatte. Da lief bestimmt noch »Zum Blauen Bock« im ersten Programm!

Eine hübsche junge Frau mit dunklem Bob betrat die Dienststube. »Guten Tag, ich bin Hauptkommissarin Melanie Becker, ich bin die Vorgesetzte von Kommissar Lamprecht. Konnte er Ihnen weiterhelfen?«

Was für eine Frage! Ich seufzte auf. Lotte nahm gar keine

Notiz von dem Kommissarsfräulein. Sie war wie gefesselt davon, wie der olle Lamprecht seinen Zeigefinger über das D der Tastatur kreisen ließ und mit der Zunge zwischen den Zähnen anschlug.

»Ich sehe schon«, sprach die Frau Becker, holte kräftig Luft und wandte sich an den Kommissar. »Kollege Lamprecht, was klimpern Sie denn da schon wieder auf der alten Schreibmaschine herum? Ich habe mehrfach angewiesen, dass Sie den Computer zu benutzen haben!«

»Davon weeß ick nüscht.«

»Haben Sie meine E-Mail nicht gelesen?«

»Ihre was?«

Ja nun. Wie sollte er, nich wahr? Wenn er keinen Computer benutzte, konnte er den Emil nicht kennen. Nach Händi sah der mir auch nicht aus. Eher noch nach Bakelit. Hihi.

Ich will Sie nicht langweilen: Es bringt uns ja in der Sache nicht voran, wenn ich hier jetzt aufschreibe, wie die dann zwei Stunden lang den Computer hochgefahren, Imehl gelesen und Abdate gemacht haben. Es zog sich alles sehr hin, und als die Uhr auf fünf ging, holte ich meine Notfallstulle und meine Tabletten aus der Handtasche. Sie wissen ja, ich bin Diabetikerin und darf nicht unterzuckern. Bei der ganzen Aufregung hier war es dichte ran! Während ich meine Stulle aß – mit Leberwurst, ganz dünn gestrichen! –, wurde mir klar und klarer, dass das hier alles wirklich keinen Sinn hatte. Ich ließ die machen, schließlich konnten wir jetzt nicht mehr gehen.

Der Kommissar Lamprecht hatte erst mal eine knappe Stunde damit zu tun, seine ganzen Nachrichten beim Emil zu lesen.

»Nun reißen Sie bitte mal Ihren Blick von den reifen Frauen aus der Nachbarschaft und wenden Sie sich den reifen Damen hier im Kommissariat zu«, mahnte ich, als er ganz begeistert so eine schweinische Nachricht las. Ich konnte über seine Schulter gucken, ich sah es genau: Da war manches nicht jugendfein. So ein junger Mensch – lachen Se nicht, wenn man 82 ist wie ich, ist Anfang 60 jung! – und keine Ahnung vom Imehl. Er war noch nicht mal in Rente! Ich konnte es kaum glauben. Der verpasste ja sein halbes Leben! Machen wir uns nichts vor, man kann sich dem Fortschritt nicht verweigern und muss mit der Zeit gehen. Sicher, man darf nicht jeden Quatsch mitmachen und muss immer nach dem Sinn fragen, aber die Vorteile muss man anerkennen und nutzen. Denken Se sich nur, man kann im Interweb zum Beispiel Geburtstagskarten verschicken, wussten Sie das? Ach, es ist so praktisch. Man kann hübsche bunte Karten auswählen und mit einem Klicks verschicken, dann kriegt derjenige einen Blumenstrauß oder ein tanzendes Häschen oder sogar glitzernde Sterne zum Weihnachtsfest – was man will. Es kostet nichts! Wenn ich doch nur alle aus meiner Generation dazu überreden könnte! Gucken Se sich mal um im Schreibwarengeschäft: Wenn man eine hübsche Karte haben will, die was hermacht und mit der man sich nicht schäbig vorkommt, muss man an die vier Euro auf den Tisch legen. Und Porto kommt ja auch noch dazu. Passt man nicht auf, erwischt man ein Format, für das die Post gleich das Doppelte haben will. Da ist man dann schnell bei fünf Euro alles in allem. Überlegen Se mal, das sind zehn Mark. Dafür habe ich früher ein Telegramm mit Schmuckblatt geschickt, eine Flasche Weinbrand und noch drei Nelken mit Sprengeri dazu. Und heute geht das allein für die Glückwunschkarte drauf. Nee, da mache ich nicht mit. Da schicke ich elektrische Karten mit dem Interweb. Es ist nicht nur billiger, sondern geht eben ruck, zuck. Das wusste ich aber auch nicht. Am Anfang habe ich die Karten immer zwei Tage früher abgeschickt, damit die genug Zeit haben, das richtig zuzustellen. Wie man es eben bei der Post macht – sie sagen ja immer, am nächsten Tag ist der Brief zu 90 % da, aber wie das so ist, ich war immer bei den 10 % und schicke es seither lieber zwei Tage vorher los. Dann können die das austragen, und schlimmstenfalls liegt das Kärtchen noch einen Tag beim Geburtstagskind auf der Anrichte oder dem Gabentisch. Ich schreibe meist »Bitte nicht vor dem (und das Datum vom Geburtstag) öffnen!« auf den Umschlag, so bin ich immer gut gefahren. Bei der Elektropost geht es aber ratzfatz. Als Gittl Bömmelmann, meine Reisebekanntschaft aus dem Schiffsurlaub, letzthin Geburtstag hatte, war mir das ganz entfallen. Erst am Festtag selbst kam es mir in den Sinn. Für eine Karte mit der Post wäre es zu spät gewesen, und so habe ich Gittl einfach zwei niedliche Kätzchen mit Blumenstrauß auf das Händi geschickt. Keiner hat was gemerkt, und die Gittl hat sich gefreut.

Kurzum: Mit Unterstützung vom Fräulein Hauptkommissarin gab Lotte nun doch laut schluchzend zu Protokoll, was passiert war, während Gertrud ihr die Hand hielt. Die kamen gut voran, die Kleine war flink mit den Anschlägen, und wir hatten es nun wenigstens aktenkundig, aber ich hatte keinerlei Hoffnung, dass die die Gangster bald gefangen nahmen. Die würden nicht mit Sondereinsatzkommando und Hubschrauber ausschwärmen, um die Betrüger zu suchen. Das Einzige, was die machten, war warten. Warten, dass denen mal einer in die Fänge geht und sie dann in ihrem Computer nachgucken und sagen: »Ach, sieh an, das hat der auch noch auf dem Kerbholz.«

Da fiel mir ein, dass es bestimmt interessant zu wissen wäre, was die denn so alles über mich im Computer haben. Ich wandte mich an den Lamprecht, der gerade mit einer großen Flasche Nasenspray zugange war. »Schnupfen, Frau Bergmann. Ich werde den gar nicht mehr los. Von Frühjahr bis Sommer habe ich Heuschnupfen und sobald der Herbst kommt, richtigen Schnupfen.« Er guckte mich an wie Katerle, wenn sein Fresschen alle ist.

»Herr Lamprecht, können Se denn mal gucken, was Sie über mich gespeichert haben? Ich meine, ich bin bestimmt eine unbescholtene Bürgerin, aber neugierig bin ich doch.«

Der Lamprecht klopfte auf ein paar Tasten. Eine davon war scheinbar sogar die richtige. Er ließ die Lesebrille auf die wunde Nase rutschen und las vor. Mich traf ja fast der Schlag. Was die alles über mich in der Akte hatten! An manche Sachen konnte ich mich nicht mal mehr erinnern, muss ich einräumen!

Sicher, das mit Franz habe ich ja schon erzählt. Das war so lange her – dass die das noch aktenkundig hatten, darüber konnte man nur staunen. Und sonst war nichts Schlimmes dabei. Die Angelegenheit mit dem Herrn Briesewitt und der Banane hatten die als groben Unfug verbucht, da kam nichts nach. Und bei den anderen Vorgängen war ich entweder Zeugin oder hatte die Schutzleute bestellt.

Wie damals, als bei der Berber des Nachts das Fenster offen war. Es kamen Geräusch, nee, Sie haben ja keine Vorstellung! Es hörte sich an wie Damentennis. Die Schreie wurden immer lauter, und einmal klang es wirklich so, als riefe sie, dass jemand kommen soll. Da habe ich die Polizei angerufen und gemeldet, dass sie wahrscheinlich ermordet wird. Ich habe den Hörer aus dem Fenster gehalten, damit die Beamten einen Eindruck kriegen, aber sie wollten nicht warten und zuhören, sondern schickten sofort eine Funkstreife raus. Ganz schlecht war mir vor Angst, sage ich Ihnen! Ich bin mit Morgenmantel und Haarnetz raus in den Flur, wissen Se, auch wenn die Berber und ich in diesem Leben keine Freunde mehr werden, so gibt man in der Nachbarschaft ja doch aufeinander acht, dass der andere nicht ermordet wird. Der Beamte kam dann zu mir hoch, um Bescheid zu geben, dass nichts Schlimmes wäre und ich ins Bett gehen könnte. Er grinste so komisch, aber erst, als er weg war, dämmerte es mir. Die Geräusche waren ... also, sie und der Pizzafahrer rauchten erst mal eine Zigarette auf dem Balkon. Ich konnte sie tuscheln hören vom Küchenfenster aus. Das Fenster war danach aber zu.

Jeder noch so kleine Rempler von Kurt war da aufgeführt. Schließlich war ich immer als Kronzeugin mit an Bord. Hihi. Wissen Se, seine Augen ... Die letzte Messung war Anfang der Achtziger – also Kurts Achtziger, nicht die 1980er –, und die hat ergeben, dass es wohl neun Dioptrien sind. Entsprechend wird es manchmal ein bisschen lauter beim Einparken. Meist merkt es ja keiner, so ein Hydrant ist robust und der Gastank von Rennebachs hat nur einen kleinen Ditscher abbekommen und ist nicht in die Luft gegangen. Und wenn einer die Polente ruft, na meine Güte! Ich habe immer die Unschuld bezeugt, ganz gleich, ob er mit dem Koyota über den Zeh von Frau Flitzinger gerollt ist oder ob er das Dixihäuschen angebumst hat, sodass Frau Eschweiler damit umfiel. Ilse allein als Beifahrerin und treusorgender Ehefrau hätten sie wohl all lange nicht mehr geglaubt, aber ich bin weder anverwandt noch verschwägert und habe von meinem Keilkissen auf dem Rücksitz im Koyota den allerbesten Überblick, wenn was passiert. Eine glaubwürdigere Zeugin als Renate Bergmann gibt es gar nicht! Die haben sich aber auch kiebig heutzutage. Kaum blinkt man mal nicht, regt sich einer auf. Kurt sagt, wer ihn kennt, weiß, wo er hinwill, und wer ihn nicht kennt, den geht das nichts an. Vom vielen Blinken nutzen sich nur die Relais ab, und die sind teuer. Ja, unser Kurt hat eben noch fahren gelernt, als noch nicht so viel Verkehr war. Da nahm man das auch nicht so genau mit den Promillen. Wer da auf dem Strich laufen konnte, war nüchtern, fertig. Zu dem hat der Wachmann gesagt: »Aber weiter als nach Hause fahren Sie heute nicht mehr.« Was sollten sie sonst machen? Heutzutage sind die ja viel strenger. Letzthin haben sie uns mit dem Koyota angehalten, weil Kurt angeblich auffällig gefahren war. Wegen so ein paar Schlängellinien, ich bitte Sie! Haben die nichts anderes zu tun? Nee, da halten sie unbescholtene Bürger an. Wissen Sie, was die mit Kurt gemacht haben? Er musste aussteigen und die Papiere zeigen. Da haben sie schon das erste Mal gestaunt, einen Führerschein, den noch die britischen Besatzer ausgestellt haben, kannten sie nämlich nicht. Sie haben dann telefoniert und rückgesprochen, aber im Präsidium war ein erfahrener Beamter, der sich noch auskannte und grünes Licht gegeben hat. Von der Seite her war alles in Ordnung. Als Nächstes musste Kurt pusten, aber da konnten se ihm auch nichts, denn er hatte selbstverständlich nichts getrunken. Sogar einen Drogentest haben sie mit Kurt gemacht, denken Se sich nur, einen DROGENTEST! Angeblich hätte er so kiebig geguckt. Ich bitte Sie, was denkt dieser Mensch denn, wie man mit neun Dioptrien guckt? Ich war aber ganz stille, der Test war unauffällig, und so konnten sie nichts machen. Sie haben uns fahren lassen.

Ein bisschen Ärger hätte es noch geben können, weil die Handbremse vom Koyota kaputt war, aber das haben sie nicht gemerkt. Ich habe einen Ziegelstein hinten im Fußraum, und wenn Kurt den Wagen parkt, legen wir den Stein vor das Rad. So kann gar nichts passieren. Wenn der Koyota das nächste Mal zum Tüff geht, lässt Kurt das auch machen, das steht schon auf der Tut-Tut-Liste. So sagt Stefan das immer: Alles, was zu erledigen ist, kommt auf die Tut-Tut-Liste.

Ja, überall lauern se einem auf, aber wenn man die Herrschaften von der Staatsmacht tatsächlich mal braucht, dann legen sie die Hände in den Schoß. Ich weiß noch, vor zwei Jahren, als sie mir auf dem Friedhof die Harke geklaut haben. Sie stand hinter Walters Grabstein! Jeder kann die nehmen und damit seine Grabumrandung harken, solange er am Ende seine Tapsen wegharkt und sie zurückstellt. Dafür isse ja da. Aber sie stehlen? Ich bitte Sie, da habe ich entschieden was dagegen! Also bin ich hin zur Polizei. Aber denken Se, die haben sich dafür interessiert? Fast drei Stunden habe ich diskutiert und dabei zwei Beamte verschlissen.

Sie nahmen das zur Kenntnis und meinten, sie könnten nichts tun, ich solle mich abfinden, und es wären Kinkerlitzchen. Na, da ist mein Blutdruck aber hoch bis unter die Decke, so habe ich mich aufgeregt! Nicht mal eine Anzeige wollten sie schreiben, geschweige denn die Hundestaffel schicken. Dabei gab es sogar Fußspuren im frisch Geharkten, man hätte Gipsabdrücke nehmen und die Verbrecher im Kiez testen können. Aber der Polizist meinte, er wäre kein Prinz und suchte kein Aschenputtel und dass er wirklich nichts weiter für mich tun könnte. Er schenkte mir einen Einkaufswagenschip, auf dem »Die Polizei – Ihr Freund und Helfer« draufgedruckt war, und bot an, mich im Streifenwagen nach Hause zu fahren. IM STREIFENWAGEN! Denken Se sich das mal. Was die Leute gedacht hätten! Ich, eine Bürgerin mit blütenreiner Weste und tadellosem Ruf, im Streifenwagen. Vielleicht noch mit Blaulicht? Nee. Da bin ich lieber mit dem Bus gefahren. Da habe ich ja eine Dauerkarte, wissen Se. Bus und S-Bahn und U-Bahn, das ist so eine feine Sache. Man kommt überall hin, und wenn es ein netter Busfahrer ist, hält der sogar direkt vor meiner Haustür, und ich spare mir den Weg von bald 400 Meter zum Haltestopp. Ich muss natürlich ein Hinken vortäuschen und kurzatmig meine künstliche Hüfte erwähnen, aber dann ist das gar kein Problem.

Über Gertrud war gar nichts aktenkundig. Das wunderte mich, denn meine Freundin hat es wirklich faustdick hinter den Ohren. Da hätten im Laufe der Jahre einige Einträge zusammenkommen können, wenn auch im Grunde nur Kleinigkeiten, nichts wirklich Schlimmes. Ein paar Mal gab es »Erregung öffentlichen Ärgernisses«, weil sie die

Kittelschürze ausgezogen hat und vorm Rathaus in den Springbrunnen gestiegen ist. Es waren an die 40 Grad. Da kam aber nicht mal die Polizei, sondern nur so ein Zettelfräulein vom Ordnungsamt. Sie schrieb eine Verwarnung aus. Das kann man nicht mitrechnen. Was die nicht im Computer eingetippt haben, das zählt nicht.

Ansonsten ist Gertrud zwar keine Feine, aber schlimme Sachen lässt sie sich nicht zuschulden kommen, und wenn, nur im privaten Rahmen. Auf der Einschulungsfeier vom kleinen Jemie-Dieter Berber damals, da war es so warm! Nicht nur, dass Gertrud der Begrüßungssekt schnell zu Kopf gestiegen war, nein, auch die Buttercremetorte litt sehr. Gertrud ist eben praktisch veranlagt und zieht das Muster auf der Buttercremetorte schon mal mit ihrer Zahnprothese nach, wenn es nötig ist. So recht hatte keiner mehr Appetit danach, aber die Polizei rief auch niemand. Es war eher Erregung eines privaten Ärgernisses als eines öffentlichen, da kam nichts nach. Ich musste nur versprechen, dass ich Gertrud nie wieder auf eine Feier mitbringe.

Gertrud hat ja Kontakte zum Milljö, wenn ich das mal so sagen darf. Sie ist eine grundsolide Person und ein feiner Kerl, damit das ganz klar ist. Auch wenn se nicht jeden Morgen lüftet und ihr Sessel bestimmt vor vier Wochen das letzte Mal eine Polsterbürste gesehen hat. Sie geht zu einer Friseurin, die nebenbei den schweren Mädels im Frauengefängnis einmal die Woche die Tolle renoviert. Man kann im Grunde nichts dagegen sagen, das ist alles legal. Die Frauen haben es schließlich auch verdient, hübsch frisiert ihren Hofgang zu machen, nich wahr? Gertrud kommt da günstig an Sachen dran, nee, Sie ahnen es nicht! Bald jeden

Monat hat sie einen neuen Ring oder eine Kette, die ihr der Friseur sozusagen als Wechselgeld rausgibt. Sie hat Kurt so den Kontakt zum Herrn Pjotr vermittelt, bei dem er seit Jahren seine Böller für Silvester kauft. Ilse ist ja entschieden dagegen, und ich bin gar nicht groß für diese Bumserei. Wegen meiner müsste es Silvester nicht geben, und wenn, dann sollten se Neujahr auf abends um acht legen und nicht auf zwölf. Das wäre viel praktischer! Nach dem Abendbrot stößt man an, sitzt noch ein Stündchen gemütlich beisammen und geht zeitig schlafen. Wer will, kann ja länger feiern, aber man verpasst nichts, wenn man zu einer gesitteten Zeit schlafen geht. Aber auf mich hört ja niemand. Was ich erzählen wollte, ist was anderes ... also, die Knallkörper. Kurt kauft immer reichlich und setzt die auch im Garten ein. Was meinen Se, was letzten Sommer los war, als die Sauerkirschen reif waren? Der Baum hing voll mit saftigen roten Früchten, und Ilse und ich kochten jeden Tag Marmelade, buken Kirschmichel und weckten reichlich vom leckeren Obst ein. Ich muss da immer ein Auge drauf haben, wissen Se, Kurt pflückt und sammelt alles auf, was ihm im Garten unter die Finger kommt, und das mit seinen Augen? Ilse kann zwar noch gut gucken, aber vier Augen sehen mehr als zwei. Und wenn die Brombeeren Beine haben, sind es Mistkäfer, das ist schon seit dem ollen Zille so.

Jedenfalls hatten nicht nur wir Alten großes Interesse an den Kirschen, sondern auch die Stare. Wie verrückt waren die danach, ganze Schwärme kreisten um den Baum. Es hatte sich offenbar in den Nistkästen der gesamten Laubenkolonie rumgesprochen, dass Gläsers Kirschen die saftigsten waren. Kurt gab sein Bestes und stand den ganzen Tag Wache. »Sch, sch, ihr Mistviecher«, zischte er am laufenden Band und drohte mit der Mistforke. Aber damit machte er offenbar nur noch mehr Werbung. »Sch, sch« heißt in Starensprache offenbar: »Kommt schnell, hier gibt es leckere Früchtchen, fallt über den Baum her und fresst euch satt.« Ganz verzweifelt war Kurt, denn sie pickten ihm die schönen Kirschen im wahrsten Sinne des Wortes über dem Kopf weg. Als sich ein Vogel auch noch erdreistete, ihn anzukäckern, na, da war es aber aus mit Kurt. Dass Ilse rief: »Vogelschiete bringt Glück, Kurt!«, machte die Sache nicht besser. Richtig wütend wurde er und lief rüber zum Schuppen. Er nagelte eine große Sprengladung von seinen aufgesparten Böllern, mit denen er eigentlich den Wühlratten an die Wäsche wollte, an einen Spatenstiel. Ilse rief gleich die heilige Mutter Gottes an, aber nicht mal die konnte Kurt noch stoppen. Mit seinen 87 Jahren ist er die Leiter hoch und schob die selbstgebaute Rakete mitten in die Baumkrone. Wieder unten angekommen, zündete er die Lunte.

Es dauerte wohl so eine gute halbe Minute, bis das Feuer die Zündschnur entlanggekrochen war. Genug Zeit also für Ilse und mich, uns in Sicherheit zu bringen. Wir flohen in die Veranda vorm Haus und hielten uns die Ohren zu. Kurt guckte aus dem kleinen Schuppenfenster.

Es gab einen Rums, ich kann das hier gar nicht beschreiben. Die Fensterscheibe wackelte, Dutzende Stare flatterten mit einem Geschrei davon, dass es einen gruselte. Blätter und Kirschen flogen durch die Luft, die Leiter stürzte um, und der Hund vom Nachbarn wurde so wild, dass man sein eigenes Wort nicht mehr verstand. Wir blieben erst mal drinnen, um so unverdächtig wie möglich zu wirken. Die Nachbarn kamen aus den Häusern gelaufen und guckten. Frau Schlaupichler rief, es müsste einen Flugzeugabsturz gegeben haben, so hätte es geknallt, und Inge Rebenstock meinte, das wäre Quatsch. Ihr wäre vor Jahren mal der Schnellkochtopf hochgegangen, da hing danach das Eisbein in der Küchenlampe. Das hätte sich genauso angehört. Keine Minute später standen alle vor Gläsers Gartenzaun. Ilse und ich kamen schließlich aus der Veranda und mischten uns unter die aufgeregten Frauen. Wir sagten, dass wir es auch gehört hätten und ob es wohl ein Überschallflugzeug gewesen wäre. Das fiel gar nicht groß auf. Kurt harkte sogleich die Blätter unterm Kirschbaum zusammen, und nach vielleicht einer Viertelstunde gingen alle wieder an ihre Arbeit. Es hatte ja jeder sein Tun, nicht wahr, die Uhr ging auf elf, und die Kartoffeln wollten geschält und aufgesetzt werden. Kurt war's zufrieden. Kein Star traute sich mehr nur in die Nähe von Gläsers Garten. Die nächsten zwei Wochen weckten Ilse und ich wohl an die 40 Gläser ein und kochten sogar noch Kirschsuppe, als die heißen Tage kamen. Seither steht Ilse Kurts Geschäften mit Herrn Pjotr nicht mehr ganz so skeptisch gegenüber. Sie würde es nie gutheißen, aber sie drückt schon mal ein Auge zu, wenn Kurt den Euro aus dem Einkaufswagen nicht zurückgibt, sondern erst in die Hosentasche und später zu Hause in die Sparbüchse steckt.

Meine Tochter Kirsten hat mir selbstgemachte Marmelade geschickt. So, wie das Mädel kocht, ist es besser, dass sie nie geheiratet hat. Sie wäre schon öfter Witwe als ich.

Meine Kirsten hat auch ihre Erfahrungen mit der Polizei. Was da genau los war, weiß ich nicht und will es lieber gar nicht wissen. Ich danke Gott dafür, dass sie weit genug weg wohnt und ich nicht alles mitkriege. Einmal hat sie mich aber doch angerufen und mir eine Geschichte vorgeräubert, passen Se auf, ich erzähle es Ihnen nach: Sie war mit ihrem wiesengrünen Porsche unterwegs. Da geht es ja schon los. »Eine Frau wie Kirsten und ein Porsche«, werden Se jetzt fragen, »wie passt das denn zusammen?« Aber das ist es eben: Bei ihr passt gar nichts zusammen. Sie hat das röhrende Ding seinerzeit von einem einsamen alten Herrn geerbt, dessen Hund sie mit Blasmusik gegen Flöhe behandelt hat. Fragen Se nicht. Kirsten hat die Karre wegen Schackra grün spritzen lassen und böllert nun damit im zweiten Gang umher.

Schneller fährt se nicht, wegen der Umwelt. Man sitzt in dem Wagen so tief, dass ich nur mit Hilfe von zwei kräftigen jungen Männern wieder aussteigen kann. Der Kofferraum ist viel zu klein, da kriegt man nicht mal eine Kiste Korn rein. Sie rief mich jedenfalls an und erzählte, dass ein neuer Polizist auf der Sauerlandwache angefangen hat, der sie noch nicht kannte, und der hielt sie gleich wegen der Papiere an. Kirsten fühlte sich an dem Tag »nicht richtig zentriert« und sagte das dem Herrn Wachtmeister genau so, woraufhin der wohl lachte. Ein Wort gab das andere. So was mag sie nämlich gar nicht. Als er auch nicht zu Walgesängen mit ihr meditieren und nach seiner Mitte suchen wollte, sondern sie zur Blutprobe mit aufs Revier nahm, na, da war es dann wohl ganz aus. Sie haben weder Drogen noch Alkohol in ihrem Blut gefunden. Kirsten trinkt nicht mal gegen Aufregung einen Korn. Im Grunde wäre es aber wohl besser gewesen, wenn sie einen Kleinen im Tee gehabt hätte, weil man ihr die Beschimpfungen und Beleidigungen in dem Fall nicht hätte anrechnen können. Zurechnen. Sie wissen schon. Das wäre billiger gekommen. So musste sie 40 Sozialstunden im Tierheim ableisten. Im Grunde genommen war das keine Strafe, denn hier entfaltet sich das Kind ja oft erst so richtig. Nach einer Woche hat sie Jogamatten für die Rottweiler angeschafft. Es gab noch Diskussionen, aber letztlich waren die 40 Stunden um, bevor die Kneippkur für Kätzchen begann.

Über Kirsten zu sinnieren ist nicht gut für meinen Puls, und deshalb lasse ich es. Es ging hier auf dem Revier nun fast zügig voran. Zu gern hätte ich noch die Register von der Berber und der Meiser eingesehen, aber die Kommissarin Becker war mit Lotte fertig. Die hatten jetzt eine Anzeige in der Kartei und verwalteten das vor sich hin. Renate Bergmann musste ermitteln, wenn wir den Gängstern das Handwerk legen wollten, das stand für mich fest. Ich sagte nichts, sondern lächelte mein Omalächeln, als wir uns bedankten und verabschiedeten. Ich speicherte mir Funkruf und Imehladresse vom Kommissar Lamprecht im Händi ab. »Da schreibe ich Ihnen mal, Herr Lamprecht«, schäkerte ich. »Dann haben Sie wirklich Post von einer reifen Frau aus Ihrer Nachbarschaft, hihi. Und Sie können mir zurückschreiben, wenn es was Neues in dem Fall gibt. Das übt!«

Auch Gertrud gab ihm mit einem gewissen Blick ihre Rufnummer. Sie ist einfach unverbesserlich! Ich rechnete mit keinem Gedanken damit, vom ollen Lamprecht etwas zu hören, auch wenn die kleine Beckersche uns mit tröstenden Worten verabschiedete und nicht nur alles Gute wünschte, sondern uns sogar versicherte, dass sie den Kommissar auf den Fall ansetzt. So, wie die guckte, war sie jedoch froh darüber, wenn er ihr nicht vor den Füßen rumstand.

Wir würden uns wohl selber kümmern müssen.

Gertrud, Lotte und ich fuhren jede zu sich nach Hause und verabredeten, dass wir uns gegenseitig anrufen würden, wenn wir was vom Lamprecht oder von der kleinen Becker hörten. Ich überlegte den ganzen Heimweg über, was ich mir wohl zum Abendbrot machen würde. Notfallbemme hin oder her, ich hatte tüchtigen Hunger und schlug ausnahmsweise mal über die Stränge an diesem Abend: Ich machte mir »Arme Ritter«! Die braune Butter duftete fein, es war – Verbrecher hin oder her – doch noch sehr heimelig.

Ach, wenn die Tage kürzer werden, mache ich es mir gerne gemütlich. Wissen Se, die Arbeit auf den Friedhöfen wird weniger, da muss man nur noch ab und an harken, das Laub wegrechen und aufpassen, dass einem der Wilhelm Bratwinkel die Gedecke nicht klaut. Da bleibe ich gerne zu

Hause, heize mir den Kamin ein bisschen ein und kraule den Kater. Der ist ein ganz Lieber, müssen Se wissen. Oft hat man es ja bei Katzen, dass die sehr eigen sind und sich gar nicht gern anpacken lassen, aber Katerle ist schon ein älterer Herr. Der hat den Widerstand aufgegeben. Die Frauen werden das kennen, das ist bei den Männern nicht anders: Wenn sie in die Jahre kommen, halten se still. Wenn der Sommer geht, wird es am Abend schnell frisch, aber die Heizung anzustellen lohnt sich da noch nicht. Da lobe ich mir den Beistellkamin. Den heize ich mit Kien und Holz ein, lege noch drei, vier Scheite an, und im Handumdrehen ist die Wohnstube muggelig warm. Nichts ist doch ungemütlicher als eine kalte, ungeheizte Stube, die vielleicht sogar noch klamm ist wie Gertrud am Monatsende im Portemonnaie. Wie schnell holt man sich da was weg! Gerade in der Übergangszeit. Da ziehe ich auch immer eine Strickjacke an. An den Nieren muss ich es warm haben, wenn man sich da verkühlt, rennt man den ganzen Winter. Und schneidendes Wasser ist so was Unangenehmes!

Zunächst wurde es aber tatsächlich unangenehm, denn ein Feiertag und der Besuch von meiner Kirsten standen auf dem Programm. Wir waren schon mal so weit, dass wir Ostern und Weihnachten nicht miteinander gefeiert haben, aber je älter ich werde und je näher für Kirsten die Erbschaft rückt, desto dichter rückt mir das Fräulein Tochter wieder auf den Pelz an den hohen Festtagen. Dieses Jahr fiel der Einheitsfeiertag so, dass mit Brückentag vier Tage frei waren. Wissen Se, bei all ihren Fehlern ist sie schließlich meine Tochter, mein eigen Fleisch und Blut, und immerhin ist es der Tag der Einheit. Da kann man auch als Familie zusammenkommen. Ein bisschen freue ich mich schon, wenn sie kommt – fast so sehr, wie wenn sie geht.

Solange Kirsten auf Besuch war, durfte ich auf keinen Fall ein einziges Wort über die Enkeltrickbetrüger erzählen oder ihr gar zu Gehör bringen, dass wir da selbst ermitteln wollten. Nee, man fährt mit Kirsten am besten, wenn man sie lächelnd erträgt, sich bei ihrem Humbug nichts denkt und die Stunden zählt, bis sie abreist.

Sie kam schon ganz aufgebracht an in Berlin. Am Abend vorher war se im Sauerland noch essen im Restaurant – kochen ist ja nicht so ihrs, wenn Se verstehen – und hat einen wildfremden Mann gebeten, an einen anderen Platz zu gehen. Sie wollte an seinem Tisch sitzen, weil das vom Schenk Pfui her der beste Ort für ihren Energiefluss war. Ja, so wie Sie jetzt hat der auch geguckt. Es gab dann einen tüchtigen Ärger, und sie hat wohl zu Hause aus dem Smufieapparat gegessen.

Es ist nicht leicht mit ihr. Sie war noch immer ganz aus ihrer Mitte, als sie in Spandau ankam. Das war ganz in meinem Sinne, so ging sie erst mal zwei Stunden ins Gästezimmer, wo ich das Bett selbstredend frisch bezogen hatte, beklopfte ein bisschen ihre Klangschale und haderte mit Gott und der Welt. Immerhin hatten wir die Zeit bis zum Abendbrot schon mal rum, und der erste Tag war damit fast geschafft.

Wenn Kirsten kommt, erfordert das einige Vorbereitungen. Weihnachten vor zwei Jahren hat sie mir ja diesen Smufiemacher geschenkt, entsinnen Sie sich? Ich hatte Ihnen davon erzählt. Schön ist er ja, aber er nimmt in der Küche nur Platz weg und staubt ein, wissen Se. Ich nehme den nicht. Opa Strelemann ist 94 Jahre alt geworden, ohne in seinem ganzen Leben JE einen grünen Smufie getrunken zu haben! Opa hat gern Hausschlachtewurst gegessen, Brot mit Weizen drin und sich hin und wieder einen auf die Lampe gegossen. Er war auch nie nordisch Wanken. Gesund hin oder her, wir haben früher ganz anderes gegessen und sind trotzdem alt geworden! Meine Äpfel schneide ich mir in Spalten und nasche sie beim Fernsehen. Was Kirsten sich da für Gemüse in der Maschine zermalmt, nee, das ist nicht meins. Ich hole den Apparat nur aus dem Keller, wenn sie auf Besuch kommt. Ich froste das ganze Jahr über alle Essensreste ein, aus denen ich ihr wegane Smufies mache. Ob es nun die Schwarte vom Eisbein ist oder auch die Knorpel vom Kotelett – wissen Se, das Kind mit seiner Gemüseesserei ist doch gar nicht mit allen Fitaminen versorgt, die der Körper braucht! Da mische ich ihr gern ein bisschen was an Fleisch drunter. Weil es sowieso zu Mus zerschreddert wird, muss es ja kein teures Fleisch sein. Ja, den Spurenelementen ist es doch egal, ob sie im Knorpel wohnen oder im besten Filetstück! Was meinen Sie denn, was der Fleischer in die feine Leberwurst macht? Na also.

Sie würden staunen, wie fein der Smufiemacher das mahlt! Man wirft oben meinetwegen einen Bürzel von der Gans rein, gibt ein bisschen Mariacron dazu – das bringt Geschmack! –, drückt ein paar Mal auf den grünen Knopf, und Simsalabim! zaubert die Maschine eine samtige Masse daraus. Da hat man schon mal eine Basis, die Geschmack bringt und Kraft gibt. Nur immer Gemüse, ich bitte Sie! Das Mädel ist ganz dürr und hat richtig eingefallene Wangen.

Da muss ich als Mutter eingreifen. Ich stelle das vorbereitete Püree immer schon in den Kühlschrank, und wenn Kirsten zuguckt, werfe ich ihre Selleriestangen und den Spinat mit rein. Wichtig ist ja, dass was Kräftiges dabei ist, was einen so starken Eigengeschmack hat, dass es alles übertüncht. Spinat ist gut, Schnittlauch geht auch. Durch den Weinbrand ist Kirsten milder gestimmt, wenn sie erst mal zwei weghat. Dann kann man mit Kopfsalat, Alpenveilchen oder Rosenkohl improvisieren.

Zum Frühstück will Kirsten immer Müsli. Ich verstehe das in gewisser Weise, sie kann ja nicht nur Smufies schlürfen. Wenn Gott gewollt hätte, dass wir uns von so was ernähren, hätte er uns die Zähne in einem kleinen Tütchen an die Hüfte geheftet. Müsli ist aber auch kein Fleisch, nur Körner. Wenn wenigstens ein paar kleine Schinkenwürfel drin sein dürften, aber nee. Was habe ich geredet und diskutiert, aber es musste mit Gewalt Müsli sein. Ich habe dann wenigstens das mit Schokoladenflocken gekauft. So bekäme Kirsten zumindest noch ein paar zusätzliche Kalorien hinter die Kiemen und ein bisschen was auf die Rippen. Aber das war auch wieder nicht richtig: Sie sammelte jede einzelne Schokoflocke raus und schimpfte. Davon kriegt man nämlich nicht nur Verstopfung, nein, man würde noch dazu übersäuern, weil der Körper daraus Säure baut, dozierte sie. Selbstredend bin ich also los, schließlich ist Kirsten nicht nur meine Tochter, sondern Gast in meinem Haus, und meine Gäste sollen sich wohlfühlen. Ich war in so einem Biogeschäft und habe nach Körnern geguckt, aber ich bin Bahnpensionärin mit beschränktem Einkommen und kann nicht die Hälfte meines Wochenbüdschees für 300 Gramm Vollwertkörner für meine Tochter ausgeben. Ich habe ihr letztlich zwei Schaufeln Haferschrot von Gunter Herbst geholt, mit dem er sonst sein Pferd füttert, und bei »Fressnapf« eine besondere Mischung für Kanarienvögel dazu. Wenn sie so einen Quatsch isst, darf sie sich nicht wundern, wenn man sie ein bisschen verklapst. Das habe ich gut gemischt, in eine braune Papiertüte gefüllt und »VVV – Vollwert Vegan Vital« draufgeschrieben, schön wackelig mit der Hand. Das sah so bio aus, dass sie es lecker fand. Sie hat es genüsslich jeden Morgen mit Stutenmilch gegessen. Die wiederum hatte sie selber mit, das habe ich nicht bezahlt. Es kommt auf zehn Euro pro Liter, ZEHN EURO! Denken Se sich das mal. Teurer als Korn!

Kirsten hatte wieder eine neue Küchenmaschine mit. Sie kennen mich ja nun schon ein bisschen und wissen, dass ich eine vom alten Schlag bin. Ich habe einen Schneebesen, zwei gute scharfe Messer und die Küchenreibe von Oma Strelemann. Damit bin ich in der Küche nun schon über 60 Jahre sehr gut ausgestattet und komme zurecht. Eine anständige Hausfrau braucht keine Küchengeräte mit Strom. Wenn die Ossiporose mir in der Hand mal schlimmer zu schaffen macht, werfe ich zum Backen den Handmixer an. Mehr aber auch nicht! Der ganze andere Kram ist reine Geldschneiderei, steht nur rum und setzt Staub an. Ariane hat sich sogar einen elektrischen Zwiebelschneider andrehen lassen, denken Se nur. Bis sie überhaupt den Deckel in die Raste reingefummelt hat und drücken kann, bin ich schon fertig, meine Zwiebel mit dem kleinen schwarzen Messer zu würfeln.

Und der Abwasch erst! Man muss das Ding auseinanderschrauben, der Behälter muss abgewaschen werden, an den scharfen Messern darf man sich nicht schneiden, und der Elektro darf nicht ins Spülwasser.

Wenn man denkt, dass man fertig ist, läuft einem aus einer Ritze dann altes Spülwasser entgegen, und man muss auch noch den Küchenboden wischen. So einen Blödsinn hat sich Ariane verkaufen lassen, aber nach zweimal Abwaschen hat sie es selber gemerkt und nimmt den Apparat nun nicht mehr. Er steht seither auf der »Küchenzeile«, wie die jungen Dinger zur Anrichte sagen, und staubt ein.

Sie haben einen Eindruck, wie ich zu Küchenmaschinen stehe, nich wahr? Sie können sich also meine Begeisterung vorstellen, als Kirsten am nächsten Morgen mit einem beheizbaren Rohkostschnitzler aus dem Gästezimmer kam und ihn mir strahlend mit dem Satz »Hab viel Freude damit, Mama« auf den Küchentisch stellte. Es war eine Thermosmischmaschine. Im Prinzip sah es aus wie eine große Küchenschüssel mit Strom. Kirsten zählte wohl eine Viertelstunde lang auf, was man damit alles machen kann. Außer Kunstherzen verpflanzen und Tischtennis konnte das Ding angeblich alles. Kochen, Brot backen, häckseln, Reis dämpfen und Weißkohl raspeln. Ich hörte mir das alles geduldig an. Ich atmete ein paar Mal tief und so, dass Kirsten es bemerkte. Sie sollte schließlich sehen, dass ich ihre Tipps befolgte und zu Herzen nahm. Ich fragte ganz arglos: »Kirsten, mein Kind, und was kann nun dieser Thermosbottich, was ich nicht auch auf dem Herd mit weniger Abwasch kann?«

Sie guckte wie als kleines Mädchen, wenn ihr Lieblingshase geschlachtet werden sollte. Wissen Se, Blödsinn hin oder her – das Kind meinte es ja gut und wollte der Mutti eine Freude machen und ihr die Arbeit erleichtern. Deshalb machte ich kein Theater, sondern lächelte milde und versprach, den Thermomatenschredder zu benutzen. Ich nahm das Wischtelefon und gockelte nach, was so was kostet. Mir verschlug es ja fast die Sprache, sage ich Ihnen – für das Geld hätten Se auch einen gebrauchten Kleinwagen bekommen!

Ich habe mir dann wirklich Mühe gegeben, zumal Kirsten dauernd fragte, wie »wir zwei« zurechtkämen. Ja, lachen Se nicht, die Leute, die so ein Gerät haben, werden ein bisschen komisch und reden von sich und ihrer Kochmaschine, als wären sie verlobt. Ich bin beim Fäßbock sogar in eine Gruppe eingetreten – das kostet keinen Beitrag, sonst käme das natürlich nicht in Frage; eine Renate Bergmann klickst nichts, was Geld kostet. Na, da können Se Sachen sehen! Eine Frau – sie hieß »Thermiefee82« – hat berichtet, dass sie mit dem Mixer in den Urlaub fährt, weil sie ihren besonderen Brotaufstrich nicht missen mag. Sie zeigte ein Foto, auf dem der Apparat auf dem Rücksitz angeschnallt zu sehen war. Ich schüttelte den Kopf und dachte so bei mir: »Bestimmt macht sie nur einen Scherz, Renate.« Humor ist ja oft verschieden. Aber ich guckte weiter, und was soll ich Ihnen sagen: Die hatten da alle einen kleinen Knall! Die kochten Nudeln in einer Maschine, die zwölfhundert Euro gekostet hat und mehr Abwasch macht, als wenn man Buttercremetorte mit Bisquitboden backt. Ich bitte Sie! Denkt denn heute gar keiner mehr nach? Eine schrieb: »Ich habe vier Schachteln Fiffifee-Pralinen, was kann ich damit im Thermomischer kochen?« Ich konnte mir beim besten Willen nicht vorstellen, dass diese Frage ernst gemeint war, und schrieb »Buletten mit Porreegemüse« unter das Bild. Wohl zwei Stunden habe ich gesucht und gelesen, was man mit der Gerätschaft machen kann, aber was soll ich Ihnen sagen: Ich habe nichts gefunden, was ich nicht ohne halb so viel Aufwand auch selber gekonnt hätte. Dann bin ich wieder ausgetreten aus der Gruppe, wissen Se, bevor die mich noch auf dem Scheiterhaufen verbrennen, weil ich die Feen-Regeln nicht beachte. Das habe ich nicht nötig in meinem Alter. Um des lieben Friedens willen habe ich ein paar Mal Semmelmehl mit dem Ding gemahlen und Kirsten sogar Bilder geschickt. Da hat sie sich gefreut und war zufrieden.

Und immer, wenn ich Eintopf gekocht habe, habe ich ihn hinterher in den Mischheizer gefüllt und mit dem Händi fotografiert. So hatte ich was auf Lager, wenn Kirsten nachgefragt hat. Ich konnte fix ein Bild schicken, und Ruhe war. An sich habe ich all den Kram aber in den Keller verbannt in den ollen Schrank. Darin hebe ich eben den Smufiemacher und lauter andere Sachen von Kirsten auf. Haben Se auch so ein Fach in der Schrankwand, wo man den Tinnef lagert, den man geschenkt bekommen hat? Wenn ich weiß, dass Kirsten auf Besuch kommt, gehe ich runter, hole den Plunder hoch, staube ihn ab und verteile das Zeug in der Wohnung. Die Fischschuppen zum Beispiel, die ich in die Küche legen soll, weil da die Reichtumsecke ist und die Dinger das Geld anziehen sollen. Ich bitte Sie, die Leute denken noch, ich hätte nicht richtig geputzt!

Am Brückentag war Kirsten außer Haus. Sie nutzt die Zeit in Berlin immer, um sich mit ähnlich gestrickten Frauen zu treffen und sich neuen Kokolores auszudenken. Sie nennen es »Trendmesse der Esoterik«. Sie riecht danach immer ganz verqualmt von den ganzen Räucherstäbchen und hat es schlimm im Knie, weil sie den halben Tag im Schneidersitz rumkauert. Ich war froh darum, so war sie mir aus dem Haus, und ich konnte mal schön durchfeudeln.

Es war noch nicht neun, da schellte es. Ich war gerade beim Aufwischen. Die Küche blitzte schon. Danach gehe ich immer durch den Flur, und zum Schluss wische ich die Badestube. Genau in der Reihenfolge, wegen der Hügene, wissen Se. Man wäscht sich ja auch erst das Gesicht und zum Schluss untenrum. Wie auch immer ... ich war gerade beim Aufwischen, als es läutete. Als ich mich hochbückte, duselte es ein bisschen, aber das ist immer so vorm ersten Korn. Ich machte also auf – natürlich nur einen Spalt bei vorgelegter Kette –, da stand da eine junge Frau. Lassen Se die vielleicht Mitte 50 gewesen sein. Sie käme von der Firma dahinten vorm Werk oder so ähnlich wegen eines Deckels, murmelte sie, und geschickt hätte sie meine Tochter. Ich habe mir erst mal den Ausweis zeigen lassen. Eine Renate Bergmann lässt doch keine fremde Person in die Wohnung, ich bin doch nicht plemplem! Erst recht, wo ich ja nun wegen der Vorfälle sozusagen simsala... sensibilisiert war und wusste, was alles passieren kann.

Damit ging es schon los. Die Dame wühlte in der Handtasche. Das zog sich, bis die was gefunden hatte, sage ich Ihnen. Sie kennen das ja, Frauen und ihre Handtaschen!

Immerhin trocknete der Flur bei der Zugluft zügig ab, deshalb beließ ich es bei der geöffneten Tür. Endlich wurde die Frau fündig. Allerdings hatte sie keinen Dienstausweis, sondern einfach nur einen Personalausweis. Ich bitte Sie. Was glaubte die denn, wen die vor sich hatte? »Ich weiß nicht, wer sie geschickt hat und was sie bei mir wollen. Ich mache Ihnen nicht auf, verschwinden Se bitte, sonst rufe ich die Polizei.«

Sie hat wohl noch zehn Minuten lang geklopft und gerufen, aber da habe ich gar nicht hingehört. Ich habe meine Ilse-Werner-Platte lauter gestellt und die Badestube tüchtig gewischt. Da muss man auch mal auf die Knie, wissen Se, gerade unterm Waschbecken sammelt sich der Staub! Irgendwann muss die angeblich von Kirsten gesandte Dame wohl gegangen sein, jedenfalls war Ruhe. Allerdings hielt die nicht lange. Lassen Se es eine Stunde gewesen sein, da schellte der Fernsprecher im Flur. Heute hat man ja nicht mehr die Geräte aus Bakelit. Kennen Sie die noch? Diese schönen schwarzen Telefone, die man mit einem feuchten Lappen abwischen konnte? Ach, das war praktisch. Heute mit diesen Glasscheibchenteilen, da muss man ja so aufpassen. Auch Festnetz ist ja schon mit Glasscheibchen. Was alles passieren kann, wenn man nicht achtgibt!

Ilse und Kurt haben jetzt ebenfalls so ein Scheibchendingens, der Enkel, der Jonas, hat es mit ihnen gekauft. Sie kommen aber ü-ber-haupt nicht damit zurecht. Außerdem hat der Enkel Kurt gezeigt, wie man mit »Gelb«, »Acht« und »Fensterchen« das Licht beim Nachbarn an- und ausmachen kann. Die beiden hatten eine diebische Freude. Nee, der Jonas! Ein ganz Ausgefuchster ist das. Der schlägt nach Kurt. Er hat es faustdick hinter den Ohren! Wenn der in den Ferien auf Besuch ist, machen die beiden nur Dämlichkeiten. Man glaubt das kaum, aber der olle Zausel und der Bengel verstehen sich wie zwei Indianerblutsbrüder und hecken einen Streich nach dem anderen aus. Jonas hat Kurt auch gezeigt, wie man mit dem Händi bei den Nachbarn den Fernseher umschalten kann, denken Se nur. Was hatten die beiden für eine Freude, als sie beim Elfmeterwerfen von Fußball auf »Germany sucht das Topmodel« umgeschaltet haben. Es war so ein Geschrei im Nachbarhaus, dass Ilse die Gardinen zugezogen hat. Als die Ferien vorbei und der Jonas wieder weg war, kehrte aber Frieden ein. Kurt drückte noch ein paar Mal auf dem Gerät rum, aber er verlor bald das Interesse und ließ es wieder sein. Ilse drückt am Hauptapparat in der Diele immer was verkehrt. Jonas hat jedenfalls gesagt, dass im Speicher 93 Fotos von Ohrmuscheln sind. Ich glaube, das passiert immer dann, wenn ich nur »Tüüüt, tüüüt, tüüüt« höre statt Ilses Stimme. Die drückt auf Foto! Ach, ich sage Ihnen, es ist nicht leicht für uns olle Leute mit diesen Telefonen. Viel zu klein sind die, und ich bitte Sie, so teuer kann es doch nicht sein, dass man nicht wenigstens schöne große Tasten dranmachen kann! Da wünsche ich mir mein altes Bakelittelefon zurück, das konnte man benutzen, ohne dass man aus Versehen ein Sparabo mit tanzenden Fröschen abgeschlossen hat.

Jedenfalls trocknete ich mir die Hände gut ab – mit feuchten Fingern können Se schieben und drücken, da passiert gar nichts auf diesem Wischapparat, das sage ich Ihnen! – und guckte auf das Fensterchen. »KIRSTEN«

blinkte es in Großbuchstaben. Ich pustete noch mal durch, stellte mich dumm und ging dran.

»Bergmann, Spandau, guten Tach?«

»Mama!«

»Bist du es, Kirsten?«

»Wer nennt dich denn sonst noch Mama?«

»Man weiß nie, was für Halunken einen anrufen! Hast du noch nie was vom Enkeltrick gehört? Die geben sich als Enkel aus und wollen ans Geld ... wer weiß denn, ob die nicht auf Kindertrick umgestellt haben?«

»Du guckst zu viele Krimis, Mama. Und dann kriegst du wieder Angst und kannst die ganze Nacht nicht schlafen! Aber deshalb rufe ich nicht an ... warum hast du Vorwerk-Vertreterin wieder weggeschickt?«

»Die kam wirklich von dir? Nun hör aber auf.«

»Wir haben doch darüber gesprochen, dass ich dir für den Aromadeckel noch mal die Heidrun vorbeischicke.«

»Falsch, mein Kind. Du hast gesagt, du willst jemanden schicken, und ich habe gesagt: ›Nur über meine Leiche kommt mir hier eine fremde Person in die Wohnung.‹«

»Du kannst jedenfalls die arme Heidrun nicht einfach wegschicken!«

»Ich habe sie nicht weggeschickt. Ich habe sie lediglich nicht reingelassen. Die sah genauso aus wie die Krankenschwester neulich bei ›Dem Verbrechen auf der Spur‹, die über zwanzig Rentnern die Todesspritze verpasst hat!«

»Mama! Das war in den 70ern, und es war in Amerika!«

»Heute kriegen die doch alle Ausgang im Gefängnis! Und mit dem Flugzeug ist die in acht Stunden hier. Ich weiß Bescheid. Die Dame konnte keinen Ausweis zeigen, und außerdem komme ich sehr gut allein zurecht und brauche keinen Aromadeckel. MEIN ESSEN schmeckt auch so. Und nun entschuldige mich bis später, mein Wischwasser wird kalt.«

Ich drückte auf den roten Hörer. Das ist Auflegen. Der grüne Knopf ist »Annehmen«, wenn es klingelt, und »Verbinden«, wenn man schon spricht. Das habe ich mal versehentlich gedrückt und dann einen Schreck bekommen und die Kurzwahl von der Meiser erwischt, als ich Kirsten noch in der Leitung hatte. Die beiden haben eine halbe Stunde lang über das Orakel geredet, das Kirsten meiner Nachbarin bei ihrem Weihnachtsbesuch gelegt hat. Die Frau Meiser beschwerte sich, dass der vorhergesagte Mann noch immer nicht in ihr Leben getreten war. Kirsten hatte nämlich im Orakel gesehen, dass ein Kerl von Süddeutschland her kommen würde im ersten Halbjahr. Die Meiser lungerte nun in jeder freien Minute auf dem Busbahnhof rum und lächelte alle Kerle an, die aus den Fernbussen stiegen, aber bisher war der Vorhergesagte nicht dabei.

Wie praktisch das doch war, als man einfach wütend den Hörer auf die Gabel knallen konnte! Hach ja.

Während ich noch Staub wischte, ging mir die Geschichte gar nicht mehr aus dem Kopf. Muss ich mich jetzt schon vor meiner Tochter rechtfertigen, dass ich Obacht gebe und mich nicht ausrauben lasse? Kirsten meint es oft gut, aber sie denkt nicht von zwölf bis Mittag. Mir eine Frau ins Haus zu schicken, die mir einen Aromadeckel andrehen soll, wissen Se, das ist im Grunde eine Unverschämtheit. Als würde mein Essen nicht schmecken! Wenn die Maschine das Zubereiten nun leichter machen würde, ja. Man muss der Tatsache ins Auge sehen, ich bin 82 und kein Springinsfeld mehr. Aber auch, wenn die Arbeit beschwerlich ist und ich nicht mehr so fix bin wie ein jungscher Hüpfer von 70 – mir macht beim Kochen und bei der Hausarbeit keiner was vor! Meine Fenster werden öfter geputzt als die der anderen Weiber hier im Haus, die wohl an die 50 Jahre jünger sind, und wenn ich Eisbein koche, leckt sich jeder die Finger danach. Und da schickt man ausgerechnet MIR eine Aroma-Frau! Ich musste so laut lachen, dass mir fast die Prothese entgegenkam.

> Ein Kriminaltechniker kann ja einen Menschen identifizieren, wenn er nur ein paar Hautzellen von dem hat. Wenn Kurt seine Brille nicht aufhat, kann er Ilse nicht vom Gummibaum unterscheiden.

Nach dem Mittagbrot hatte ich mich ein halbes Stündchen hingelegt. Ab einem gewissen Alter macht man gern einen kleinen Mittagsschlaf. Die Kräfte lassen doch nach, auch wenn alle immer staunen, wie rüstig ich noch bin. Nee, so ein kleines Schläfchen – es reicht schon eine halbe Stunde, sonst ist man ganz bedröppelt – erfrischt und gibt einem noch mal Kraft für den Tag.

Ich war kaum wach, da klingelte es schon wieder an der Tür. Was war denn wohl heute los, war die Menschheit ganz außer Rand und Band? Sonst ist tagelang nichts und heute das! Das Klingeln war nicht von der Haustür unten, sondern direkt oben an der Wohnungsluke.

Ohne Brille und noch ganz benommen vom Schlaf, machte ich einfach die Türe auf, ohne durch die Kette zu fragen, wer da überhaupt war. Vor mir stand ein junger Mann, der gleich loslegte: »Tante Renate, ich habe meine Brieftasche mit allen Karten zu Hause vergessen. Kannst du mir mal schnell 50 Euro leihen, damit ich tanken kann?«

Schlagartig war ich putzmunter! Mir schoss ja gleich der Puls an die Decke, sage ich Ihnen. Der Blutdruck war in diesem Augenblick bestimmt so hoch, dass die Messapparatur von der Dokterschen wild gepiept hätte.

Fast 50 Jahre hatte ich »Die Krimipolizei warnt« geguckt und nun das: Jetzt war tatsächlich so ein Gangster an meiner Tür!

»Wie kommt dieser Tunichtgut überhaupt in das Treppenhaus?«, schoss es mir noch durch den Kopf, und ich ärgerte mich, dass ich die Wohnungstür geöffnet hatte, ohne vorher wenigstens durch den Spion zu schauen. Aber wissen Se, wenn es auf der Etage läutet und nicht unten an der Hauspforte, wird man schon mal leichtsinnig. Mausetot hätte ich sein können, erschossen oder erstochen oder sonst was! Ich hatte offensichtlich Glück im Unglück und war an einen von der Sorte geraten, die nur Geld wollten und einem nicht gleich mit dem Springmesser die Kehle aufschlitzten.

»Einen Augenblick«, sagte ich, trat dem Eindringling mit einem raschen Tritt auf den Fuß und schob ihn aus der Tür wie einen Handtaschendieb. Ich drückte die Tür ins Schloss und riegelte erst mal ab. »Ruhig Blut, Renate«, dachte ich bei mir, »dem zeigst du es!«

Ich gebe zu, ich hätte die Polizei anrufen sollen. Stattdessen sind se mit mir durchgegangen, und ich griff nach dem Schuhspanner, der auf der Flurgarderobe lag. Jetzt im Herbst hat man so schnell mal die Feuchtigkeit im Schuh, überall die Pfützen und das nasse Laub … da trockne ich mein gutes Schuhwerk nach jedem Spaziergang über dem Spanner. Wenn man seine Sachen gut pflegt, halten sie auch! Das Holzding lag gut in der Hand, fast wie eine feste Salami. Damit konnte ich dem Lump eins überziehen. Während ich wieder aufschloss, sagte ich: »So, jetzt habe ich das Geld«, um ihn in Sicherheit zu wiegen, und zog ihm den Schuhspanner mit Schwung über die Rübe. Na, ich sage Ihnen, der hat sich aber gekrümmt und gewimmert, der ... Stefan.

Ich ... es ... mir ist es in der Tat sehr unangenehm, aber es hilft ja nichts, ich muss es unumwunden zugeben: Es war gar kein Gängster, der da geklingelt hatte, es war wirklich Stefan. Ich hatte die Brille eben nicht auf, wissen Se ... aber an dem Jungen ist nichts zurückgeblieben. Es war nur ein Platzwunder. NUR EINE PLATZWUNDE. Herrje. Was hat der Bengel für ein Gewese gemacht, sage ich Ihnen, nee! Er krümmte sich, fragte, ob ich wohl noch alle hätte, was in mich gefahren wäre und so was, und ging dann k. o. zu Boden. Nicht vom Schlag, sondern weil er kein Blut sehen kann! Ich zählte bis zehn, aber von alleine kam der nicht wieder auf die Beine. Beim Boxer zählen se ja auch bis zehn, nicht wahr? Ich musste nach Frau Meiser rufen und sie bitten, ihn mit mir in die Wohnstube zu schleifen. »Gleich auf die Couch, Frau Mei ... NEIN! Warten Se! Ich lege erst ein Handtuch drunter, der saut mir ja sonst die ganzen Polster ein!«

Selbstverständlich habe ich Schonbezüge über der Couch, damit da nichts drankommt. Die war schließlich teuer. Um die Schonbezüge zu schonen, die auch viel Geld gekostet haben, habe ich die Couchdecken darauf liegen, aber es war ja nicht einzusehen, dass die nun eingesaut wurden wie beim Schlitzer-Massaker.

Ich hole ein dunkles Füße-Handtuch und die richtige Brille. Jetzt sah ich es erst: Es war zweifelsohne der Stefan, mein Neffe, der da blutüberströmt auf dem Sofa lag. Ich hatte ihn mit dem Schuhspanner wohl an der Braue erwischt.

Die Meiser ist auch so ein junges Ding ohne Lazaretterfahrung und wollte gleich nach dem Rettungsdienst telefonieren. »Lassen Se das bloß bleiben, Frau Meiser. Die machen nur Theater. Der Junge ist gegen Tetanus geimpft, der kriegt da jetzt ein Pflaster drauf und einen Korn gegen den Schreck, dann ist der versorgt. Da bleibt schon nichts zurück. Wollen Se etwa, dass wir mit der Geschichte noch in die Zeitung kommen? Stefan, und du reißt dich jetzt mal ein bisschen zusammen. Soll Tante Renate ›Heile, heile, Gänschen‹ für dich singen?«, fragte ich vorsichtig zur Couch rüber, wo der junge Kerl sich gebärdete, als würde er mit dem Tod ringen. Männer eben, Sie verstehen? Bei dem Gedanken an »Heile, heile, Gänschen« musste er jedoch lachen. Frau Meiser half noch mit, den Jungen notdürftig zu waschen. Wissen Se, das Blut war überall, und Stefan kann wirklich keins sehen. Der war weiß wie eine frisch gekalkte Wand und hatte kalten Schweiß auf der Stirn. So ist er damals schon abgeschmiert, als die Ariane die kleine Lisbeth geboren hat. Er sollte die Nabelschnur durchschneiden und klatsch, lag er auf den Fliesen im Kreislauf. Saal. Die Hebamme hat sich so erschrocken, dass sie die Nachgeburt auf ihn fallen ließ, und es gab ein Gemenge, und sie mussten erst mal großreinemachen. Stefan kam an einen Tropf.

Heute reichte ein Spritzer handwarmes Wasser. Den Kreislauf brachte ich wieder in Schwung, indem ich ihm teelöffelweise Korn einflößte.

Aber ich sage es Ihnen frei heraus: Das konnte doch so nicht weitergehen! Ich war ja völlig fertig mit den Nerven! Überall witterte ich Lug und Trug. Es durfte nun nicht so weit kommen, dass die mir Angst machten. Betrug an alten Leuten ist nicht zum Lachen, und dass die Polizei ihnen nicht hilft, erst recht nicht! So was darf man nicht zulassen, nein, man muss sich wehren.

Zweimal rief tatsächlich der Kommissar Lamprecht hier an, einmal Festnetz und einmal Händi. Ich staunte nicht schlecht, dass der sich wirklich meldete. Er wusste jedoch nichts Neues zu berichten, wollte sich nur mal melden und hören, ob eventuell noch mal jemand angerufen hätte oder uns noch was zur Sache eingefallen war. Ansonsten murmelte der nur von »laufenden Ermittlungen«. Das waren eindeutig ausweichende Antworten. So was hört eine Renate Bergmann doch! Das war klar wie Gertruds dünner Bohnenkaffee. Nee, nee, nee, hier mussten wir Alten ran! Langsam reifte in meinem Kopf ein Plan, aber mit Kirsten im Haus war die Zeit dafür einfach nicht reif.

Die vier Tage, die das Mädchen in Berlin war, waren für mich verloren. Wissen Se, ich hatte ja ganz andere Sachen im Kopf als Energiearbeit, Seelensmog und Sonnengruß. Ich wollte Pläne schmieden, wie man die Omabeschupser an die Kandare kriegt. Immer wenn das Telefon klingelte, zuckte ich zusammen. Wenn die es wieder gewesen wären? Ich war doch noch gar nicht richtig vorbereitet! Ich sage Ihnen, selten winkte ich Kirsten so erleichtert hinterher, als sie von dannen ballerte mit ihrem Sportwagen wie an diesem Oktobertag.

Als ich endlich wieder für mich war, wurde es höchste Eisenbahn, Ilse, Kurt und Gertrud ins Vertrauen zu ziehen. Ich bat sie noch am selben Tag zu mir. Das duldete jetzt keinen Aufschub mehr, es war schon so genug Zeit verlorengegangen!

»Ist das nicht zu gefährlich?«, fragte Ilse und guckte sich ängstlich um. Ilse ist so eine weinerliche olle Tante, die geht auch nicht auswärts pullern, weil sie denkt, sie holt sich da was. Die hat IMMER Angst, da darf man keine Rücksicht drauf nehmen.

Gertrud hingegen war Feuer und Flamme. »Da arbeiten wir dann mit dem Kommissar Lamprecht zusammen, das ist eine gute Gelegenheit, den ein bisschen besser kennenzulernen«, sagte sie freudig und gab dem Hund ein Stückchen von meinem Frankfurter Kranz. Norbert schnappte einmal zu, und es war weg.

»Gertrud, lass bloß die Finger vom Lamprecht! Du bist bei Gunter Herbst in guten Händen. Und außerdem könnte der Kerl dein Sohn sein!«, schimpfte ich sie, aber sie hörte gar nicht zu. »Renate, hör doch mal«, entgegnete sie, »der hat mich angerufen. Ein sehr netter Herr. Der hat Manieren, steht im Staatsdienst und hat Anspruch auf eine gute Versorgung, wenn er nächstes Frühjahr in Rente geht.« Da hat se recht. Meine Cousine Hilde hat damals einen Beamten geheiratet, den Herrmann. Beamte zu ehelichen, ist immer gut, da ist man auf der sicheren Seite. Wo doch heute nichts mehr sicher ist – die Versorgung von Beamtenwitwen ist sicher! Ich weiß gar nicht, ob der Herrmann noch lebt, sehen Se, da wollte ich seit Jahren mal wieder anrufen. Sie wohnen im Schwäbischen und melden sich von sich aus nie, weil es zu viel kostet. Da muss ich dann aber auch kein schlechtes Gewissen haben, wenn ich nur alle Jubeljahre mal anläute.

Gertrud hatte offenbar nicht nur einmal mit dem Kommissar Lamprecht telefoniert, sondern ihn sogar schon getroffen! Ich musste gar nicht weiter fragen, denn sie plapperte munter drauflos: »Er hat mir das Band gezeigt, an dem er jeden Tag einen Zentimeter abschneidet. Nächsten Februar wird er pensioniert!«, gab sie mit einem merkwürdigen Unterton zum Besten.

Sie schlug sogar vor, den Lamprecht zur Wassergymnastik einzuladen. Da war nämlich gerade einer der begehrten Plätze frei geworden, weil Herr Steinecke nicht mehr kommt. Fräulein Tanja, unsere Kursleiterin, hatte vom Beckenrand gerufen: »So, und nun fassen alle mal an die Nudel von ihrem Hintermann.« Das hat Gertrud sich nicht zweimal sagen lassen und den ollen Steinecke in den Schwitzkasten genommen. Seitdem ist er sozusagen abgetaucht. Hihihi. Das ist jedoch noch lange kein Grund, den Lamprecht zum Aquaturnen einzuladen! Ich wies sie deutlich zurecht, das können Sie mir glauben. Nee, also bei Gertrud hat der liebe Gott vergessen, zusammen mit den Hormonen die schmutzigen Gedanken runterzufahren. Wenn die einen Mann im Blick hat, geht sie an den ran wie Norbert ans Gehackte.

Das fehlte mir noch! Ich kam gar nicht dazu, mich richtig aufzuregen, da ging die Türglocke.

»Ilse, mach doch bitte mal auf. Aber frag erst, wer da ist!« Die Warnung war bei unserem vorsichtigen Ilschen jedoch überflüssig, die drückte immer erst auf den kleinen Fernsehbildschirm, den ich neben der Türe hängen habe und auf dem man jeden Besucher ansehen kann.

»Es ist Stefan!«, flötete sie aus dem Flur, während sie aufdrückte. Ganz vorsichtig kam er zur Türe rein und guckte sich um. Er hatte noch immer ein Pflaster auf der Stirn. Hoffentlich fragte keiner danach, sonst müsste ich noch allen erzählen, wie das gekommen war.

»Ach, so eine Freude. Stefan! Wie schön, dass du deine olle Tante auch mal wieder besuchst. Ach, guck, hast du dich beim Rasieren geschnitten?«, fragte ich und zwinkerte ihm zu. Keiner hat was gesagt, aber Ilse runzelte die Stirn. Der macht man nicht so schnell was vor.

Ich kniff Stefan in die Wange. Das mag er nicht, da hat er sich immer dumm und windet sich. Aber ganz erwachsen werden sie doch nie, nicht? Ich lächelte und fragte mich, was der wohl wollte. Es passte mir gar nicht, dass er hier mitten in unsere Planungen reinschneite. Erst störte Kirsten tagelang und nun auch noch Stefan. Kann man nicht mal eine Verbrecherbande fangen, ohne dass die Verwandtschaft einem in die Parade fährt? Der Junge marschierte durch in die Küche, setzte sich auf die Couch und guckte wie bestellt und nicht abgeholt. Mit großen Augen schaute er sich um. »Wo hast du denn das Eisbein? Ich sehe gar nichts?«, sprach er enttäuscht.

Ach du liebe Güte! Ich hatte ihn ja zum Eisbeinessen eingeladen und es völlig vergessen. Jetzt im Herbst, wo es draußen kühler wird, kommt ja nach all der kalten Katzpatchosuppe doch wieder der Appetit auf was Deftiges. Da wollte ich Eisbein mit Erbspüree und Sauerkohl machen und hatte Stefan nach unserem kleinen ... Vorfall dazu eingeladen. Das essen wir gern zusammen, wissen Se, aaaach, mit ordentlich scharfem Mostrich dazu – wunderbar! Für einen allein lohnt das ja nicht. Die Ariane schlägt sich wacker als Hausfrau, da will ich nichts sagen, schon weil es sonst nur Ärger gäbe. Sicher, sie hat kein Schrankpapier in den Küchenschubladen, schmeißt die Innereien vom Hühnchen einfach weg, und manchmal brennt ihr der Milchreis an. Aber wissen Se, das sind Kleinigkeiten. Man muss heutzutage schon froh sein, wenn sie sich nicht nur von Tütensuppe und »Schinken MäcNackend« ernähren.

Das Eisbein ... herrjemine. Gekauft hatte ich es beim Metzger, kräftig durchgepökelt lag es im Kühlschrank. Aber es gibt nun wirklich Wichtigeres in so einer Situation als Essen! Wir waren dabei, Verbrecher aufs Kreuz zu legen. Allerdings durfte Stefan davon nichts erfahren, der würde sich nur wieder aufregen. Ich kenne den doch, der traut uns Alten nichts zu! »Stefan, nun sag bloß, hast du meinen SM nicht gekriegt?«, stellte ich mich dumm. »Ich habe eben geschrieben, dass Tante Ilse der Bügel von der Brille abgebrochen ist und wir zum Optiker müssen. Das Eisbein gibt es übermorgen.«

Flunkern kann ich. Wissen Se, ich habe vier Ehen geführt, und ohne ein bisschen Flunkerei dürfte ich heute wohl nicht sagen, dass sie im Grunde genommen alle vier glücklich waren.

Stefan zog sein Händi raus und guckte alles nach. »Wann hast du mir geschrieben? Und wo? WhatsApp, E-Mail oder SMS?«

»Was weiß denn ich? Das Grüne.«

Er konnte nun wirklich nicht erwarten, dass ich den ganzen Quatsch noch mit Namen behalte.

Stefan wischte wie ein Wilder in seinem Händi rum, aber da konnte er lange suchen. Der musste außerdem ganz ruhig sein, der verschickt auch Nachrichten, die kein gesunder Mensch versteht! Letzthin schrieb er: »Wann machst du wieder die Kartoffelsuppe?« Keine Anrede, kein »Hallo, liebe Tante Renate, wie geht es dir?«, nichts. Das ist man ja schon gewohnt, so reden die eben heutzutage. Kein Gruß, einfach drauflos. Aber nun sind sie sogar schon zu faul, »deine« auszuschreiben. Was meinen Se, was ich rätseln musste! Hin und her habe ich überlegt und den Bengel dann angerufen. Ausgelacht hat er mich und gemeint: »Das spart Zeichen, wenn man tippt, und es ist kuhl.« Na, dem habe ich es gezeigt. Als er zum Essen kam, habe ich ihm die Kartoffelsuppe ohne Würstchen hingestellt. »Das spart und ist kuhl, wegen wegan. Frag mal Kirsten!«, habe ich gesagt. Ganz bedröppelt geguckt hat der, wie ein begossener Pudel. Hihi, der Spaß ist mir gelungen! Natürlich habe ich die Würstchen noch geholt. Ich würde doch keine Kartoffelsuppe ohne Bockwurst reichen! Aber Stefan hat es gelernt, der hat nie wieder so komische Nachrichten geschrieben. »Die Kartoffelsuppe«. Pah! Nee, man muss nicht jeden Schnickschnack mitmachen.

Oder auch die Sache mit dem Gugelhupf. Bestimmt kennen Se den Kuchen, oder? Ach, es geht doch nichts über einen schönen, klassischen Gugelhupf! Ich habe zu Lisbeths Geburtstag zusammen mit Ariane einen gebacken. Das Mädel muss das lernen, und ich bin froh über jeden Anlass, zu dem wir gemeinsam in der Küche arbeiten. Erstens redet es sich da gut, so von Frau zu Frau, und hinzu kommt, dass Ariane wirklich Nachhilfe gebrauchen kann. Auftauen und Büchse öffnen kann sie ja, aber schon beim Kartoffelschälen wird es kritisch. Die schält so dick, da tränt einem das

Herz. Gerade heute, wo das Kilo Kartoffeln bald so viel kostet wie ein Pfund Spargel, muss man besonders dünn schälen ... aber es bringt ja nichts, dem Kind reinzureden, es macht sowieso, was es will. Doch die Gelegenheit zum Backen ergriff ich gern und zeigte ihr Gugelhupf. Ariane war ganz angetan und aufmerksam bei der Sache, ich konnte mich nicht beklagen. Sie rührte fleißig mit, und als wir den fertigen Kuchen nach dem Backen gestürzt hatten und er in seiner ganzen Pracht vor uns lag, da strahlte sie voller Stolz. Er war wirklich gut gelungen. Manchmal backt der Herd ja nicht gut, da kommt es auch immer ein bisschen drauf an. Aber Arianes Herd ist ein solides Gerät, ganz wunderbar. Wir hatten den Kuchen während der Backzeit zweimal gedreht, so wurde er gleichmäßig goldbraun. Wie das heute so ist, musste Ariane das schöne Stück natürlich fotografieren und ins Interweb stellen. Sie glauben es nicht, sie hat tatsächlich geschrieben: »Hier ist er, mein erster Googlehupf!«

Ich bitte Sie. Und dabei ist es eine Schlaue, die Ariane, eine Studierte sogar! Da frage ich, was das wohl noch mal werden soll mit unserer Jugend. So kann es doch nicht weitergehen! Gucken Se bloß mal beim Fäßbock, was die so schreiben. Sicher, ich mache bei den englischen Wörtern hin und wieder einen Fehler. Aber ich benutze Ausrufezeichen nicht im Rudel, und ich schreibe auch im ganzen Satz ohne tanzende Frösche drum herum.

Die können doch nicht alle Legasthenie haben, ich bitte Sie! Die sind einfach nur zu faul, es richtig zu tippen. Aber wo war ich? Ach, bei Stefan.

»Nun leg das Telefon weg, Junge, es ändert ja nichts. Eisbein gibt es heute nicht. Willst du einen Tee?«

»Tante Renate, hier stimmt doch was nicht. Du vergisst nicht zu kochen! Erzähl mir nichts, was ist hier los? Was heckt das Rentnerquartett schon wieder aus? Ihr habt doch irgendeinen Quatsch im Kopf!« Er guckte Kurt an, der einen Geigenkasten auf dem Schoß hielt. Das konnte ich verstehen, so verdutzt hatte ich auch geguckt, als Kurt mit dem Ding zur Türe hereingekommen war. Ich musste fast lachen, sage ich Ihnen. »Kurt, was zum Teufel willst du denn mit dem Geigenkoffer? Wie seinerzeit Dr. Watson in dem schönen alten Film, was? Hihi!«, fragte ich nach.

»Der schreckt die Verbrecher ab. Die denken, dass ich da ein Maschinengewehr drin habe.« Woher er das nun wieder wusste? Man musste sich wirklich über seinen Umgang wundern. Ich ließ ihm allerdings den Koffer, wissen Se, der war wirklich praktisch. Da konnte alles rein, was wir so mitnahmen. Es war gar nicht einzusehen, dass wir Frauen das alles in unsere Handtaschen quetschen sollte. Und sind wir mal ehrlich – Männer sehen ja mit einer Handgelenkstasche nicht weniger albern aus als mit einem Geigenkoffer! Wir ließen Kurt also seinen Spaß.

»Red keinen Blödsinn, Junge. Wir haben nur ... es ist für das Theater im Seniorenverein. Ja! Denk dir nur, für das Theater. Onkel Kurt soll einen Kommissar spielen. Willst du nun einen Tee?«

Puh, da hatte ich die Kurve wohl gerade noch mal auf zwei Rädern gekriegt. Stefan glaubte mir das nämlich wirklich! Er lachte und versprach, zur Aufführung zu kommen. Ob wir schon einen Titel hätten für das Stück, fragte er und schlug »SOKO 4711« vor. Ein bisschen unverschämt war das ja schon, aber wissen Se, wichtig war, dass der Bengel aus der Wohnung verschwand und wir endlich in Ruhe weitermachen konnten. Was heißt weitermachen, ich wäre schon froh, wenn wir überhaupt erst einmal loslegen könnten! Ich fragte nicht noch mal, ob er einen Tee will – zweimal war wohl wirklich genug, er hatte seine Schangsen gehabt und hätte »Ja« sagen können –, und schob ihn sachte Richtung Flur. »Wer weiß, wem ich die Nachricht wegen des Eisbeins geschickt habe? Wenn ich die falsche Brille aufhabe, sehe ich das manchmal ganz schlecht«, sprach ich, und Ilse, die noch gut hört, rief geistesgegenwärtig: »Mir, Renate! Ich hatte mich schon gewundert, was das soll. Wir essen doch gar kein Eisbein. Kurt darf nicht, wegen Scholesterin, und ich mache mir aus der fetten Schwarte nichts.« Ich zwinkerte Ilse zu, ach, wissen Se, das sind diese Momente, wo man merkt, auf wen man zählen kann. Ilse ist immer da, wenn es gilt, einen aus der Bredjulle ... Brillduje ... aus dem Schlamassel zu retten.

»Also, übermorgen dann, Stefan. Um zwölf steht das Essen auf dem Tisch. Bitte sei pünktlich!«, gab ich ihm mahnend mit auf den Weg. Wissen Se, zwar hatte ich das heute vergessen, aber wenn es darum geht, einem Unschuldigen ein schlechtes Gewissen zu machen, sind wir Frauen gut, und so was verlernt man auch im Alter nicht.

Ich drückte die Tür hinter ihm zu und dachte bei mir: »SOKO 4711! So eine Unverschämtheit!«

»Danke, Ilse«, sagte ich, als ich zurück in die gute Stube kam. »Kannst immer auf mich zählen, Renate. Ich hatte nur Angst, dass der Stefan mein Händi hätte sehen wollen. Das liegt doch im Handschuhfach, für den Notfall.« Ja, das wusste ich. Da liegt es immer, seit sie es vor 22 Jahren angeschafft haben. Einmal die Woche lädt Ilse die Batterie nach, und wir fragen uns manchmal, ob die 25 Mark Guthaben, die Gläsers damals bei der Post gekauft haben, noch gut sind.

Nun, da Stefan aus dem Haus war und wir endlich Ruhe hatten, ließ ich Gertrud erst mal berichten, was das mit ihr und dem Kommissar war. Denken Se sich nur, der hatte bei ihr angeläutet und sie mit Norbert schon zweimal zum Spazierengehen getroffen, der trottelige Kerl. Reineweg verrückt war das Tier nach ihm, berichtete Gertrud und auch, dass sie den Kampfhecht beide Male dazu gebracht hatte, sie zu Kaffee und Likör einzuladen und sogar zu bezahlen. Es war mal wieder typisch Gertrud, sobald ein Kerl in der Nähe ist, vergisst die jeden Anstand.

Ich änderte meinen Plan, den ich entworfen hatte. Wir mussten den Lamprecht ja sowieso aus dem Weg haben und anderweitig beschäftigen. Der bimmelte bei Lotte an, meldete sich bei mir und flanierte sogar mit Gertrud durch den Park. Hatte der denn nichts anderes zu tun? Der sollte die Betrüger jagen und nicht uns Omas beschatten! Ich kriegte den Gedanken gar nicht aus dem Kopf, dass er und Gertrud ... ICH BITTE SIE! Die Frau ist 82 und er Mitte 60. Sicher, es sind moderne Zeiten. Sollen sie alle rumpoussieren, mit wem sie wollen. Aber sie müssen aufpassen: Die Madonna adoptiert der Heidi Klump sonst noch den Kerl weg! Ich hatte auf jeden Fall den Verdacht, dass der Lamprecht sich mit ein bisschen viel Eifer um uns Omas bemühte, statt sich auf die Enkelbetrüger zu konzentrieren. Am Ende war das noch ein Heiratsschwindler? Wie oft sind die schlimmsten Verbrecher in den eigenen Reihen zu finden, das hat man doch alles schon erlebt. Wenn ein Feuerteufel umgeht und in Serie Brände legt, na, den suchen sie schon gar nicht mehr woanders als in der Feuerwehr. Mit dem Lamprecht im Schlepptau, ja, ich bitte Sie, welcher Betrüger würde sich da wohl nicht in die Büsche schlagen? So, wie der durch die Gegend lief, stand ihm auf die Stirn geschrieben: »Ich bin ein Polizist!« Nee, der Lamprecht brauchte Beschäftigung, damit der uns ein bisschen aus den Augen ließ, und diese Beschäftigung würden wir ihm verschaffen, hihi.

Ich erklärte Ilse, Kurt und Gertrud in allen Einzelheiten, was mir vorschwebte: »Dazu brauchen wir Kurt, den Koyota, ein Stückchen weiße Straßenkreide, ein bisschen roten Nagellack und eine große Tageszeitung mit einem rausgeschnittenen Guckloch. Norbert lassen wir erst mal außen vor, der ist ja nun mit dem Kommissar bekannt«, sagte ich, und wir kicherten, während wir den Plan durchsprachen.

Hören Se gut zu, aber sagen Se es bitte keinem weiter. Der Plan ging so.

Der Plan

Als wir alles durchgegangen waren, rief Gertrud: »Uhrenvergleich!« Ja, wo se den Quatsch nun wieder herhatte? Bestimmt zu viele Krimis geguckt. Ilse grub in ihrer Handtasche. Sie hat eine gute goldene Uhr, ein Erbstück ihrer Mutter, das sie in einem kleinen Säckchen runtergeschluckt hatte, als nach 45 die Russen kamen – und so rettete. Jawoll, zwei Tage später brachte sie die Uhr wohl wieder raus, aber seither ging sie nicht mehr richtig. Kein Uhrmacher hat die je wieder hingekriegt. Sie hätte es machen sollen wie Oma Strelemann mit ihrer Kamee. Die hatten wir während des Krieges in Ölpapier eingeschlagen im Garten vergraben, genau unter den schönen Hortensien. Das waren Oma Strelemanns Lieblingsblumen. Der Russe hat die nicht gefunden, und die Kamee war wie geleckt, als wir sie nach Friedensschluss wieder ausgebuddelt haben.

Ilses Uhr ist eigentlich mehr ein Schmuckstück als ein Zeitmesser, und weil sie ein Andenken an ihre Mutter ist und aus 750er-Gold, trägt Ilse sie nur an besonderen Tagen. Sie liegt in der Regel ... nee, das verrate ich jetzt nicht. Am Ende lesen hier noch Einbrecher mit, steigen bei Gläsers ein und rauben Ilse und Kurt aus? Um Himmels willen, das könnte ich mir nie verzeihen, wenn die beiden Opfer eines Raubüberfalls ... huch, ich bin ganz erschrocken. Nee. Man muss so aufpassen! Auch wenn man was ins Interweb schreibt. Man kann gar nicht so schlecht denken, wie andere Leute sind. Wenn ich da nun reinschreibe: »Schöne Grüße aus dem Urlaub, ich bin mit Gertrud auf dem Kreuzfahrerdampfer unterwegs im Mittelmeer«, kann das jeder lesen. Und es gibt immer auch jemanden, der einem nicht wohlgesonnen ist. Danach kommt man nach Hause, und die Wohnung ist ausgeräumt. Nee, da bin ich vorsichtig und kann Sie nur warnen. Ich lade nach den Ferien ein Bild hoch, so freuen sich trotzdem alle mit, dass der Urlaub schön gewesen ist, aber ich bin wieder da und kann den Räubern im Notfall eins mit der Pfanne über den Kopf geben. (Oder eben mit dem Schuhspanner, je nachdem. Hihi.) Ich habe eine gusseiserne von Oma Strelemann, die wird nie abgewaschen, sondern immer nur mit Entenfett ausgebrannt und mit Salz abgerieben. Wenn ich damit zuschlage, kann ich den Notarzt sparen und gleich den Bestatter rufen, das sage ich Ihnen. Und es ist Notwehr, das haben sie bei »Den Tätern auf der Spur« neulich gesagt! Dafür käme ich nicht in das Gefängnis. Da will ich nun wirklich nicht hin auf meine alten Tage, schon weil man da kein Onlein darf und Gertruds Friseuse käme, um mir die Wickler einzudrehen. (Gertrud sieht immer wie der ergraute Mischlingsrüde von Grottingers aus.)

Nee, wo war ich? Ach ja, also Ilse suchte nach der Uhr, die aber wieder stehengeblieben war und erst aufgezogen werden musste. Ilse trägt sie wie gesagt nicht, um die Zeit abzulesen. Das Zifferblatt ist nicht größer als ein Klecks Vorspeise im Sternenrestaurant. Ilse muss die Augen zusammenkneifen, um die Zeit abzulesen. Meist erkennt se gar nichts und fragt dann doch Kurt. Kurt hat immer seine Taschenuhr an der Kette dabei, obwohl Ilse schimpft, dass die Hosentaschen davon ausleiern. »Guck doch mal, Renate, die sitzen schon wieder auf halb neune«, klagt sie dann.

Ich habe schon seit Jahren keine Armbanduhr mehr. Wissen Se, ich bin Rentner und lasse mich nicht hetzen. Ob es nun zwei Minuten früher oder später ist – was macht das schon, wenn man 82 Jahre alt ist? Und ob es nun Zeit ist, die Kartoffeln für das Mittagbrot aufzusetzen, entscheiden der Appetit und der Hunger und nicht die Uhr. Wenn ich eine Verabredung einzuhalten habe, gehe ich so zeitig los, dass ich pünktlich bin, ohne ständig auf die Uhr zu starren. Wer das macht, kommt sowieso zu spät! Der Bus fährt sowieso, wann er lustig ist, ich bitte Sie, da muss man nicht alle paar Sekunden auf die Uhr gucken. Davon ist der auch nicht pünktlicher. Und im Fall des Falles bin ich ja eine moderne Oma und habe mein Schmartfon immer dabei. Vorn auf dem Scheibchen ist ein Bild von der kleinen Lisbeth, wie sie die Mixerstäbe mit Schlagsahne ableckt, das hat Stefan mir eingestellt. Auf dem Bild wird in großer weißer Schrift, gut lesbar, die Uhrzeit angezeigt. Die muss man nicht aufziehen, und die geht immer richtig, wissen Se, das Händi guckt ab und an im Interweb, ob es noch stimmt. Was soll ich also mit einer Uhr?

Ilse saß bereit mit ihrem Goldschätzchen, Kurt hatte den Deckel seiner Taschenuhr aufspringen lassen, und Gertrud sprach: »Also, bei mir ist es kurz vor halb drei.« Kurt knurrte: »Kurz vor ist doch keine genaue Zeit, Pottersche. So können wir nicht ermitteln. Es muss genau! Alles muss ganz genau!« Ilse schüttelte an ihrem Goldwecker und hielt ihn ans Ohr. »Kannst du jetzt mit den Ohren besser gucken als mit den Augen?«, raunzte Kurt sie an. »Sie tickt!«, rief Ilse. »Sie tickt. Aber sie muss gestellt werden. Ach, Kurt, kannst du vielleicht mal ...?« Herrje, das würde dauern.

Ich erwog derweil, Ilse vorzuschlagen, mit der Uhr mal zu »Bares für Rares« zu fahren und den »ollen Prügel«, wie sie da immer sagen, zu verkaufen. Was soll man mit dem Ding? Der Zeiger bleibt immer stehen, und die Kinder und Enkel wollen sie nicht. So könnte man wenigstens mal den Herrn Lichter kennenlernen, der immer sagt: »Renate? Dann Binischnatürlichderhorst«, und die Frau Doktor Heide. Kennen Se die? Die Elegante, die immer so schicke Blusen trägt. Wissen Se, es gibt den »Krawattenträger des Jahres« und sonst was alles, aber ich kann bis heute nicht verstehen, dass man nicht mal die »Blusenträgerin des Jahres« kürt. Das ist wohl das Mindeste! Ich würde Frau Doktor Heide sofort vorschlagen! Kirsten wollte mit mir ja auch schon zu der Sendung wegen der Vase von Oma. Die hat Schwerter untendrauf von Meißen, und Kirsten hat vorgeschlagen, dass wir sie verhökern und uns vom Erlös ein schönes Mutter-Tochter-Wochenende gönnen. Aber wissen Se, ich traue dem Frieden nicht. Ich kenne Kirsten, am Ende tauscht die mich ein, weil ich älter und rarer bin als das Porzellan. Und selbst wenn nicht, wie sähe denn so ein Wochenende aus? Ich sehe uns schon proaktiv die Muskeln entspannen und im Sitzkreis Brennnesselsuppe löffeln. Nee, nee. Die Vase bleibt vorerst in der Anbauwand. Die soll Kirsten wegen meiner dem Lichter unter den Kringelbart halten, wenn ich dereinst nicht mehr bin. Aber mit Ilse und Kurt und dem 14-karätigen Goldwecker würde ich fahren.

Wie auch immer: Wir gingen mit frisch gestellten Uhren auseinander. Der erste Schritt war getan!

Gertrud fragte den Herrn, ob das Flugzeug auch eine Hupe hat. Das brachte den so durcheinander, dass er vom Thema abließ.

Am nächsten Morgen sind wir in aller Frühe los zum ALDI. Der Markt ist ein bisschen außerhalb, müssen Se wissen. Wir waren kurz nach sieben da, es war noch fast dunkel. Die Tage wurden ja im Herbst schon merklich kürzer. Morgens wurde es spät hell, und nachmittags meist nach dem Kaffee schon wieder duster. Eine sehr unwirtliche Zeit, aber in Bälde käme ja schon der Advent, in dem die schönen Kerzen überall wieder wohlige Wärme ausstrahlen würden. Hach ja.

In diesen Morgenstunden ist der Parkplatz immer noch schön leer, und es besteht keine Gefahr für die anderen Autos, wenn Kurt den Koyota parkt. Er stellte den Wagen am Rand des Parkplatzes ab, von wo aus wir später alles gut beobachten und uns doch unauffällig vom Acker machen konnten. Ich hatte in der Handtasche alles dabei, was wir brauchten. Wissen Se, in manchen Situationen ist ein Geigenkasten einfach unhandlich. Wir stiegen aus. Mit einem Stück weißer Straßenkreide und einem Fläschchen Nagellack nahmen wir Kurs auf die noch verschlossene Eingangstür, da, wo die Einkaufswagen stehen. Ilse konnte von uns drei am besten malen und sich – trotz Knieoperation und ihren albernen Knorpelpillen aus dem Verkaufsfernsehen, hihi – auch am besten bücken. Ich legte mich rücklings auf das Pflaster vor der ALDI-Tür, und Ilse malte mit der Kreide konzertiert einen Umriss um mich. Kurt half mir hoch, ich putzte mir den Rock ab, und wir betrachteten unser Werk. Es war sehr gelungen. Nun sprenkelte ich ein paar Spritzer vom roten Nagellack in die Mitte des Kreideumrisses, ungefähr auf Brusthöhe. Man soll sich ja nicht selber loben, wissen Se, aber das sah täuschend echt aus, das muss man schon sagen. Ungefähr so:

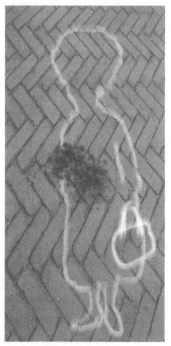

Ja, was soll ich Ihnen sagen?

Wir mussten gar nicht mehr viel machen, nur abwarten. Wir setzten uns in den Koyota und frühstückten erst mal. Ilse hatte diesmal nicht ihren Picknickkorb bei, sondern klappte Kurts Geigenkasten auf: Buletten, frischgeschmierte Stullen, hartgekochte Eier und sogar in Achtel geschnittene Tomaten kamen zum Vorschein – alles, was das Herz begehrt. Ich räumte erst mal das Tränengas beiseite, das ich Kurt mit in den Geigenkasten gelegt hatte. Nicht, dass das noch einer mit dem Kaffeeweißer verwechselte! Wenn es nach Stefan ginge, dürfte ich kein Tränengas haben. Er sagt, es wäre viel zu gefährlich. »Du bist fahrig und guckst nicht richtig, und zack!, greifst du das falsche Fläschchen und sprühst dir zwei Spritzer Tränengas statt Kölnisch Wasser hinter die Ohren, wenn dein Erwin klingelt. Ich kenn dich doch, nein, Reizgas kommt nicht in Frage. Du hast ein Händi und kannst Hilfe rufen. Und im Notfall hast du dein Parföng, das stinkt so, damit schlägst du auch jeden in die Flucht.«

Frechheit. Dabei duftet Lavendel so fein! Aber die jungen Leute haben den Hang, mich zu unterschätzen. Das ist im Grunde gar nicht verkehrt, wissen Se, dann kann man sie leichter überraschen. Ich hatte mir so ein Fläschchen einfach selbst gekauft, das musste der Junge ja gar nicht erfahren. Nun nahm ich es aber an mich, damit es hier keinen Unfall gab.

Ilse goss uns aus der Thermoskanne ein. Sie macht die gewissenhaft sauber, aus der kann man mit Appetit trinken. Das war ganz was anderes als die verbeulte Blechkanne mit Grindschicht vom Lamprecht. Wir nahmen alle unsere Tabletten ein, was ein bisschen ein Problem war. Sie kennen das bestimmt auch, die eine Sorte muss vor dem Essen nüchtern geschluckt werden, die andere Sorte »zur Mahlzeit«, und die Blutdrucker brauchen eine Grundlage. Na ja, wir hatten zwar alle unsere Pillendöschen mit, aber wenn man die Tabletten einzeln rausnimmt im engen Auto ... Kurt ließ seine Durchblutung fallen, eine kleine minzgrüne Kapsel, und sie rollte unter den Koyota-Sitz. Nun finden Se das Ding mal wieder. Ich will das gar nicht im Detail erzählen, ich sage Ihnen nur grob die Stichworte: Wir drei – Ilse, Kurt und ich – sind alle gut über den Achtziger drüber. Bei mir haben se vor zwei Jahren die Hüfte operiert, Ilse hat das Knie steif, und Kurt sieht weniger als ein Maulwurf. Noch dazu ist der Koyota bestimmt ein gediegener Wagen, aber mit ausgeklapptem Frühstückstisch auf der Rückbank – natürlich hatte Ilse auch eine kleine Tischdecke dabei – war es doch etwas eng. Meine linke Hand konnte ich von hinten bis mittig unter den Fahrersitz schieben, wohin Kurts Pille gerollt war, aber ich fand nur den schönen Einkaufswagenschip, den Ilse schon seit Jahren suchte, und eine Handvoll Rosinen. Das müssen die Weintrauben gewesen sein, die mir im Frühjahr unter den Sitz gekullert waren. Die waren 1a, aber wir schmissen sie trotzdem weg. Ich dachte zwar: »Das kann man doch noch essen!«, erst recht, wo die Weihnachtsbäckerei nun bald ran war, aber Ilse bestand darauf. Gerade, als ich den Zettel von der Wäscherei für Ilses Winterjacke hochgeangelt hatte, fasste ich auf etwas Weiches, was lebte. Ich bin bestimmt keine schreckhafte Person, die sofort »Huuuuch« schreit, wenn sie nur einen Spritzer Wasser abkriegt, aber das war ... nee, gruselig war das! Kurt juchte ebenfalls auf. Was ich da unterm Sitz ertastet hatte, war nämlich seine Hand. Er hatte sich derweil von vorne vorgearbeitet und suchte ebenfalls nach der Tablette. Ich erschrak dermaßen, dass ich hochschnellte und dabei den guten Bohnenkaffee anstieß, der sich über die Frühstücksschnitten, die Autopolster und meinen beigefarbenen Rock ergoss. Wie viel in so einer Kaffeetasse ist, sieht man ja erst, wenn man sie mal auf hellem Grund ausgekippt hat, nich wahr? Das war richtiger Kaffee, kein Kaffee Hag. Die Koyotapolster waren jetzt also auch wach.

Dann ging das Theater erst richtig los, sage ich Ihnen. Ilse wischte und rieb mit allem, was sie an Bord hatte. Das Scheibenwischtuch, ein Geschirrhandtuch, Servietten, feuchte Reinigungstücher ... ich tupfte meinen Rock, so gut es ging, aus – man darf nur tupfen, um Himmels willen nicht reiben! – und schimpfte leise vor mich hin.

Kurt hatte sich beim Hochkriechen mit dem Hals im Lenkrad verfangen und stieß beim Versuch, sich zu befreien, immer wieder mit der Nase gegen die Hupe.

»Ilse! Kurt! Jetzt aber mal ganz ruhig! Keiner bewegt sich! Wir müssen die Nerven behalten. Wir fallen doch auf! Ilse, hör jetzt auf zu rubbeln, du machst die Flecken nicht besser, wenn du sie mit Kölnisch Wasser einreibst. Und Kurt, du bleibst so. Ich steige aus und helfe dir aus dem Lenkrad.«

Die Uhr ging auf halb acht, und zum Glück war noch niemand auf dem Parkplatz, der uns hätte beobachten können. Wir hätten auch gleich Norbert mitnehmen können. Nicht mal ein bellendes Kalb hätte mehr Aufsehen erregt.

Bei jedem anderen alten Herrn hätte man um den Blutdruck fürchten müssen in so einer Situation, aber nicht bei Kurt. Den bringt so schnell nichts aus der Ruhe, höchstens ein Elfmeter in der Nachspielzeit. Ilse schreibt ja jeden Tag zweimal Kurts Blutdruckwerte in ein kleines Büchlein.

Einmal, in Band 23 auf Seite 87 oben, da war er ein bisschen hoch – der zweite Wert 94! – aber das war wegen Fußball im Fernsehen. Der Mann ist sozusagen lückenlos scheckheftgepflegt. Da ist nix dran. Ich öffnete die Fahrertür und fädelte Kurts Kopf durch die Lenkradspeichen wieder rückwärts raus. Er schimpfte vor sich hin, auf was er sich da eingelassen hätte, und sagte, dass er morgen wieder zu Hause frühstücken würde. Ansonsten blieb er aber ruhig.

Ilse war mit dem Fleckenverreiben so weit vorangekommen, dass die ganze Rückbank nun ockerbraun schimmerte und der Koyota roch wie ein Tschiboladen. Jeder nahm nun die ihm zugedachte Position wieder ein, und das wurde auch allerhöchste Zeit, denn draußen tat sich was.

Ein Auto fuhr vor, aus dem eine Frau stieg. Das war die Chefkassiererin, die Frau Krauspe. Die kenne ich. Die will immer kein Kleingeld. Egal wie die Summe lautet – noch ehe man überhaupt nach passend gucken kann, ruft sie: »Dankeeeeeee, es geht schoooon ...«, und schmeißt einem eine ganze Handvoll Münzen samt Zweimeterfuffzich-Bon in die hohle Hand. Wie oft habe ich mich darüber schon geärgert. Ich bitte Sie, so viel Zeit muss doch sein, dass man wenigstens guckt! Aber jetzt mache ich es anders. Wenn die Krauspe zum Beispiel sagt: »Das macht 32,82 Euro«, dann habe ich früher einen Fünfziger gegeben und gesagt: »Warten Se mal, 2,82 Euro müsste ich klein haben. Ich gucke mal nach.« Da kam meist schon der Schrei, dass es ginge, und zack, hatte ich wieder ein Pfund Münzen in der Hand. Aber eine Renate Bergmann lernt im Alter noch dazu: Jetzt kriegt die zuerst die Münzen, und zwar langsam und in

Ruhe, bis ich die 2,82 Euro beisammenhabe – und ich gucke auch auf die Rückseite, ob nicht noch eine mit Königin Beatrix drauf dabei ist, die sammele ich nämlich! –, und erst dann gebe ich ihr den Schein. Dabei wird sie immer ganz rot im Gesicht. Ob sie wohl die richtigen Blutdrucktabletten kriegt? Hihi.

Den Trick merken Se sich bitte gerne. Erst das Kleingeld geben und danach den Schein, sonst werden Se abgewimmelt. Probieren Se es mal aus! »Da kann man alt werden wie eine Kuh, man lernt im Leben immer noch dazu«, hat Oma Strelemann schon immer gesagt. Und da hatte se recht.

Also, die Krauspe stieg aus ihrem Auto und kam mir ein bisschen durcheinander vor. Sie ging immer langsamer und blieb irgendwann ganz stehen, hielt sich erschrocken die Hand vor den Mund und wusste sichtbar nicht, was sie tun sollte. Ein weiteres Auto kam angefahren, aus dem zwei Kolleginnen kletterten. Ich faltete die Zeitung im Koyota auf und guckte durch das kleine Loch, das ich geschnitten hatte. Durch das Guckfenster hatte ich alles bestens im Blick, und sie konnten mich nicht sehen. Das hatte ich aus einem alten Film, so arbeitet der Detektiv. Man muss immer seine Deckung behalten, das ist die oberste Maxime in dem Geschäft! Wenn unser Plan aufging, würde hier gleich die Polizei kommen. Und der olle Lamprecht durfte mich auf gar keinen Fall erkennen.

Es ging alles ganz schnell. Die Kassiererinnen öffneten die Kaufhalle gar nicht erst, sondern eins von den Mädelchens telefonierte gleich vom Händi aus. Sie gingen ein bisschen auf Abstand zum »Tatort« und drückten sich, die waren offenbar fix und fertig. Meine Güte, was sind die alle verweichlicht! Wegen ein bisschen Kreide auf der Straße und drei Tropfen Nagellack. Man kann es aber auch übertreiben! »Die haben eben alle keine Lazaretterfahrung«, kommentierte Kurt kopfschüttelnd. Jaja, ich sage es ja.

Derweil scharrte sich ein gutes Dutzend Kunden um unsere schöne Kreidezeichnung, die Uhr ging schließlich auf acht, und der Markt hätte öffnen sollen. Die Krauspe weinte und erklärte wohl, dass unter diesen Umständen heute geschlossen bliebe. Jedenfalls trollten sich die, die keine Schaulustigen waren. Also zwei. Die Polizei kam mit Tatütata, gleich mit drei Autos, denken Se sich das nur! Da wurde mir auch ein bisschen mulmig. Aber die konnten uns im Fall des Falles gar nichts, wir hatten nur mit Kreide was gemalt. Gertrud und ich haben schon als Mädchen immer Hickelkasten gespielt. Kennen Se das noch? »Himmel und Hölle«, sagen manche dazu. Das waren Zeiten, da waren wir Kinder noch draußen und haben gespielt, bis es dunkel wurde ... ach, schön war es. Wir hatten aufgeschlagene Knie und immer einen Dreiangel in den Rock gerissen, weil wir wie die Derwische über jeden Zaun und auf jeden Baum geklettert sind. Nach Hause sind wir erst gegangen, wenn Mutter die Straße runter schrie, dass es jetzt Abendbrot gibt. Nicht mal der Hauswart aus Gertruds Mietskaserne konnte uns hindern seinerzeit. Geschimpft und gebrüllt hat er, aber wozu die Aufregung? Ein Regenschauer, und der Hickelkasten war wieder weg, meine Güte! Es gab ja keine Flimmerkiste, vor der wir hätten sitzen können. Sonnabends haben wir nach dem Baden MANCHMAL (!) eine halbe Stunde »Ein bunter Kessel

Tanzmusik« gehört, aber auch nur, wenn ich die Woche über keine Dämlichkeiten angestellt hatte. Ein neuer Dreiangel im guten Rock, und schon hatte ich schlechte Karten. Da können Se sich ja denken, dass ich ganz schnell Handarbeiten lernte, schon, damit ich Rudi Schuricke im Rundfunk nicht verpasste. Ach, es waren harte, aber auch schöne Zeiten. Aber ich verplappere mich schon wieder, Sie wollen ja bestimmt wissen, wie es weitergeht, und nicht einer ollen Frau untergehakt beim Spaziergang durch ihre Erinnerungen folgen ...

Nee, die konnten uns ü-ber-haupt nichts, wenn es hart auf hart käme wegen der Kreidemalerei.

Die Polizisten stellten sich alle im Kreis um unsere schöne Leichenskizze und beratschlagten. Manche kratzten sich am Kopf, ein paar telefonierten, und es wurde fotografiert. Zwei junge Männer liefen zum Streifenwagen und holten rotweißes Absperrband. Ich lugte ganz vorsichtig durch das Guckfensterchen in meiner Morgendepesche und konnte sehen, wie der Kommissar Lamprecht sich schwerfällig aus einem der Einsatzwagen hievte. (Vielleicht hatte Gertrud recht, und unsere Wassergymnastik täte ihm gar nicht schlecht. Vertragen konnte er sie allemal.)

HA! Mein Plan war aufgegangen! Der hatte hier zu tun und konnte uns nicht beschatten, wie das Fräulein Vorgesetzte ihm geheißen hatte. Von sich aus hätte der sich doch im Leben nicht so um ein paar alte Tanten bemüht. Aber so was wie hier hatten die offenbar nicht jeden Morgen, sonst wären sie wohl nicht mit Mann und Maus zum »Tatort« geeilt. Ich wählte zur Sicherheit (mit Nummernverschleierung!) die Durchwahl vom Kommissariat. Da lief die Anrufbeantwortungsmaschine. Die hatten nicht mal einen für den Telefondienst auf der Dienststube zurückbehalten. Gute Güte, nun wurde es mir aber doch ein bisschen mulmig. Es war höchste Zeit, von hier zu verschwinden. Nicht nur, damit es keinen Ärger gab, nein, schließlich war das hier nur die Vorbereitung für meinen eigentlichen Plan. Bisher war aber alles wunderbar gelungen und aufgegangen.

»Kurt, lass den Wagen an. Langsam und unauffällig zu mir nach Hause!«, kommandierte ich. Als wir vom Parkplatz runterfuhren und die Gefahr gebannt war, dass mich der Lamprecht hätte erkennen können, faltete ich die Zeitung zusammen. Da war eine Annonce für Doppelkorn, der kostete die Woche nur 4,99 Euro ... aber dafür war jetzt keine Zeit, das musste warten!

Zwei Tage später ging ich mit Lotte aufs Kommissariat, die Fliegen auf der Brotbüchse und den Lamprecht besuchen. Er war fürchterlich beschäftigt und hatte nur ganz wenig Zeit. Das war genau, was ich hatte erreichen wollen! Quasi zwischen Tür und Angel berichtete er uns unter dem Siegel der Verschwiegenheit, dass er an einem ganz großen Fall arbeitete. Vor ein paar Tagen wäre die jungsche Kommissarscheffin am frühen Morgen in die Dienststelle geplatzt und hätte angeordnet, dass ALLE mitmüssten, sie hätten einen Einsatz, wie sie ihn in ihrer jungen Karriere noch nicht erlebt hat. Den Lamprecht konnte se mit so was natürlich nicht vom Hocker scheuchen, der hatte in fast 40 Dienstjahren schon ganz andere Fälle auf dem Tisch gehabt. Das heißt nicht, dass er sie gelöst hat, aber er war eben immer dabei. Sie kennen das ja, in den Behörden – ganz gleich, ob Kripo oder Bauamt – haben sie es mit Leuten zu tun, die aufgrund ihres Alters und nach Dienstjahren befördert werden. Die sitzen sich sozusagen nach oben. Wenn sie es nicht allzu dumm anstellen, geht das so lange gut, bis sie irgendwann mit all ihren Aufgaben komplett überfordert sind. So einer war der Lamprecht. Bestimmt war der als junger Polizist ganz tauglich und hat prima Strafzettel aufgeschrieben, aber so einer brauchte immer Anleitung. Alleine konnten se den nichts machen lassen. Im Grunde war es mit ihm wie mit Ariane im Haushalt: Wenn man dabeisteht und ihr sagt, wie sie es machen soll, stellt sie sich gar nicht so dumm an, aber wenn man sie alleine machen lässt, fahren doch um halb 2 alle gemeinsam zu MäcDonald, um Hühnerflügel in Obsttunke zu essen, weil sie das Frikassee hat anbrennen lassen und der Reis klumpig war, statt dass er locker von der Gabel rann wie im Reklamefernsehen beim Onkel von Ben. Der Lamprecht war so einer, der die Leiche vom Tatort ordentlich wegfahren lässt. Aber dass im Nebenzimmer noch ein Toter liegt, das kriegt der nicht mit. Das muss man ihm erst sagen. Gleichzeitig war er bauernschlau und konnte deswegen gut verbergen, dass er auch ein bisschen trottelig war.

Ich habe das schnell durchschaut. Wenn er überhaupt keine Ahnung von einem Thema hatte, nahm er seine Brille ab, kaute ein bisschen auf dem Bügel rum, spitzte die Lippen und murmelte: »Schwierig, schwierig, aber wir werden einen Weg finden.« Dann kritzelte er was auf seinen Notizblock, und das Thema war erst mal erledigt. Da hat man nicht mehr groß nachgefragt, und wenn doch, kaute er auf dem anderen Bügel und sagte: »Die Kollegen arbeiten fieberhaft daran, Frau Bergmann, aber ich darf aus ermittlungstaktischen Gründen nichts weiter dazu sagen.« Das war natürlich absoluter Blödsinn. Ich weiß es genau. Ich habe nämlich den Notizblock inspiziert, den der olle Schussel auf seinem Schreibtisch hatte liegenlassen, als er austreten war. Da konnte ich unauffällig einen Blick (nein, ich habe nicht spioniert! Dass Sie mir immer so unanständige Dinge unterstellen ...) darauf werfen. Der hatte da nur stehen »6 Bier« und »Butter ist alle« oder auch »Rasierklingen kaufen«, »Winterreifen wechseln«. Was ein alleinstehender Herr eben so schreibt.

Und einmal »Blumen Gertrud«.

Ich habe gerade in meinen Emil-Abfall geguckt. Eine gewisse Lisa sorgt sich um meinen Augenaufschlag und empfiehlt mir Wimperntusche für 80 Euro. Nun weiß ich auch nicht.

Nun, wo die Polizei uns nicht mehr so auf dem Kieker hatte, musste ich Teil zwei meines Planes zünden: Ich musste es irgendwie schaffen, die Omasbeschupser wieder auf mich aufmerksam zu machen. Schließlich muss der Fisch anbeißen, damit man ihn angeln kann, nicht wahr?

Lotte Lautenschläger hatte mir ihre Geschichte so oft erzählt, dass ich manchmal bald glaubte, ich hätte das alles selbst erlebt. Ich wusste also ganz genau, wo die Schwachstelle war. Lotte hatte ein paar Tage vor dem Vorfall einen größeren Betrag vom Sparbuch abgeholt. Da war doch kein Zufall! Das kann mir keiner erzählen! Ich konnte mir das schon vorstellen: Die Ganoven lungern vor der Sparkasse rum und passen auf, ob eine Oma da mit auffällig viel Geld und dicker Tasche rauskommt. Den Leuten auf der Bank viel zu erklären, würde nur wieder neue Fragen heraufbeschwören, deshalb griff ich zu einer List: Man muss sich immer an den Dusseligsten im ganzen System wenden, so kommt man am weitesten. In diesem Fall war das Grete Baumann. Ich wohne nun schon so lange in Spandau, dass ich ziemlich jeden kenne, den man kennen muss. Grete Baumann von der Sparkasse ist im ganzen Kiez ja nur als Knete-Grete bekannt. Ich habe Grete schon als kleines

Mädchen im Wagen gefahren. Bankgeheimnis hin oder her, wenn man jemanden von Kindesbeinen an kennt, kommt man immer an die Informationen, die man braucht.

»Grete«, sach ich also zu ihr, »Grete, stell keine Fragen. Es ist kein Überfall und nichts Schlimmes, wir wollen nur ein paar Verbrechern das Handwerk legen. Du musst nur mitmachen und mich in den Reiche-Leute-Raum führen.« Sie haben ein extra Zimmer, wo sie die Kunden, die etwas mehr Geld abheben als das bisschen Rente, reinführen. Aus Sicherheitsgründen, damit keiner mitzählen kann, wissen Se. Ich nenne es immer das Reiche-Leute-Zimmer. Als das damals mit meinen Aktien war, saß ich da auch. Ich sprach sehr leise, und Grete guckte wie eine Kuh vorm Zaun. »Ich gebe dir jetzt das Sparbuch. Das klappst du auf und sagst: ›20 000 in bar, selbstverständlich, Frau Bergmann.‹«

Grete war nicht die Hellste, deshalb musste ich es wiederholen. »Sag es einfach!«, zischte ich. Eine Renate Bergmann kann sehr entschieden sein, wenn es um Leben, Tod oder Geld geht!

»In bar. 20 000 Euro, sehr gern, Frau Bergmann. Kommen Sie bitte mit in die Diskretionszone.«

Dort angekommen, dankte ich ihr – nun wieder so freundlich, wie ich meist war –, dass sie das Spiel mitmachte. Ich packte ein Bündel geschnittener Zeitungsreste aus und legte es vor uns auf den Tisch. »Grete, das ist doch ungefähr so viel wie 20 000, oder? Ich kann dir das jetzt nicht lang und breit erklären, aber mach dir mal keine Sorgen. Wir sind Enkeltrickbetrügern auf der Spur.« – »Ach, Frau Bergmann, auf was für ein Abenteuer haben Sie sich denn da wieder eingelassen? Wischt die Frau Potter deshalb draußen den Staub vom Gummibaum? Seien Sie bloß vorsichtig! Ist die Polizei informiert?«

»Aber selbstverständlich, Grete, mein Mädchen«, flunkerte ich.

Die Jugend von heute, nee. Wissen Se, denen ist so schnell bange, die trauen sich rein gar nichts mehr. Sie springen an einem Gummiseil vom Kran, das ja, aber wehe, sie sollen mal Zivilcourage zeigen. Dann kneifen se und ziehen den Schwanz ein. Alles Jammerlappen! Obwohl, wenn ich es recht überlege, ging Grete stramm auf die 60 zu. Ein leichter Grauschleier lag schon über ihrem Haar. Ja, die Zeit vergeht! Aber wie dem auch sei, aus meinem Blickwinkel ist sie ein jungsches Ding.

»Wir gehen jetzt raus, damit es nicht verdächtig wird. Du sagst am besten gar nichts mehr, sonst fällt das nur auf. Lass mich nur machen. Und wenn die nicht drauf anspringen, komme ich ab morgen jeden Tag, und wir machen das Gleiche noch mal«, fuhr ich fort.

Ich trat aus der Dissi ... Desi ... Diskretionszone in die Vorhalle und steckte den Umschlag mit den Zeitungsschnipseln gut sichtbar in meine Handtasche. »Man muss ja vorsichtig sein mit so viel Geld, 20 000 Euro! Das ist mein ganzes Erspartes!«, sagte ich so laut zu Knete-Grete, dass es wirklich jeder gehört haben musste. Ich schaute mich um. Hier drinnen in der Schalterhalle war niemand, der mir verdächtig vorkam, aber man weiß ja nie. Da kann man noch so viele Krimis gucken, am Ende sind die Verbrecher doch so geschickt getarnt, dass man sie vielleicht nicht erkennt. Vielleicht lauerten sie auch draußen? Der Wind pfiff ungemütlich, als ich auf die Straße trat. Der

Herbst war da, da biss die Maus keinen Faden ab. Die letzten bunt gefärbten Blätter tanzten einen langsamen Walzer durch den Wind und landeten im Matsch auf der Straße, fast so wie Richard Trenkert beim Rosenmontagsball.

Ich gab Gertrud einen Wink, und sie ließ schlagartig vom Gummibaum ab. Die Gute hatte der Pflanze, derweil ich im Diskret-Raum war, laut und deutlich erzählt, dass ich das Sparbuch leerräume und alles Geld nach Hause hole, was ich habe. Schließlich gäbe es keine Zinsen mehr und die Bänkler wären sowieso alles Halunken und so Zeug, wir hatten das genau abgestimmt.

Gertrud und ich schlenderten nach Hause, es war ein Weg von gut einer Viertelstunde. Niemand folgte uns! Na, man konnte nicht erwarten, dass es gleich am ersten Tag klappte, die Betrüger haben ja noch mehr Banken im Auge zu behalten oder gönnten sich auch mal einen freien Tag. Das Geld dafür haben sie ja!

Zu Hause war vielleicht was los, ich schwöre Ihnen, mich traf fast der Schlag! Offensichtlich hatte die Berbersche, meine Nachbarin, schweren Liebeskummer. Ich bin nun bestimmt kritisch, was diese Dame angeht. Im Haus kann se nichts, kochen tut sie, dass der Verzehr ihrer Speisen immer eine Gefahr für Leib und Leben ist. Wir haben zum Glück seit ein paar Jahren Rauchmelder in jeder Wohnung, der Vermieter hat das einbauen lassen. Mein Sanitätskästchen ist immer mit frischem Verbandszeug bestückt, und das ist richtig so. Selbst wenn die Berber nur eine Büchse aufmacht, kann das ein Blutbad geben. Und in Sachen Männer legt die eine Moral an den Tag, na, also, da kann ich hier gar nicht alles aufschreiben. Die Schamesröte würde Ihnen ins Gesicht steigen, sage ich Ihnen, jawoll, die Schamesröte!

Trotz all ihrer Fehler ist sie mir über die Jahre ein bisschen ans Herz gewachsen, das muss ich schon sagen. Mir gefällt, dass sie sich nichts bieten lässt und den Leuten lieber einen frechen Konter gibt, statt zu duckmäusern. Und ich finde gut, wie sie zu ihren Pfunden steht und sich nicht vorschreiben lässt, dass man nur schön ist, wenn man wie klappriges Knochengestell rumläuft. Sie sagt, das ist kein Fett, das ist Bonusmaterial für die Männer, die sich trauen, ihr den BH auszuziehen. Dafür ist sie mir sympathisch! Diese dürren Zicken dagegen, nee! Wissen Se, man sollte nicht zu kräftig sein, das ist ungesund. Aber eine Kurve hier und da macht eine Frau doch erst zur Frau.

Na ja, aber nun will ich nicht zu milde mit ihr sein. Sie hat auch genug Fehler. Diese Person hat eine Stimme, mit der sie es mit einem ganzen Stall voller Puten aufnehmen kann, auch wenn sie nur »Guten Morgen« sagt.

Mit dem Pizzafahrer hat sie für ihre Verhältnisse schon ein recht langes Techtelmechtel, das sagte ich ja. Ich rechnete in Bälde mit einer offiziellen Verlobung oder zumindest damit, dass der Herr bei ihr einzog. Na, das gäbe was!

Heute kam es jedoch offenbar zum Drama. Soweit ich das verstand, hatte der Pizzafahrer ihr nämlich Salat statt eine Pizza mit zweimal Käse mitgebracht.

Das hatte die Berber wohl so gedeutet, dass er ihr damit »Du bist zu fett« sagen wollte. So jedenfalls brüllte sie es ihm nach, als sie seine Sachen vom Balkon warf. Erst die

Schuhe, später Hemden, Duschbad und all so Zeuch, das sie in ihrer Raserei zu fassen bekam. Ich wartete erst ein paar Minuten ab, ob nicht noch das Sofa aus dem Fenster kam, aber dann war oben alles wieder stille. Wissen Se, wenn es ein Erdbeben gibt, kann man ja nicht gleich wieder ins Haus, da muss man die Nachbeben abwarten. Es kam aber nichts mehr hinterher.

Der Pizzabote war über alle Berge. Hinter der Gardine konnte ich das ängstliche Gesicht vom Herrn Alex sehen. Herr Alex ist ein Student, der jetzt oben bei uns im Haus wohnt und da WG macht. Merken Se sich den Namen einfach mal, ich schreibe Ihnen später noch was zu ihm auf, jetzt passt das nicht so. Ich bin gleich hoch zu dem, der hatte bestimmt was gesehen. Und jawoll, ich hatte recht, der ist vom Geschrei hochgeschreckt und gucken gegangen. Es hatte sogar Handgemenge gegeben, denken Se nur. (Die Berber kann nämlich Judo.) Ich beruhigte den Herrn Alex und wandte mich wieder Gertrud zu, die sich schon um die Hinterlassenschaften in der Hecke kümmerte. Da waren gute Sachen dabei, warum sollten die denn im Liguster verkommen? Die Kältehilfe freut sich immer über festes Schuhwerk für die Obdachlosen. Ich fand auch ein paar Plüschhäschenhandschellen, die in den Zweigen hingen, und konnte mir beim besten Willen nicht vorstellen, wozu die waren und was die Berber und der Pizzafahrer damit vorgehabt hatten. Ich nahm sie erst mal an mich. Die kämen später in Kurts Geigenkasten. Ich würde früher oder später schon jemanden treffen, der mir die Sache erklären konnte. Man muss manchmal nur auf den richtigen Zeitpunkt warten.

Ja, was soll ich Ihnen sagen – die nächsten zwei Wochen passierte in Sachen Enkelbeschupser nicht wirklich was. Jeden Nachmittag machte ich mich im Geleit von Gertrud und dem Hund auf den Weg zur Bank. Die kam gern mit, bei unseren Spaziergängen zur Sparkasse hatte sie ihren Spaß. Sie fragte jeden, vorzugsweise jeden älteren Herrn, der uns entgegenkam, wo er wohl gestern Abend gewesen war. Sie hätten das sehen sollen, sie zückte immer ganz kurz ihre Bonuskarte vom Bäcker und murmelte wichtig und konspirativ: »Kommissarin Potter, verdeckte Ermittlungen.« Danach zog sie das Kärtchen gleich wieder weg, damit der gar keine Schangse zum Gucken hatte, und deutete mit dem Zeigefinger vor den Mund. Sie zog den Herrn mit einem sicheren Griff ein bisschen dichter zu sich ran. Von da an flüsterte sie nur noch und ließ sich erzählen, wie sein Abend gewesen war.

Das war überhaupt nicht wichtig für unsere Ermittlungen. Es hatte gar keinen Sinn, wildfremde Leute anzusprechen und Aufmerksamkeit zu erregen! Gertrud vermasselte mir noch alles mit dem Quatsch. Das verstand ich nicht.

»Gertrud, warum zum Kuckuck fragst du die Leute, was sie gestern Abend gemacht haben? Das spielt überhaupt keine Rolle, die Anrufe kommen doch vormittags!«

Sie grinste verschmitzt.

»Renate. Du bist aber auch völlig aus der Übung, was das Flirten angeht! Wenn ich einen Herrn frage, was er gestern Abend gemacht hat, und er erzählt mir was von Fernsehen mit seiner Frau, weiß ich gleich Bescheid. Dann muss ich mich nicht weiter bemühen. Aber wenn er sagt, dass er allein noch einen Spaziergang gemacht hat, na, den merke ich mir! Zumal in der Wohngegend hier! Und guck ihn dir doch mal an! Der hat Zähne für mindestens 5 000 Euro im Mund.«

Gertrud nahm unsere Ermittlungen ernst, jawoll. Da konnte man nicht meckern. Aber sie guckt auch, dass sie das Angenehme mit dem Nützlichen verknüpft.

Nee, Gertrud kam gern mit. Wissen Se, sie muss sowieso raus mit dem Hund, der braucht seinen Auslauf. Und sie hat ja Zeit. Kochen tut se nicht selbst, und sie hat keinen Onlein, mit dem sie sich die Zeit verschlagen könnte. Keinen Fäßbock, keinen Twitter, nix, nur ein Händi, mit dem sie im Notfall eine SM-Nachricht schickt. Gertrud sagt, alles, was sie wissen muss, kommt in den Nachrichten, oder sie erfährt es beim Spaziergang mit Norbert. Da trifft se immer viele Damen und Herren, die auch mit ihren Hunden gehen und sie über alles, was im Kiez vor sich geht, auf dem Laufenden halten. Es war schon richtig, dass sie den Hund angeschafft hat, obwohl ich seinerzeit entschieden dagegen war. Ich bitte Sie, man ruft doch nicht einfach im Fernsehen an, nur weil ein Welpe herzzerreißend fiept! Und noch dazu Norbert, dieses große, ungestüme Tier! Er frisst ihr das halbe Monatsbüdschee weg, sage ich Ihnen. Zwei große Büchsen Gulasch verputzt der am Tag und Leckerli noch dazu. Das geht richtig ins Geld! Kindergeld gibt es ja nicht für den Hund, wir haben uns erkundigt beim Amt. Aber Gertrud hat eine gute Rente und lebt bescheiden, da geht das schon. Trotzdem hätte es ein zwei Nummern kleinerer Hund genauso getan. So ein Zugluftstopper, wissen Se. »Trethupe«, wie Stefan, der Lümmel, immer sagt. Der erfüllt den gleichen Zweck: Man muss mit ihm raus und ist gezwungen, zweimal am Tag an die frische Luft zu gehen. Und er kläfft die Leute an. Nur frisst er weniger, und man fällt nicht um und liegt im Gras, wenn er einen anspringt. Aber sei es, wie es ist – nun hat sie den Norbert und kommt halbwegs mit ihm zurecht. Auch wenn nicht Gertrud entscheidet, ob es links- oder rechtsrum geht, sondern Norbert. Er zerrt sie in Hinterhöfe, nee, ich sage Ihnen, da hätte ich Angst! Aber sie kommt gut rum und lernt überall neue Menschen kennen. Hundebesitzer sind ja wie die Raucher. Die ersten paar Male nicken sie sich nur zu, wenn sie sich auf der Gassirunde sehen, aber irgendwann, wenn die Hundchen sich am Hintern schnuppern, fangen sie an zu reden. Gertrud hat so auch die alte Frau Brezel kennengelernt, die aus dem Vogtland stammt und deren Tochter mir tatsächlich Ersatzbirnchen für den schönen Schwibbogen besorgen konnte, nach denen ich mir schon die Hacken blutig gelaufen hatte. Ich habe ein Dankeschön zurückgeschickt. Sie wissen doch – über Topflappen freut sich ja jeder!

Norbert macht auf jeden Fall Eindruck. Das war aus Sicherheitsgründen gar nicht schlecht. Wissen Se, Plan hin oder her, aber es kann ja doch mal was schiefgehen. Ich grübelte jeden Abend. Denken Se nicht, ich hätte nicht auch ein bisschen Angst gehabt! Was, wenn uns nun nicht die Profis von der Enkelbande beobachteten, die am Telefon tricksen, sondern ein ordinärer Taschendieb uns eins auf den Hinterkopf gab? Immerhin machte ich mit großem Tamtam laut darauf aufmerksam, dass ich angeblich 20 000 Euro in der Handtasche mit mir trug. Kirsten hätte mich auf der Stelle in »Haus Abendsonne« einweisen lassen, wüsste sie, was ihre Mutter in Berlin macht. Ja, da war Norbert ein guter Begleiter und Schutzhund.

Gertrud und ich sprachen in der Bank jeden Tag laut darüber, dass Norberts Großvater früher bei den Grenzern gewesen ist und ein hochdekorierter Stasischäferhund war und dass ein Bruder von Norbert als Drogenspürhund schon zwei Tonnen Kokain am Flughafen erschnüffelt hat. Ein bisschen Abschreckung konnte nicht schaden, denn der Hund ist als Wachhund komplett ungeeignet. Norbert freut sich über jeden Fremden wie ein kleiner Welpe, leckt ihm die Finger und pullert vor Freude ein bisschen auf den Teppich. Er taugt auch als Spürhund nichts. Wissen Se, Gertrud ist, was Parföng betrifft, nicht die Dezenteste. Ich mache nur zwei »Pffft« hinter das Ohr, das genügt. Gertrud ist eher der Typ Frau, der gern in einer Wolke duscht. Norberts Geruchsnerven sind also auf Lavendel, Maiglöckchen und höchstens noch Pansen, Kutteln und Puffreisschokolade geprägt. Was anderes riecht der gar nicht.

Ja, so spazierte ich jeden Tag mit Gertrud und Norbert zur Sparkasse, ließ mich mit großem Auftritt von Knete-Grete in den Reiche-Leute-Raum führen und winkte Gertrud nach ein paar Minuten mit dem braunen Papierscheinumschlag. Wie eine Theaterdiva posaunte ich durch die Schalterhalle, dass ich die 20 000 nun hätte und wir nach Hause könnten, aber irgendwie sprang keiner darauf an. Wir mussten weiter Geduld haben und legten den Köder jeden Tag frisch aus. Wenn man eine Maus fangen will, muss man den Speck auch jeden Tag mit einem Streichholz frisch anräuchern, damit er fein duftet. »Letztlich sind diese Gangster nicht anders als Mäuse, Gertrud«, tröstete ich meine Freundin, die langsam die Geduld verlor, »die beißen erst vom Köder ab, wenn sie sich in Sicherheit wähnen. Aber dann schnappt die Falle zu!« Ganz sicher war ich mir, dass die mir früher oder später auf den Leim gingen.

Nach einer Woche wechselten wir ein bisschen mit den Zeiten, zu denen wir auf die Bank marschierten. Vielleicht hatten wir ja einen Fehler gemacht und waren immer genau da, wenn bei der Betrügermafia gerade Schichtwechsel war?

Von Seiten der Polizei kam gar nichts mehr. Der Lamprecht rief nicht mal mehr an. An der Front hatten wir Ruhe. Gertrud traf sich noch ein, zwei Mal mit ihm zum Kaffeetrinken, aber dann ließ das nach. Er musste absagen wegen Überstunden, hihi, und ich redete Gertrud auch ins Gewissen. Sie hat mit Gunter Herbst nun weiß Gott keinen Traummann an ihrer Seite, aber doch einen treuen und verlässlichen Gefährten. Da lässt man sich von keinem anderen Herrn zum Damengedeck einladen, schon gar nicht am helllichten Tag. Aber auf dem Ohr war sie taub. Wissen Se, was die Moral angeht, ist sie fast so lose wie die Berber.

Als wir ihn im Parkcafé mit Cornelia Schiode, der Kindergärtnerin und Chorleiterin, sitzen sahen, war meine Gertrud aber wütend, kann ich Ihnen sagen! »So ein gockelnder Weiberheld, guck ihn dir an! Mir erst den Hof machen, und dann schäkert er mit diesem Weibsbild rum.« Sie redete sich richtiggehend in Rage und sagte unfeine Worte, die ich hier nicht aufschreiben kann. Wissen Se, wenn Gertrud sich in einen Kerl verguckt hat, vergisst sie jegliche Reste ihrer ohnehin schon nicht sehr feinen Kinderstube. »Jetzt ist es auch egal«, sprach sie und stampfte auf den Lamprecht und die Frau Schiode zu. Ihr Gehstock bohrte sich so bedrohlich in den Kiesweg, dass man fast eine Gänsehaut bekam. »Hubert, deinen Schlafanzug und die Tabletten hänge ich dir an die Klinke. Du brauchst nicht klingeln.« Sie bohrte ihren Stock noch aus Versehen auf seinen ollen Wildledermokkassin. Er verzog das Gesicht, der olle Teigarm. Ein Mann von Format hätte nicht »Aua« gesagt.

Und die Schiode ist ja mit dem Herrn Pfarrer ... nun, sagen wir, eng befreundet. Was da genau los ist – da hüllen die sich in Schweigen, und man kann nur mutmaßen. Davor hat der Pfaffe allerdings in seiner Predigt neulich gewarnt, und deshalb halte ich meinen Mund. Der Laubhecht ... Lamprecht hatte sich mit der Frau Schiode übrigens nur getroffen, um das Chorprogramm für das Polizeifest zu besprechen und ob man »Ich stehe am Fahrdamm, da braust der Verkehr« zu Gehör bringen kann. Mir spielte das allerdings nur in die Karten, dass Gertrud das Techtelmechtel mit dem Kommissar an Ort und Stelle beendete. Ich bitte Sie, der arme Gunter Herbst! Das hat der nicht verdient.

Gertrud hat ja kein Interweb, und sie braucht es nicht. Ein Spaziergang durch den Kiez, und sie weiß mehr, als wenn andere zwei Stunden beim Fäßbock stöbern. Man muss es immer abwägen, der Onlein ist manchmal nicht nur eine Hilfe, nein, er birgt auch Gefahren. Bei der Partnersuche zum Beispiel. Was meinen Se, wie der Ottlieb Füchsle da übers Ohr gehauen wurde! Einsamkeit ist ein großes Problem in unserer Zeit, nicht nur bei den Alten. Wenn Se mich fragen, hat das Interweb daran viel Schuld. Die Leute gaukeln sich alle vor, sie hätten Freunde, weil sie sich alle paar Wochen mal ein Bild von einem knuddeligen Kätzchen schicken beim Fäßbock, aber letztlich sitzen sie allein vorm Fernseher, fotografieren ihr Abendbrot und tun so, als hätten sie ein schönes Leben. Aber das nur am Rande, ich wollte ja vom ollen Füchslein erzählen. Der hat im Onlein eine Frau kennengelernt aus Russland, denken Se sich das nur. Es ist im Grunde nichts dagegen zu sagen, dass er sich neu verheiratet, seine Martha war da schon zwei Jahre im Familiengrab. Männer alleine verlottern, die kommen doch nicht zurecht! Aber statt dass er mit uns auf Busfahrt geht oder zum Rentnerfasching, wo man immer auf Witwen trifft, suchte der im Computer. Ganz stolz hat er uns seine Aljona gezeigt. Eine schlanke, rassige Maschine war das, du liebe Güte. »Der bist du doch gar nicht gewachsen, Ottlieb«, warnte ich ihn noch. Die war höchstens 40, und Ottlieb ging auf die 80, ich bitte Sie. Das macht doch der Kreislauf auf Dauer nicht mit! Aber der war nicht davon abzubringen. Er war ein kluger Mann und hatte als Steuerberater ein ordentliches Vermögen auf die Seite gebracht, so einer lässt sich von einer pensionierten Reichsbahnerin nicht in seine Angelegenheiten reden. Erst recht nicht, wenn Resthormone im Spiel sind. Sie wissen ja, wie Männer sind, sie denken mit der Hose, und wenn so ein Luder mit roter Mähne Fotos schickt, hören die den russischen Akzent und sehen sie mit den Augen klappern. Na, da zückte der Ottlieb eben das Portemonnaie. Sie schrieben sich Briefe und schickten Bilder, und nach und nach hatte sich die Dame unsterblich verliebt. Man wurde sich sehr schnell einig, dass die Aljona nach Berlin kommen sollte, um ein bisschen beim Ottlieb Probe zu wohnen, und dann wollte er sie ehelichen. Die ganze Nachbarschaft schaute besorgt zu und warnte auch, aber Sie wissen bestimmt, wie das ist: Wenn die Gefühle erst mal in Wallung sind, gibt es kein Zurück. Ottlieb Füchsle schickte erst Geld für das Flugbillett, dann für das Visum, für neue Koffer und was weiß ich noch alles. Schließlich gab es Probleme mit dem Visum, und die Dame brauchte neues Geld für einen neuen Flug. So ging das immer weiter, bis dahin, dass ihr Geschiedener eine Art »Ablöse« für sie wollte wie für einen Fußballer. Ottlieb schickte Geld, wieder und wieder. Bis heute weiß ich nicht, wie viel er letztlich gezahlt hat, nicht mal Knete-Grete sagt da was, aber es muss eine ordentliche Summe gewesen sein. Erst als Ottlieb mit einem großen Rosenstrauß auf dem Flughafen stand und statt einer rothaarigen Rassegranate nur glatzköpfige Männer in Lederjacken und ein paar Mütterlein mit Goldzähnen und Gans unterm Arm aus Sankt Petersburg ankamen, dämmerte es ihm, dass er wohl geleimt worden war. Er ist zur Polizei, jawoll, aber ... jetzt, wo ich den Lamprecht kenne, konnte ich sogar verstehen, dass da nichts kam. Ottlieb zog sich aus Scham noch mehr zurück ins Private. Der fasste nie wieder einen Computer an. Füchslein wurde im nächsten Frühjahr noch mal fuchsteufelswild, als das Finanzamt ihm das Ganze nicht als »vergebliche Werbungskosten« anerkannt hat.

Nachdem Gertrud von der Geschichte gehört hatte, lag se mir in den Ohren, dass wir auch mal im Interweb nach Herren suchen sollten. Sie war nun neugierig geworden, und da ich die beste Freundin wäre (jaja, wenn se was will, erinnert sie sich immer daran!), müsste ich ihr helfen.

Gertrud und die Männer, das ist eine nicht endende Geschichte, das ahnen Sie wohl schon. Sie ist mein Jahrgang, da sollte man doch wohl glauben, sie hätte mit dem Thema abgeschlossen. Erst recht, wo sie Gunter Herbst hat. Und der reicht ihr nicht? Ich bitte Sie, was kann man denn von einem Kerl über 80 erwarten? Selbst der Herr Redford nimmt sicher was ein für den Blutdruck. Gertrud will den Gunter aber ums Verderben nicht heiraten, fragen Se mich nicht, warum. Auf Gertrud musste ich immer schon aufpassen, mein ganzes Leben lang. Gertrud kann man nicht gut alleine losziehen lassen, dann macht se nur Dämlichkeiten. Sie schnappt sich die Witwer aus den Traueranzeigen und macht mit denen Busfahrten. Mit Hilmar Fichte ist sie drei Wochen nach der Beisetzung seiner Käthe auf Kaffeefahrt gegangen, denken Se sich das mal. Schamlos. In meinen Augen ist das schamlos! Norbert hat sie bei Gunter abgegeben. Der saß mit dem Hund beim Fernsehen und die beiden teilten sich eine Tafel Puffreisschokolade, während Frauchen mit dem Fichtenwitwer im Reisebus zu Andrea Berg schunkelte. Wenn es wenigstens Helene Fischer gewesen wäre!

Wissen Se, ich kenn mich mit dem Interweb ein bisschen aus, ja, aber doch nicht mit solchen Seiten! Erst mal tippte ich bei Gockel »Mann für ältere Dame 82 Jahre« ein. Da kamen nur gruselige Meldungen, was Männer mit alten Damen so alles angestellt haben, ich sage Ihnen, das war schlimmer als alles, was die bei »Aktendeckel« je gezeigt haben. Ich hielt mir die Augen zu und klickste schnell weiter.

Mir ging gleich so der Puls hoch, dass ich uns zur Beruhigung einen Korn genehmigte. Der war nicht nur gut gegen den Schreck, der machte Gertrud und mich auch ein bisschen lockerer. Was Korn angeht – »daumenbreit« ist die Norm. Aber nun ist ja nicht jeder Daumen gleich breit, und wenn ich eingieße, können Sie sicher sein, dass ... egal. Wir haben eine zweite Flasche aufgemacht, die sind ja klein. Gertrud hat angetrunken, wissen Se, sie ist sonst ja sehr robust, aber wenn es ums Trinken aus der Flasche geht, ist sie sehr küme und trinkt nicht, wenn schon einer anderer die Flasche vorm Hals hatte, nicht mal »unter uns Kornschwestern«. Man versteht es nicht, aber so ist es.

Wir fanden eine Seite, die hieß »Seniorenpartnerschaften« (oder so, bitte nageln Se mich da nicht fest, so was merke ich mir nun wirklich nicht!). Gertrud rutschte ganz nervös auf ihrem Stuhl hin und her und fächerte sich aufgeregt Luft zu. »Renate«, rief sie aus und schnappte nach Luft, »das ist ja wie angeln im Karpfenteich! Zeig den mal größer!«

Der Herr, den sie sich ausgeguckt hatte, hieß »Bärchen 37«. Sein Bild stand links neben »Ersucht 51« und »Wolle 21 cm«. Das Bärchen saß auf einem großen Computerstuhl. Die Lehne ging ihm bis über die Ohren. Im Hintergrund konnte man Tapete erkennen, die mich an die erinnerte, die Tante Bente in ihrer Försterstube auch hatte, als ich sie mit Mutter mal besucht habe. 1942 muss das gewesen sein. Der Mann schaute nicht in die Kamera, sondern knapp dran vorbei, trug einen reichlich verwaschenen Pullover mit Querstreifen, in dem er es sich wohl zu Hause gemütlich gemacht hatte. Es wirkte so, als hätte er das mit dem

Bild nur mal probieren wollen und sich dann gedacht: »Ach, egal, fürs Interweb reicht es, sollen die Frauen mal schreiben.« Nee, der Zausel hatte sich wirklich gar keine Mühe gemacht. Während Gertrud noch mit gespitzten Lippen den Kopf hin und her wiegte, schüttelte ich selbigen und sagte: »Der sitzt nur vorm Computer und hat nicht mal EINEN Freund, der ein Bild von ihm machen kann. Der nicht! Am Ende ist das ein Massenmörder, der dich in den Keller sperrt wie im ›Gasthaus an der Themse‹ bei Edgar Wallace.« Ich klickste weiter.

Der nächste Kandidat, ein gewisser »Herrmann_verwitw.«, hatte sogar mehrere Bilder. Das war doch mal was! Auf dem ersten trug er Anzug. Im Grunde war der ganz vorzeigbar, aber irgendwas fehlte auf den Fotografien: seine Frau! Die hatte er einfach weggeschnippelt, der olle Schlawiner. Dass sie verstorben war, war keine Schande und auch wirklich bedauerlich, aber so was tut man nicht. Es war einfach pietätlos, die Gattin einfach abzuschneiden und mit dem Goldhochzeitsbild auf Brautschau zu gehen. Das geht doch nicht! Auf einem weiteren Bild sah man seine Augen zwar schön groß, aber leider hatte der Blitz ihn verblendet, und sie waren so rot wie bei einem Karnickel. »Gertrud, der Quatsch ist nichts für uns.« Sie goss noch einen Eierlikör ein und sagte munter: »Nun lass uns wenigstens noch ein bisschen gucken, wir müssen ja nicht gleich heiraten.«

Wir tippsten »Wolle 21 cm« an, der hatte ein Passfoto von sich drin. Aus Versehen sendeten wir ein Herzchen, was wohl das Zeichen für Interesse auf dieser Seite war. Er schrieb jedenfalls gleich zurück und fragte, ob ich besuchbar wäre. Ich antwortete, dass ich mich immer freue, wenn

Besuch kommt. Es war so ein Bio-Bild, wissen Se, wie man es für den Ausweis braucht. Wo man gucken muss wie ein Strafgefangener. Gruselig! Es gab weitere Fotos von ihm: eins vor einem großen Glas Bier, eins neben einem rostigen Auto und eins ... nee! Mir verschlug es die Sprache. Der Herr Wolle zeigte doch tatsächlich sein Gemächt. Ich schnappte nach Luft, während sich Gertrud ein weiteres Mal die Brille zurechtrückte und am Eierlikör nippte. Ich werde das hier nicht weiter beschreiben, schließlich bin ich eine anständige Person. Ich sage nur so viel: Vier mal war ich verheiratet, aber so eine kümmerliche Pielauke habe ich in meinem ganzen Leben noch nicht gesehen. Ich klappte den Computer zu. »Gertrud, es reicht. Schluss mit dem Blödsinn. Für so was sind diese Geräte nicht erfunden worden. Das sind wirklich nur Restposten und Heiratsschwindler, die sich hier verdingen. Das hört mir sofort auf.«

Man muss so aufpassen als alter Mensch, die lauern an allen Ecken und versuchen, einen zu beschupsen!

Herr Alex von der WG hat mir Tschechen-Wings zum Kosten gebracht. Sehr lecker! Sie schmeckten fast wie Hähnchenflüchtel.

Es war ein sehr ungemütlicher Nachmittag Ende Oktober, als wir nach unserem täglichen Auftritt in der Bank bei Ilse auf einen späten Tee zur blauen Stunde einkehrten. Dafür gab es einen Grund, denn Gertrud hatte wichtige Post aus dem Ausland bekommen. Der Brief war auf Englisch, da musste uns Ilse helfen.

Meiner Freundin stand nämlich ein Erbe aus Nigeria ins Haus!

Am Tag zuvor hatte Gertrud ein amtlich anmutendes Schreiben mit Briefmarke und Stempel von Nigeria im Postkasten vorgefunden. Es war ein zwei Seiten langer, eng geschriebener Brief, von dem sie leider nicht viel verstand. Wir Älteren können ja meist kein Englisch. Das ist eben so, da müssen Se nicht drüber lachen. Wir haben das in der Schule nicht gelernt. Deshalb sind wir nicht dumm! Wir können Handarbeiten, Völkerball und haben im Werkunterricht sogar gelernt, einen Nagel in die Wand zu schlagen und eine Gans zu schlachten. Ich kann auch bis heute das große Einmaleins ohne Taschenrechner aufsagen. Wenn Sie in diesen Zeiten vier Kinder danach fragen, kriegen Se vier Antworten und müssen schon froh sein, wenn eine dabei ist, die ungefähr an das Ergebnis rankommt. Ach, ich will mich aber nicht schon wieder aufregen, lassen wir das Thema besser. Jedenfalls kann unsere Generation kein

Englisch, nur ein paar Brocken, die man mal im Urlaub oder im Fernsehen aufgeschnappt hat: »Sänkjou«, »Häv a neis day« und »Fackjorself«. Damit kommt man auf Reisen ja prima durch, aber beim Brief aus Afrika half es nicht. Ilse musste ran. Sie war früher Lehrerin, das wissen Se ja schon, wenn Se aufgepasst haben, und hat auch Englisch gegeben. Fast 45 Jahre war sie im Schuldienst und hatte nur einmal eine kleine Auszeit, als sie in ein Sanatorium musste, und das kam so:

In ihrer Zeit als Lehrerin hat Ilse hauptsächlich Deutsch und Englisch gegeben, aber früher war im Schulbetrieb ab und an schon mal Not am Mann. Ilse musste ran, als in der Obertertia der Musikunterricht auszufallen drohte. Ilse kommt aus gutbürgerlichem Haus und hat musische Erziehung genossen. Sie spielt sehr hübsch Klavier. Nun sind ja Kinder in dem Alter recht albern und neigen zum Übermut, erst recht die Buben. Jedenfalls setzte der Lümmel von der ersten Bank eine weiße Maus auf die Klaviertastatur, während Ilse mit geschlossenen Augen spielte und sang. Das Tier hetzte mit flinken Schritten, die so leicht waren, dass sie keine Misstöne verursachten, direkt auf Ilses Finger zu. Ilse gab gerade »Am Brunnen vor dem Tore« und sang zart dazu. Die Schlode lässt das den Männerchor auch gern singen. Gertrud und ich sagen immer: »Jetzt kommt wieder ›Das Brummen vor dem Tore‹.« Hihi. Sie sollten das mal hören, dann wüssten Se, warum! Ilse hingegen sang glockenhell und lieblich. Gerade, als sie beim »Lihindenbaum« angekommen war, erreichte die kleine, süße Maus Ilses Finger. Statt des E traf ihr Ringfinger das weiche, flauschige Fell des Tieres. Und da war es aus mit Ilse. Sie erlitt einen schweren Schock. Vier kräftige Obertertianer holten sie vom Klavierhocker, auf den sie sich gerettet hatte, runter und brachten sie ins Lehrerzimmer. Der Doktor wurde herbeigerufen und spritzte ihr was, wovon sie zwei Tage durchschlief. Das ist heute bestimmt gar nicht mehr erlaubt. Sie war ein gutes Vierteljahr in Behandlung beim Psychodoktor, bei dem sie aber nur auf der Couch liegen und zuhören musste. Sie haben sie halbwegs hingekriegt, im Herbst drauf konnte sie schon wieder arbeiten. Sie spielt auch bis heute gern Klavier, aber nur noch mit offenen Augen.

Eine Studierte isse, unsere Ilse. Eine ganz feine Frau, ach, ich bin so stolz, sie zur Freundin zu haben. Also sind Gertrud und ich hin zu ihr. Ilse war ganz aufgeregt. Es macht sie immer so glücklich, wenn sie geistig gefordert wird. Sie gibt gern Hausaufgabenhilfe und paukt mit den Nachbarskindern Vokabeln, aber das ist noch was anderes als ein offizielles englisches Dokument.

Ilse setzte sich die Lesebrille auf die Nase und fing sofort an zu lesen. Leise murmelte sie vor sich hin, zog immer mal wieder die Stirn kraus und fasste sich ab und an erschrocken an den Hals. »Als Schüler hätte ich dem Schreiberling eine glatte Fünf gegeben. Das hat kein Muttersprachler verfasst, kein Native Speaker.« Ilse sprach sehr gebildet. Sie kam mir fast vor wie eine Gutachterin vor Gericht, die im Verfahren Stellung zu einem Fall nimmt. Gertrud und ich gehen nämlich in letzter Zeit gern zu Gerichtsverhandlungen. Wissen Se, immer nur Beerdigung ist langweilig auf Dauer. Wir gehen sehr gern zu Strafverfahren. Das ist öffentlich und immer spannend. Sicher, das ist da ohne Kaffee und Kuchen, aber dafür wird einem mehr geboten als im Nachmittagsprogramm vom RTL. Und man kann noch was lernen! Gertrud und ich wetten immer um die Höhe des Strafmaßes, das der Richter den Bagaluden aufbrummt, und wer am dichtesten dranliegt, hat gewonnen. Die andere muss dann Kaffee und Kuchen bezahlen. Es ist ja doch immer eine Aufregung mit so vielen Verbrechern um einen herum, da tut eine kleine Stärkung hinterher not. Gerichtsverfahren sind als Ergänzung zu »Aktenstapel XY« eine prima Sache. Das schult und klärt auf! Auch deshalb bin ich im Bilde und kenne mich mit Abzocke und Betrug aus.

Ilse murmelte noch immer über den Brief aus Afrika. »Den hat jemand, der nur ganz schlechtes Englisch spricht, geschrieben, Gertrud. Das ist so miserabel ...« – sie stockte im unteren Absatz und rückte die Brille neu zurecht, aber das half nicht –,»... ich kann dir beim besten Willen nicht sagen, was dieser Satz überhaupt bedeuten soll.«

Ilse schickte Kurt nach dem Wörterbuch. Sorgsam schlug sie die dünnen, eng beschriebenen Seiten um und ließ den Zeigefinger murmelnd über die Wörter huschen.

»Verbrenn das, Gertrud. Das ist Betrug«, sprach sie entschlossen und zerknüllte den Brief. Gertrud guckte enttäuscht, aber Ilse erklärte es genau.

Der Herr schrieb, dass sein Onkel ein wichtiger Militärfritze in Nigeria war. Der hat wohl irgendwie Geld auf die Seite gebracht, genau genommen 15 Millionen Dollar. Der Onkel wäre einer von den Guten, der die Bösen da beim Ölhandel beschupst hat. Nun war er alt und wollte, dass mit seinen Puseratzen was Vernünftiges geschieht. Mitnehmen kann man nix, das sage ich Ihnen! Er wollte das Geld nicht für sich privat, und auch sein Sarg hatte kein Regal, nee, er wollte damit Schulen gründen und einen Dienst an der Gesellschaft erweisen. Allerdings stellten sich die auf der Sparkasse in Nigeria nun wohl ein bisschen etepetete an, sie ließen ihn irgendwie nicht an das Geld ran. Es gäbe allerdings einen Trick: Wenn man die Mücken in das Ausland überweist, können die Bänker nichts machen. Und deshalb sollte Gertrud helfen. Sie wollten ihr die 15 Millionen überweisen, und Gertrud sollte als Dank für ihre Mühen, für die Umstände und die Rennereien 25% behalten dürfen. Rechnen Se das mal mit! Selbst wenn der Kurs zum Dollar schwankt wie ein besoffener Seemann nach zwei Flaschen Rum, kommt da mehr bei raus, als auf einen Kontoauszug passt. Für so viel Geld müssen selbst drei alte Frauen lange stricken, noch dazu, wenn eine davon – Gertrud – nicht richtig guckt und ständig Maschen fallen lässt und eine andere – Ilse – wegen der Arthritis nicht mehr die Fixeste an den Nadeln ist. So weit klang das alles gut und verlockend, wäre da nicht dieser Haken: Gertrud sollte für die Gebühren vorab ein zehntel Prozent der Summe vorschießen, weil die Bank sich sonst bockbeinig stellte. Da lag der Hase im Bett. Im Kornfeld. Nee, im Pfeffer. Das klingt erst mal nicht viel, aber rechnen Se mal, das sind 15 000 Dollar! Kurs hin oder her, so viel hatte Gertrud nicht mal auf der hohen Kante, in der Teebüchse im Küchenschrank und auf dem Sparbuch zusammen. Nicht mal, wenn sie ihr Beerdigungsgeld dazulegen würde, käme sie auf so einen Betrag. Da habe ich drauf bestanden, dass sie vorsorglich so viel auf ein Extrakonto tut, von dem wir sie in Ehren unter die Erde bringen können, wenn es mal so weit ist. Man kann doch nicht die Kinder damit belasten, ich bitte Sie!

Aber selbst, wenn Gertrud das Geld gehabt HÄTTE – nie im Leben würden Ilse und ich zulassen, dass sie davon was überweist. Immerhin wird seit bald 20 Jahren davor gewarnt. Mit so einem Trick brauchen die uns aufgeklärten Damen, die regelmäßig die Kripotipps im Fernsehen schauen, nicht kommen. Gertrud war auch kein bisschen traurig oder enttäuscht, sondern froh, dass sie eine Freundin wie Ilse hatte, die beim Übersetzen half.

Gerade als alter Mensch muss man vor allem gewappnet sein! Die wissen genau, dass wir ein bisschen was auf dem Sparbuch haben, weil wir eben noch die Generation sind, die nicht auf Pump lebt. Bei uns gelten noch die Tugenden und der Grundsatz, dass man nur das Geld ausgeben kann, das man tatsächlich hat. Wenn ich die jungen Leute sehe!

Der Herr Alex zum Beispiel. Ich habe Ihnen ja schon angedeutet, dass ich auf den noch zurückkomme, und nun ist es so weit. Der studiert was mit Geld, irgendeinen Wirtschaftsquatsch. Das ist im Grunde ein Netter, mit dem unterhalte ich mich gern. Ich habe der Mutti auch versprochen, ein Auge auf den Jungen zu haben, damit er nicht verlottert und das Studium vernachlässigt. Schon deshalb bin ich ein, zwei Mal die Woche oben bei ihm und schaue nach dem Rechten. Saubermachen lässt er mich aber nicht, obwohl es doch ein Leichtes wäre, da feucht durchzuwischen. Und not täte es schon, ohne dass ich den jungen Leuten zu nahe treten will.

Ja, den Herrn Alex mag ich. Der redet mit mir nicht wie mit einer debilen Tante, sondern spricht mit mir sogar über Politik. Alex sagt, meine »Denke« wäre völlig altmodisch und wenn das alle so machen würden, würde die ganze Wirtschaft zusammenbrechen. Er sagt, heute wäre das ganz anders. Da kann man sich nicht mehr nur die Dinge leisten, für die man das Geld beisammenhat, sondern man kauft so viel auf Kredit, dass man gerade noch die monatlichen Raten »abdrücken« kann. Ja, da muss man sich dann nicht wundern. Für mich kommt das nicht in Frage!

Zwischenzeitlich hatte Gertrud den Herrn Alex sogar im Verdacht, dass der der Enkelbetrüger war. So ein Blödsinn! Gertrud ist in solchen Dingen sehr naiv. Wenn die einen Krimi sieht und es kommt einer mit einem bösen Blick oder er hat eine Tätowation, dann schreit sie sofort: »Der war es! Das ist der Mörder«, und guckt den ganzen Film über nicht mehr richtig zu, sondern süppelt von der Bowle und nascht Konfekt. Am Ende ist sie immer ganz überrascht, wenn doch ein anderer verhaftet wird und der Kerl mit dem Nasenring ehrenamtlich mit behinderten Kindern turnt.

Jetzt habe ich den Herrn Alex schon so ausführlich erwähnt, Ihnen aber noch gar nicht richtig vorgestellt. Das wird nun wohl Zeit.

Der Herr Alex wohnt seit einem knappen Jahr bei mir im Haus, wissen Se. Ganz oben ist eine Wohnung frei geworden, als es den Herrr Berger in eine Seniorenresidenz zog. Ich habe das sehr bedauert, der Herr Berger hat abends nämlich immer die Haustür zugesperrt. Er ging recht spät schlafen, der guckte noch Spätnachrichten bis nach bald um zehn. Danach machte er seine Runde durch das Haus und riegelte ab. Sicher ist sicher, wissen Se, wir wohnen zwar in einer gesitteten Gegend, aber man weiß ja nie. Das bleibt nun auch alles an mir hängen.

Ach, das war eine spannende Zeit, als der alte Herr ausgezogen war, kann ich Ihnen sagen! Kaum war der raus, waren die Maler schon drin. Der Vermieter wollte keine Zeit verlieren, Zeit ist Geld, heißt es ja immer, und bei den heutigen Mietpreisen ist selbst ein bisschen Zeit eine Menge Geld.

Sie können sich ja denken, was hier los war mit einer freien Wohnung im Haus. Dieser Tage sind ja bezahlbare Wohnungen bald so selten wie ein vernünftiges Fernsehprogramm. Kirsten kann Ihnen vielleicht helfen, wenn Sie gerade auf Wohnungssuche sind – obwohl, die ist auch vorsichtig geworden. Sie hat letztes Jahr richtig Ärger bekommen, es war dichte dran, dass man sie vor den Kadi gezerrt hat. Sie wissen ja, sie macht allen möglichen Blödsinn mit Esoterik und Viechern, die Leute sind da reineweg verrückt nach. Ich würde es selbst nicht glauben, für was für einen Quatsch die Menschen Geld ausgeben, aber Kirsten berichtet bei jedem Besuch was Neues. Nunmehr macht sie Sitzjoga. Da lernen die Leute stillsitzen. Sie müssen runter in den Schneidersitz und im Kreis eine halbe Stunde dasitzen und den Schnabel halten. Kirsten geht derweil rum und kontrolliert, dass alle ruhig sind, sodass die Energie gut fließt. Beim ersten Mal geht es eine halbe Stunde, und dann steigern die sich jede Woche ein bisschen, bis sie eine ganze Stunde durchhalten. Danach fühlen sie sich frisch und befreit und bezahlen Kirsten pro Person 25 Euro dafür, dass sie sie beim Stillsitzen betreut. Nee, Kirsten verdient ihre Puseratzen wirklich wie im Schlaf. Noch schlimmer als die Leute, die im Kreis sitzen, sind ja die Fälle mit den Katzen. Wenn die Kinder aus dem Haus sind, wissen viele alte Damen nicht, wohin mit ihrer Fürsorge. Der Gemahl hat keinen Sinn dafür oder eine Sekretärin, die ... na ja. In dem Fall ist die Katze dran. Kirsten berät da gern, wie die Wohnung vom Peng Schui her ausgerichtet werden muss, damit die Muschi sich wohl fühlt. Sie hat schon vier Frauen dazu gebracht, ihre Wohnungen aufzugeben und umzuziehen, weil die Wasseradern gegen das Schmuse-Schackra der Kätzchen gearbeitet haben. Wenn Sie also mal eine Wohnung suchen – fragen Se gern bei Kirsten nach, die weiß meist, wo bald was frei wird. Einer der Ehegatten, der mit umziehen musste, hat aber Meldung gemacht. Sie ist mit Akkunadeln zum Kommissariat gefahren und hat sich wohl irgendwie aus der Affäre gewunden. Trotzdem passt sie seither ein bisschen mehr auf. Vorsicht ist die Mutter ihrer Klangschalen!

Die Wohnung vom alten Herrn Berger war sehr begehrt. Die Frau Meiser hatte auch Interesse. Die wollte ihren Bengel, den Jason-Meddocks, wieder ein bisschen mehr unter ihren Fittichen haben. Der ist jetzt in Lehre beim Schuster und wohnt mit zwei Freunden zusammen. Der Umgang gefällt der Meiser nicht. Ab und an sitzt die auf meinem Küchensofa und spricht sich mal aus, daher weiß ich das. In der Lehre nimmt er es nicht so genau, um seine Tochter, die er mit seiner ehemaligen Klassenlehrerin hat, kümmert er sich nicht, und da sorgt die Meiser sich. Ich kann sie verstehen. Ein Kind allein zu erziehen und zu arbeiten – das ist in der heutigen Zeit gar nicht so leicht. Da habe ich Respekt vor jeder Frau, die das stemmt. Die Frau Meiser ist beileibe keine Schlechte. Wenn Se nur ein bisschen mehr auf ihren Umgang achten würde und sich nicht mit der Berber, diesem losen Luder, abgeben würde! Ja, wie dem auch sei, der Bengel wollte jedenfalls nicht mehr mit der Mutter unter einem Dach wohnen. Vielleicht ist es besser so. Der Junge muss seinen Weg gehen. Wenn ich mir vorstelle, Kirsten würde hier ... ich darf den Gedanken nicht mal zu Ende denken, sonst kriege ich gleich wieder rote Pusteln im Dekolletee!

Na ja, wir hatten jedenfalls einen Auflauf hier in der Gegend, Sie machen sich kein Bild! »Wohnungsbesichtigung« nannten die das. Sie standen in Zweierreihen durch den Hausflur, wohl an die hundert Leute. Ich ließ die erst mal machen und beäugte nur durch den Spion das Geschehen. Einer ließ sein Kaugummipapier fallen, da bin ich natürlich raus und habe dem was über Manieren erzählt. Sonst verhielt ich mich jedoch zunächst still. Eine Renate Bergmann kann warten, bis ihre Schangse kommt, und schlägt erst zu, wenn sie auch gewinnt! Den Volksauflauf machten die an zwei Wochenenden, es hatte gar keinen Sinn, im Hausflur zu wischen, sage ich Ihnen. Da habe ich keine Hausordnung gemacht, das war nicht einzusehen. Die trampelten einem sowieso wieder alles dreckig. Obwohl es mir an die Ehre ging, das muss ich schon sagen. Gerade bei eventuellen neuen Nachbarn will man doch einen guten ersten Eindruck hinterlassen!

Ein paar Tage nach der zweiten Besichtigung war dann plötzlich der Hausverwalter mit einer Zicke in Stöckelschuhen im Flur. Sie kicherte ganz künstlich und himmelte ihn an, den Herrn Verwalter, nee, alter Falter! Man mochte gar nicht hinschauen. So eine passte hier nicht rein. Aber da sich die aufgetakelte Madame so ins Zeug legte, war wohl noch nichts unterschrieben und somit noch nicht alles verloren.

Ich stellte erst mal meine Marschmusikschallplatte an. »Ernst Morsch und die Fienersteiner Musikanten«, wissen Se, das höre ich sonst auch nicht. Das ist wirklich nur was für ganz alte Leute. Ich drehte den Lautsprecher zur Decke hin, damit die oben gut hörten, und stellte auf ganz laut. Ich beeilte mich, in der Küche eine Büchse Katzenfutter warm zu machen. Sie haben ja keine Vorstellung, wie das stinkt, vor allem die Sorte mit dem Fisch! Ich stellte das Töpfchen in den Hausflur und legte zur Sicherheit noch die Fußmatte raus, auf die Katerle ein Bächlein gemacht hatte. Sie waren immer noch oben! Ich musste ganz sichergehen, schüttete ein paar Wäscheklammern in die Waschmaschine und stellte das Gerät auf »Schleudergang«. Das reichte dann. Ich verstand ja leider nicht, was sie sprachen, der Verwalter und sie, weil die Musike so laut war. Aber sie ging voran und gestikulierte. Mal hielt sie sich die Ohren zu, dann kniff sie sich in die Nase und blies die Backen auf. Vom Balkon aus sah ich, dass sie unten ein paar Blatt Papier zerriss und von dannen stolzierte auf ihren Pfennigschuhen. Die waren wir los. Wenn se erst mal drin ist, dann hat man die Laus im Pelz und kriegt sie nur schwer wieder raus. Nee, nee, das war schon richtig so. Ich ärgerte mich nur, dass ich dieses olle Schleuderprogramm mit den Wäscheklammern nicht abbrechen konnte. Fürchterlich, dieses höllenlaute Geklapper.

Für den nächsten Tag hatte ich einen großen Topf mit Kalbsfüßen vorbereitet. Halten Se mich nicht für eine schlechte Hausfrau, ich bin keine, die nur Tüten aufreisst, Heißwasser draufkippt und umrührt. Ich mache nun bestimmt viel selbst, aber Gelatine kann man gut fertig kaufen. Die selber zu machen ist so aufwendig, dass ich im Grunde seit Jahren keine mehr ausgekocht, sondern immer aus dem Beutel gekauft habe. Es macht nicht nur eine Menge Arbeit, nein, es riecht auch sehr unangenehm. Genau das Richtige, um einen neuen Nachbarn vom Einzug abzuhalten, falls der ... Aber was soll ich Ihnen sagen – der Herr Verwalter kam am nächsten Tag mit einem sehr sympathischen jungen Mann die Treppe hoch. Kaputte Hosen und zottelige Haare haben se heute alle, aber der Herr Alex – er stellte sich noch am gleichen Tag persönlich vor, denken Se sich nur! –, der Herr Alex war ein ganz Vernünftiger. Das sah ich schon durch den Türguck im Vorbeigehen. Er ließ den Hausverwalter vorangehen und streifte sich auf der Fußmatte die Schuhe ab. 1a-Manieren! Soweit ich das sehen konnte, hatte er keine Schuhsohlen, die Schlieren machen, und ein freundliches Gesicht. Ich ließ die Finger vom Plattenspieler, spülte das Kalbsgeläuf in der Toilette runter und lüftete kräftig durch. Während die beiden Männer oben in der Wohnung waren, sprühte ich ein paar Spritzer Kölnischwasser in den Hausflur. Der junge Mann sollte sich schließlich wohl fühlen bei uns. Lieber ein Student, der einem mal helfen kann, wenn am Fernseher was verstellt ist, als so eine Etepetete-Madame, die sich zu fein ist, die Finger in das Wischwasser zu stuken!

Am Abend klingelte er dann eben schon und stellte sich vor. Da heißt es immer, die jungen Leute wissen nicht, was sich gehört, aber das kann ich so nicht bestätigen. Es gibt solche und solche. Er hieß Alexander Hackenberg und sagte gleich, dass ich ihn »Alex« nennen soll. Sehr sympathisch. Er behandelte mich respektvoll und sagte »Frau Bergmann« zu mir, nicht »Omi« oder »Tante Bergmann« oder so einen Quatsch. Oft behandeln einen die jüngeren Leute ja, als wäre man schon ein bisschen weich im Oberstübchen. Nee, nicht so der Herr Alex. Er erzählte, dass er Jura und Wirtschaft studierte und Rechtsanwalt werden wollte. Da die Wohnung teuer war, würde er sie mit zwei Mitstudenten teilen, von denen er mir versicherte, dass die in Ordnung wären. Da hat er recht, da kann man nichts sagen. Sogar das Fräulein Stacy-Caryna. Ich habe lange geübt, aber ich kann es mir nicht merken, und sie ist mir auch nicht böse, wenn ich sie Stanzi nenne. Die Stanzi hat von der Mutti eine »Erstausstattung« für die Küche gekriegt, als sie aus dem schönen Saarland hier zum Studieren nach Berlin gezogen ist. Sie hat Besteck für sechs Personen und Tassen und Töpfe, das ist schon mal mehr, als die Berber hat. Darauf kann man aufbauen. Den anderen, den kleinen Michael, mag ich auch. Obwohl man da nicht so genau hingucken darf, ganz koscher ist der nicht. Er ist schon Mitte 20, und es ist sein zweites Studium nach »Wasmitmedien«. Die müssen doch mal wissen, was sie wollen! Erst machen sie Abitur, und danach sind sie so durcheinander, dass sie sich erst mal finden müssen und ein Jahr »Auszeit«

brauchen – da frage ich, wovon denn? In dem Alter hatten wir schon Familie! Auszeit! Ach, ich muss aufhören, sonst rege ich mich nur wieder auf!

Herr Alex sagte, dass ich sofort Bescheid geben sollte, wenn irgendwas nicht richtig wäre. Sie wären alle drei in Berlin, um zu studieren, und nicht, um jeden Abend laut zu feiern. Aber sicherlich würde es eine Einweihungsfeier geben, zu der er mich gleich einlud. Wissen Se, wenn einer so nett ist, da kann man doch nichts gegen ihn sagen. Es war vom ersten Tag an eine angenehme Nachbarschaft. Ich warnte vor der Berber und half beim Umzug, so gut ich konnte. Sicher, mit meiner Hüfte und mit meinen 82 Jahren fasse ich die Waschmaschine nicht mehr mit an, aber ich wischte die Regale aus und brachte Kaffee und Kuchen zur Stärkung. Alle sagten, wie lecker der Streuselkuchen war. Ich wusste gar nicht mehr, von welcher Beerdigung der stammte, ich glaube, es war die von Hertha Hussenschrat.

Der Herr Alex hatte nichts mit der Betrügerei am Telefon zu tun, basta. Das habe ich der Gertrud ganz deutlich gesagt und ihr gedroht, sie aus der Ermittlungsmannschaft auszuschließen, wenn sie so was weiter im Sinn hat! Sie verfolgte diese falsche Spur auch nicht weiter, sondern freute sich, dass Ilse die Likörschalen und ihren Aufgesetzten holte. Schließlich mussten wir den verhinderten Bankbetrug aus Nigeria begießen!

Kurt sagt, der Enkel hat es genauso gemacht wie in der Beschreibung vom Zauberkasten angegeben, aber Ilse bleibt verschwunden.

Nach drei Wochen Schauspielerei auf der Bank wurde ich langsam ungeduldig. Die MUSSTEN doch anbeißen? Ich überlegte, ob denen 20 000 Euro wohl zu wenig waren, und wollte mich mit Ilse und Kurt dazu beraten. Also bin ich hin zu Gläsers, wo ich gerade ankam, als Ilse am Telefon war. Kurt machte mir auf, ließ mich rein und deutete mir an, dass ich am Küchentisch Platz nehmen sollte. Es würde wohl einen Moment dauern.

»Hallo Jonas, nun rate mal, wer hier ist. Ach, sag an? Steht da? Ja gut. Ja, die Oma. Ach, gut. Ich will nicht klagen. Das Wetter merke ich im Knie, das schon. Du weißt schon, dass linke, das operierte. Immer wenn der Ostwind pfeift. Ja, man merkt eben doch, dass es Herbst wird, Opa hat es auch so im Kreuz. Aber du kennst ihn ja, zum Doktor geht er nicht. Ich rede und rede, aber der sagt, er hat nichts. Bis es dann zu spät ist! Wie bei Onkel Heinrich ... Jonas, also bitte. Was heißt hier ›Was für ein Onkel Heinrich?‹! Hallo? Hallo? Halllllllooooo?«

Ilse bemerkte mich.

»Tach, Renate. Komm rein, setz dich. Ach, du sitzt ja schon. Ich muss nur schnell Jonas ... aber es macht nur noch tütütüt. Kurt, guck doch mal ... nee, lass.« Kurt und gucken, also, das ist schwierig. Das hilft ja nun keinem weiter.

»Renate, was ist denn? Hab ich es kaputt gedrückt?«, wandte sie sich an mich.

»Nein, Ilse, du hast nur aufgelegt.«

»Ach? Ich hab noch ...«

»Wenn du mit dem Ohrläppchen auf den roten Hörer kommst, legst du auf.«

Sie guckte nicht so, als hätte sie verstanden, aber das war auch nicht wichtig, denn das Gerät summte schon wieder und Jonas rief zurück.

»Auf GRÜN, Ilse, auf GRÜN!«

»Hallo? Jonas? Hier ist die Oma. Tante Bergmann ist gerade zu Besuch gekommen. Die kennst du aber noch, oder?«

Ilse nickte beruhigt, offenbar erinnerte sich der Bengel an mich, im Gegensatz zum Heinrich. Ilse ließ das keine Ruhe. Sie ließ nicht locker.

»Onkel Heinrich, der damals mit an der See war. Da warst du noch ganz klein, Jonas. Ja. Onkel Heinrich hat sich doch beim Baden den Zeh an der Fischbüchse geschnitten. Der hat geblutet wie die Sau beim Schlachtefest, Opa ist noch mit ihm zum Doktor wegen Wundstarrkrampf ... nun sag bloß, das weißt du nicht mehr?«

Ilse machte eine kurze Pause und holte Luft. Derweil erklärte der Enkel ihr so laut und deutlich, dass ich alles mithören konnte, dass er die Geschichte nur vom Erzählen auf Geburtstagsfeiern kannte, dass er damals zwar dabei, aber erst sieben Monate alt war und seine Erinnerung daran beim besten Willen eher schwach.

Nachdem das klar war, eierte Ilse trotzdem immer weiter herum.

»Opa will nicht zum Doktor, stell dir das mal vor. Ich weiß nicht mehr, was ich machen soll, Jonas. Der jammert über den Rücken, und ich muss ihn jeden Abend mit Franzbranntwein einschmieren, aber denkst du, der geht zum Arzt? Bis es zu spät ist! Wenn du mich fragst«, fuhr Ilse fort, ohne dass sie jemand gefragt hätte, »wenn du mich fragst, hat der nur Angst, dass ihm der Doktor mit den Augen kommt und das Autofahren verbietet. Aber was soll ich machen außer reden, er wird schon sehen, was er davon hat! Aber eins sage ich dir: Wenn Opa mal wegen Rücken stirbt, gehe ich nicht gießen. Dann ist er selber schuld, dann kriegt er Terrazzoplatten auf das Grab.«

Wissen Se, es ist wirklich erstaunlich mit Ilse. Ein wildfremder Mensch fragt sie nach dem Weg oder ob sie ihm einen Euro für den Einkaufswagen wechseln kann, und nach zwei Minuten weiß er, wie Kurt mal unter die Erde gebracht werden soll. Darüber redet sie gern. Wenn man böse wäre, könnte man unterstellen, dass sie es gar nicht abwarten kann. Aber das wäre ungerecht, sie ist froh, dass sie Kurt noch hat, selbst wenn sie traurig guckt, wenn Gertrud und ich jeden 3. Sonntag im Monat zum Witwenclub gehen und sie nicht mitdarf.

Ilse machte mal eine ganz kurze Pause und überlegte, warum sie Jonas überhaupt angerufen hatte.

»Ich schleppe mich doch nicht mit den Kannen ab, nur weil der nicht zum Doktor gegangen ist! Aber Jonas, mein Junge. Weshalb ich anrufe: Morgen mache ich Dampfnudeln mit Pflaumen, da kommst du zum Essen, oder?«, kam Ilse nun endlich zum Punkt

Jonas sagt, er hat es mit Ilse und Telefon nicht leicht. Ja, die Aufgaben ändern sich eben – wer geht denn heute noch melken und pflügen, frage ich Sie? Heute müssen sie uns eben Händi erklären und den Fernseher einstellen, das ist der Wandel der Zeit. Wir Alten haben ja auch andere Aufgaben! Früher haben sie auf die Kinder aufgepasst, wenn die Eltern auf dem Feld arbeiten mussten. Heute sind die Kleinen im Kindergarten, und wir nehmen dafür Päckchen an, wenn keiner zu Hause ist.

Ich habe mich am Anfang auch ein bisschen fremd getan mit dem Händigerät und aus Versehen mal was Falsches gedrückt, aber ich habe mich eingefuchst. Ilse kann nur telefonieren. Immerhin mit Lautsprecher. Da legt sie das Telefon dann auf den Tisch, und Kurt und sie rufen beide in die Mitte, laut und deutlich wie früher bei Ferngespräch. Jonas sagt, einmal haben sie statt »Telefon« »Video« gedrückt, und er hat 20 Minuten lang die Wohnzimmerlampe von unten gesehen. Er fand das aber nicht schlimm.

Der Jonas ist sowieso ein ganz patenter Bursche. Ein Enkel, auf den man stolz sein kann!

Nachdem die Essenseinladung überbracht war, diskutierten wir die aktuelle Lage. Wir guckten im Interweb noch mal ein paar alte Fälle vom »Aktenstapel« an und kamen zu dem Schluss, dass wir mit einer Ködersumme von 20 000 Euro schon gut beraten waren. Wir entschieden, dass das langte. Noch mehr wäre unglaubwürdig. Kurt meinte, es wäre wie beim Nachtangeln. Da sitzt man auch manchmal bis in die frühen Morgenstunden mit der Piepe im Wasser, und nichts passiert, aber wenn man gar nicht damit rechnet und schon bei Forellen-Rainer ein paar Filets holen und nach Hause gehen will, bemerkt der dickste Fisch im Teich doch noch den Köder und beißt an.

Ich staunte, was für ein Poet unser Kurt manchmal sein kann, und wollte ihm das gerade sagen, aber er wandte sich ab und fragte Ilse, wo die Muskatreibe wäre. Er hätte Hornhaut am Hacken. Da sparte ich mir das Kompliment.

Ein paar Tage später war es endlich so weit. Ich hatte mir ja geschworen, dass die fällig wären, wenn sie noch mal anrufen sollten. So sagt man wohl. Fällig. Zack.

Der Apparat in der Wohnstube schellte. Man hört das ja oft schon am Klingeln, wenn es was Ernstes ist, und ich hatte auch gleich so ein komisches Gefühl.

»Hallo Oma, wie geht's dir?«

Als ich diese Worte hörte, blinkten aber sofort alle Alarmlampen bei mir. Es war so weit! Die Kanaillen hatten angebissen und mich ins Visier genommen. Es ging los! Jetzt galt es, die Nerven zu behalten.

Ach, was hat es gerattert in meinem Kopf, sage ich Ihnen. Ich hatte mich zwar lange vorbereitet, mir alles überlegt und zurechtgelegt. Was meinen Sie, wie viele Nächte ich mich in den Schlaf gegrübelt habe auf meiner Heizdecke! Aber wenn es dann losgeht, ist es ja doch ganz anders.

»Jennifer, bist du es?«, fragte ich der Person entgegen. Ich habe sie einfach Jennifer genannt. Wissen Se, ich nenne auch alle Krankenschwestern immer Jennifer. Das ist ein gängiger Name, das passt meist. Früher hießen sie fast alle Sabine, manche Maren, aber das wird seltener. Die Jüngeren kommen nach, und die ersten Sabines und Marens sind schon in Rente, da kommt man mit Jennifer besser zurecht, ist meine Erfahrung.

Als die Anruferin antwortete: »Ja, Oma, hier ist Jennifer«, na, allerspätestens da war mir glasklar, wo der Frosch den Scheitel hat. Oder die Locken? Ach, ich war ganz durcheinander. Oma! Von wegen.

Ich habe gar keine Enkel!

Jetzt hatte meine Stunde geschlagen. Der Dame würde ich das Handwerk legen. Zum Kaffee wollte sie kommen, das Fräulein Jennifer. Sie beendete das Gespräch aber von eben auf jetzt und meinte, dass sie gleich wieder anruft. Das passte mir gut in den Kram, denn derweil konnte ich meine Mitermittler alarmieren. Die waren alle in Einsatzbereitschaft. Gertrud schlief seit Wochen in Anziehsachen, damit es nicht so lange dauerte im Notfall, wissen Se. Bis die ihre Thrombosestrümpfe hochgerollt hat, na, da sind die Schurken über alle Berge. Kurt war früher Kampfreserve und ist immer einsatzbereit, der kann im Notfall auch mal die Manchesterhose über die Schlafanzughose ziehen und bleibt trotzdem mobil. Seinen Vorsprung nutzt er, um Ilse anzutreiben. Auf die beiden ist Verlass.

Der Schwachpunkt war Norbert. Wissen Se, wenn er Gassi muss, ist er wie ein geölter Blitz an der Tür, aber wenn nicht, muss Gertrud ihn mit Puffreisschokolade locken und am Hintern schieben.

Ariane und Stefan zu alarmieren war nicht nötig. Die

würden nur sagen, dass ich die Polizei rufen muss, und mit Meldung bei Kirsten drohen, bra-bra-bra. Nee, das mussten wir Alten allein regeln.

Es war mir eine Herzensangelegenheit, der Betrügerbande das Handwerk zu legen und andere Ältere vor denen zu schützen. Die Polizei war so überlastet, dass die erst was machten, wenn das Verbrechen schon geschehen war. Wenn überhaupt! Dann schreiben die was in ihre Akten oder Computer, und ein paar Wochen später heißt es: »Das Verfahren wurde eingestellt, es konnte kein Täter ermittelt werden«, was auf Deutsch heißt: »Wir haben das abgeheftet.«

Gerade hatte ich Gläsers und Gertrud informiert, da rief das Aas wieder an.

»Hallo Oma«, begann sie gleich, ohne dass ich überhaupt »Bergmann, Spandau, guten Tach« hätte sagen können.

»Bist du alleine zu Hause?«

Von da wehte also der Wind. Die wollte sichergehen, dass hier kein Damenkränzchen beisammensaß, von dem drei Omis schon mal auf einer Schulung über Enkelbetrug im Altenzentrum gewesen waren!

»Aber Jennifer, wer soll denn bei mir sein? Du weißt doch, dass ich hier keinen habe. Ganz allein bin ich den lieben langen Tag und komme kaum raus. Gerade, dass ich mal mit meiner Freundin und ihrem Hund zur Sparkasse spaziere einmal im Monat! Deshalb freue ich mich auch so, dass wenigstens du dich mal meldest.« Meine Stimme zitterte zum Satzende hin. Das kann ich gut; wenn ich das bei Frau Doktor mache, schreibt sie mir auch immer ohne

Mucken die guten Blutdrucktabletten auf und nicht die billigen.

»Ja, Oma, ich bin quasi schon auf dem Weg. Ich muss vorher nur noch was ganz Wichtiges erledigen. Das erzähle ich dir dann gleich ... ich bringe Kuchen mit!«

Na, das war ja wohl ein Ding. Die hat aber schlecht rescherschiert für ihre Betrügereien. Ich musste mich ganz schön zusammennehmen, um nicht beleidigt loszuschimpfen. Als ob bei einer Renate Bergmann gekaufter Kuchen auf den Tisch käme, ich bitte Sie! Wenn es nicht um ein Verbrechen ginge, müsste man dem Kind noch Tipps geben. So dämlich, wie die sich anstellte, wunderte es mich, dass überhaupt jemand auf den Quatsch reinfiel. Aber andererseits – wenn die einen besabbelte durch die Telefonstrippe? Wer weiß, was noch alles kommen würde. »Renate, bleib bloß wachsam!«, mahnte ich mich innerlich. »Aufpassen und keinen Fehler machen!«

»Hast du eigentlich ein Handy?«, fragte die falsche Jennifer.

Nun aber Obacht! Wissen Se, für mich ist das so selbstverständlich, dass ich fast automatisch »Ja, aber natürlich, mein Kind« gesagt hätte, erst recht, wo mir Stefan nun die praktische Halterung an den Rollator geschraubt hat und das Ding sogar die Strecke ansagt. Eine Nawi, ach, Sie ahnen ja nicht, wie praktisch das ist! Man stellt auf »Fußgänger« und tippt »Else Buschhuhn« ein, und schon sagt das Ding »Links, in 100 m rechts, durch den Park« und husch, schon ist man bei der Buschhuhn auf dem Gehöft. Wenn man auf »Bus« stellt, sucht einem die Maschine sogar die nächste Bushaltestelle raus und zeigt einem die Verbindung an, mit der man am besten nach Hause kommt. Ein richtiges Wunderding ist das! Hätten wir das bloß schon früher gehabt, als Wilhelm noch lebte. Was meinen Se, was immer los war bei unseren Urlaubsfahrten. Ich bin nie richtig braun geworden, weil ich die halben Ferien auf dem Beifahrersitz unter der ausgebreiteten Straßenkarte im Schatten saß. Aber wo war ich? Ach ja. Händi.

»Meinst du so ein Funktelefon, Jennifer?«, fragte ich ahnungslos zurück. »Nee, so einen modernen Quatsch brauche ich nicht. Wen soll ich denn auch groß anrufen? Ich habe niemand mehr. Sind doch alle gestorben. In meinem Alter ist man allein. Ich bin als Letzte noch übrig.«

Das Luder wollte nur sichergehen, dass ich keine Hilfe rufen könnte, wenn es zur Geldübergabe käme. Ich musste auf der Hut sein und durfte mich nicht verplappern.

Sie sagte, ich solle nicht weggehen, sie würde sich wieder melden, und legte erst mal auf. Eine gute halbe Stunde verging. Derweil trafen Ilse, Kurt und auch Gertrud mit der Hundestaffel ... also, mit Norbert, hier ein. Da fühlte ich mich gleich ein bisschen sicherer. Während die Verbrechensoperation anlief, war mir schon ein bisschen mulmig gewesen, so ganz allein. Aber nun waren sie da, wir waren alle nicht auf den Kopf gefallen, und es würde schon irgendwie gutgehen.

Ich brühte uns allen einen starken Kaffee. Der macht wach und schärft die Sinne, treibt allerdings tüchtig. Von daher bildete sich schon bald eine kleine Schlange vor der Toilette, und Ilse verpasste den nächsten Anruf der Enkeljennifer, weil sie gerade austreten war. Die anderen konnten aber mithören, ich hatte den Apparat auf LAUT gestellt. Sie murmelte was, dass sie nun bald käme, sie müsste nur noch zum Notar. Sie könnte nämlich eine Wohnung kaufen, ganz günstig aus einer Zwangsversteigerung, eine einmalige Gelegenheit sozusagen, wo jetzt die Mieten überall ... Sie druckste ganz verlegen rum und sagte, dass es ihr regelrecht unangenehm wäre zu fragen, aber wo die Schangse so einmalig sei, dürfte man die nicht verpassen. Und deshalb, so sagte sie, würde sie nun allen Mut beisammennehmen und direkt und ungeniert anklopfen, ob ich ihr wohl Geld leihen könnte.

Ich jubilierte innerlich. Die hatten wir genau, wo wir sie hatten haben wollen! Dieses Aas würden wir aufs Kreuz legen! Die war so auf mein Geld erpicht, dass die gar nicht mitkriegte, dass sie in MEINE Falle gegangen war und nicht ich in ihre.

»Jennifer, mein Mädchen, natürlich hilft die Oma dir. Wozu ist denn Familie da? Und ich habe sonst niemanden mehr.« Ich durfte schon ein wenig tüdelig wirken und mich wiederholen, fand ich. Schließlich sollte die sich sicher fühlen. Wieder schluchzte ich, was Norbert zu einem tröstenden Kläffen animierte. »Wuff«, bläffte er und leckte meine Hand. Der Hund ist ein bisschen dämlich und macht nie, was er tun sollte, aber im Kern doch ein guter Kerl. Ein bisschen so, wie mein Wilhelm war, Kirstens Vater.

Die Anruferin ging aber nicht darauf ein, die wusste ja nicht, ob ich einen Hund hatte oder nicht. Wenn sie gesagt hätte: »Ach, der Hasso ist ja auch da«, dann hätte sie sich verraten – wer außer Gertrud kommt schon darauf, einen Hund Norbert zu nennen, frage ich Sie?

Sie rutschte ein bisschen auf der Unterlippe rum und

versuchte, mich auszuhorchen. Die wollte wissen, wie viel denn zu holen wäre. Ich kenn mich doch aus! Ich habe alle Folgen »Nepper, Schlepper, Bauernfänger« auf Videoband. Denken Se sich mal, die hätte 10 000 Euro gefordert, da würde fast jede alte Dame Schnappatmung kriegen, wie damals, als Karl Moik beim »Musikantenstadl« aufgehört hat. Wer hat schon so viel Geld auf der hohen Kante? Andererseits, wenn die nun nur nach ein paar hundert fragte, na, da würde se sich doch was durch die Lappen gehen lassen. Man muss immer geschickt vorgehen und sich in die Leute reinversetzen, und sei es nur in so eine Gängsterbraut. Ilse zitterte die ganze Zeit mit ihrem Spitzentaschentuch zwischen den Fingern, während sie an Kurt gekauert auf der Couch saß. So war se schon als Mädchen. Zwei Spritzer Wasser aus dem Gartenschlauch, und Ilse verschwand hinter Mutters Rock.

»Oma, wie war es denn eigentlich im Urlaub? Du hast noch gar nichts erzählt!« So ein ausgekochtes Spitzfräulein! Also, eigentlich würde man Spitzbube sagen, aber da es ja zweifelsfrei eine Frau war und da die ja heute so viel Wert darauf legen, dass man das ordentlich macht, schreibe ich mal Spitzfräulein. Das klingt ein bisschen verdorben, aber ich glaube, Sie wissen doch, wie ich es meine. Ich lächelte in mich hinein, denn ich war ein bisschen stolz, dass ich ahnte, warum die so dämlich fragte – die wollte wissen, ob die olle Tante genug Geld für einen Urlaub hat und sich ihr Aufwand lohnt! »Schön war es, Jessica. Ach, wenn man ein bisschen mehr ausgibt und Außenkabine bucht, ist eine Kreuzfahrt immer schön, Jenny. Und das Mittelmeerklima tut meinem Asthma auch immer wieder gut.« Ich hustete trocken hinter den Satz her, ganz leise, nicht zu aufdringlich, nicht, dass die mir noch als Schauspielerin draufgekommen wäre. Die Anruferin merkte nicht mal, dass ich zwei Mal den falschen Namen gesagt hatte. Die war viel zu sehr auf das Geld erpicht, als dass die irgendwas gewittert hätte. Außerdem kann ich sehr überzeugend sein.

»Ach, wie schön. Das musst du mir nachher unbedingt erzählen«, kam sie schon wieder zum Ende. »Ich rufe jetzt den Notar an und melde mich gleich noch mal wegen der Summe, ja Oma? Nicht weggehen, und halte die Leitung frei, ja?« Sprach se, die Dame, und bums, war schon wieder aufgelegt.

Kurt fragte, warum die wohl immerzu auflegt und sagt, dass sie gleich wieder anrufen wird. »Das ist doch klar. Die will sicherstellen, dass ich nicht aus dem Haus kann und vielleicht jemanden dazuhole, der bei klarem Verstand ist. Und sie will auch nicht, dass ich umhertelefoniere derweil. Ilse, ihr müsst wirklich mal diese Ratgebersendung für Senioren angucken, Kurt weiß ja überhaupt nicht Bescheid!«, schimpfte ich, aber Ilse nestelte nur an ihrem Taschentuch und murmelte in einem fort: »Wenn das mal gutgeht, wenn das bloß gutgeht!«

Ich hielt nun den Moment für gekommen, die Polizei zu informieren. Sicher, von allein machen die nix, und man muss denen ein bisschen auf die Sprünge helfen. Aber wenn es hart auf hart kommt, was sollen wir ollen Leute da schon ausrichten? So einen wackeligen Zausel wie Kurt drücken die doch einfach zur Seite, auch wenn Kurt für sein Alter bestimmt gut beieinander ist. Und von uns Omas wollen wir gar nicht reden. Die weinerliche Ilse, zart wie ein Gänseblümchen, und ich mit meiner Ersatzhüfte. Höchstens Gertrud. Die würde die Verbrecher – wenn es Männer wären – bestimmt mit ihrer aufgeknöpften Bluse in die Flucht schlagen, aber das Risiko wollte ich nicht eingehen. Nee, nee, da mussten Fachkräfte ran. Wozu haben wir denn die Polizei? Ich zahle schließlich Steuern! Die würden mit der Archivierung unserer Kreidezeichnung auf dem ALDI-Parkplatz hoffentlich fertig sein, hihi. Ich tippte auf dem Schmartfon auf »Kommissar Lamprecht«, und nach acht oder zehn Mal Tuten meldete er sich schon.

»Hauptkommissar Lamprecht, 14. Revier?«, knurrte er in die Sprechmuschel.

»Hier spricht Renate Bergmann, guten Tag, Herr Lamprecht. Jetzt weiß ich nicht, ob Sie sich noch auf mich entsinnen. Ich war letzthin mit meiner Freundin Lotte Lautenschl...«

Er unterbrach mich unwirsch. »Die Enkeltricktomas. Ja, wie könnte man Sie vergessen, Frau Bergmann? Sie sind doch die mit dem Internet. Ihnen habe ich es zu verdanken, dass ich nu jeden Morgen E-Mails lesen muss.«

»Das ist auch nicht das Schlechteste, Herr Lamprecht. So sind Se immer auf dem Laufenden und müssen nicht zum Postkasten runter. Aber darum geht es jetzt nicht.«

Ich pustete noch mal durch, bevor wir nun zur Sache kamen.

»Passen Se auf. Sie wollten ja nichts unternehmen wegen der Halunken, die der Lotte das Sparkassenbuch leergeräumt haben.«

Er fing an zu lamentieren, von Kapazitäten und viel zu tun und Prioritäten ... ich hörte ihm nicht allzu lange zu, schließlich war hier Gefahr in Verzug. Außerdem hatte er mich auch unterbrochen, der unhöfliche Daps, da hatte ich einen gut.

»Herr Hauptmann, passen Se auf, ich habe hier so eine Trickbetrügerin an der Strippe. Die ruft schon den ganzen Nachmittag auf dem Haustelefon an, es ist die gleich Masche wie bei der Lotte Lautenschläger«, kam ich gleich zum Punkt. »Ich bin nicht allein, nein, meine ... also, das gesamte Einsatzkommando ist hier, hihi ....« Mein Blick schweifte über Kurt, der in seinem Geigenkasten nach einem Brillenputztuch suchte, und Ilse, die mit dem Taschentuch zur Ablenkung über meine Anrichte ging. Ich war ganz einverstanden damit. Eigentlich war ja alles reine, ich wische jeden Sonnabend mit Fitwasser und poliere anständig, aber wissen Se, Verbrechen hin oder her – wenn hier gleich die Polizei käme, wollte ich doch sicher sein, dass alles blitzsauber ist. Was macht das denn sonst für einen Eindruck? Außerdem könnte man so die Fingerabdrücke besser nehmen, falls einer der Halunken wider Erwarten hierherkäme und an die Schrankwand tatschte, zumindest. Wobei: Fingerabdrücke, pah. Schmutz ist Schmutz. Ich würde mich schon sehr zusammennehmen müssen, da nicht gleich feucht nachzuwischen.

Gertrud fütterte Norbert mit Leckerli, damit er abgelenkt war und mir nicht wieder in die Ermittlerei kläffte.

»Aber Herr Lamprecht, selbst wenn wir alles unter Kontrolle haben«, fuhr ich fort, »Herr Lamprecht, was ich sagen will, ist: Ich glaube, wir stehen kurz vorm Zugriff. Die falsche Enkelin will gleich wieder durchrufen und bekanntgeben, wie viel Geld es genau sein soll und wann sie es abholen kommt. Ich finde, spätestens dann sollte die Polizei zugegen sein.«

Auch wenn ich seit 1967 keine Folge »Aktenstapel XY« verpasste hatte, erst mit dem Ganoven-Ede, später mit dem muffeligen Rechtsanwalt und nun schon lange mit dem Schlittschuh-Rudi, wurde mir das jetzt zu gefährlich. Eine Renate Bergmann weiß, wann man sich besser Hilfe an die Seite holt. Schließlich lag Gefahr in der Luft, wir hatten es mit einer professionellen Bande zu tun, die geschult und bestimmt sogar gewaltbereit war.

Kaum hatte der Lamprecht sich gefasst und kam mit seinem Vortrag, wie ich mich zu verhalten hätte, um die Ecke, da schellte schon wieder das Haustelefon. »Alles klar, Herr Kommissar«, sagte ich und musste fast ein bisschen lachen, weil Gertrud sich für ganz besonders schlau hielt und leise anfing zu singen: »Da, dideldum, hahahaha – der Kommissar geht um ...« Als wenn das noch nicht albern genug war, hatte Kurt noch einen draufzusetzen: »Das heißt nicht ›da, dideldum‹«, merkte er an, »das heißt ›drah di ned um‹. Das ist Wienerisch.«

Wir guckten uns alle verblüfft an. Nicht nur, weil wir staunten, woher Kurt so was weiß, sondern vor allem, weil wir das bisher beim Rentnerfasching wohl alle immer falsch mitgesungen haben. Sie auch, oder? Sehen Se, bei Renate Bergmann kann man noch was lernen!

»Nun muss ich aber auflegen, Herr Amtsvorstand. Es bimmelt auf dem anderen Apparat. Das isse bestimmt wieder, die gibt mir jetzt durch, wie viel sie will und wie es weitergeht. Ja, ich halte sie hin, so gut es geht, und Sie machen sich jetzt besser mal auf den Weg. Aber unauffällig, ohne Tatütata und Uniformierte, sondern in Zivil, sonst können wir uns die ganze Mühe gleich sparen. Und sprechen Sie das mit dem Fräulein Becker ab!« Nach dem, wie ich den kennengelernt hatte, hatte ich den Eindruck, er wäre ganz brauchbar, aber man müsste ihm deutlich sagen, was er zu tun hat. Bei der kleinen Becker hatte ich ein gutes Gefühl, die würde den Lamprecht einnorden.

Ich tippte auf »Auflegen« und eilte an den anderen Hörer, den vom Haustelefon. Eine Aufregung wie in der Vermittlung, sage ich Ihnen! Kennen Se noch die Fräuleins vom Amt, die immer umstöpseln mussten in der Post, wenn man ein Ferngespräch wollte? So ungefähr kam ich mir vor.

Wie ich es ahnte, das jungsche Ding war wieder dran. »Oma, das hat aber lange gedauert, bis du rangegangen bist. Was ist denn los? Bist du allein?«

Das war wohl ihre größte Sorge, dass ich nicht allein war!

»Du weißt doch, dass Omi es an der Hüfte hat, Jennifer. Wenn ich von der Küche bis an den Apparat in der Diele muss, dauert es eben seine Zeit«, sprach ich leidend.

Sie berichtete, dass sie nun mit dem Notar einig war. Sie könnte die Wohnung kaufen, ein wahres Schnäppchen, man stelle sich den Glücksfall nur mal vor! Allerdings ginge nur alles glatt über die Bühne, wenn die Anzahlung noch heute beim Notar hinterlegt würde, sonst wäre die einmalige Schangse durch die Lappen, und das wäre ärgerlich.

»Was ... wie viel ... ich meine, Oma, was könntest du mir denn leihen? Nur bis morgen, ganz kurzfristig«, fragte das Aas scheinheilig.

»Oma ist keine Arme, mein Kind. Ich habe immer sparsam gelebt und jeden Groschen zweimal umgedreht. Ihr könnt mich dereinst in Ehren unter die Erde bringen, und es ist trotzdem noch ein bisschen was übrig.« Ich senkte die Stimme und flüsterte leise in den Hörer: »Gute 16 000 habe ich auf dem Sparbuch, Jennifer! Aber erzähle das nicht deiner Mutter, die steht sonst morgen hier auf der Fußmatte und will die Puseratzen haben. Du weißt ja, dass die nicht mit Geld umgehen kann!«

»16 000 ... das ist gut, Oma. Damit komme ich hin. Wenn du mir 15 000 leihen könntest? Morgen ist der Kredit bei mir durch, und dann bekommst du es gleich zurück.«

Dieses Luder. Die wollte wirklich fast ALLES und mir nur ein paar Krumen lassen. Das machte mich noch wütender. Wissen Se, wenn die nun gesagt hätte, ich soll ihr wegen meiner 5000 geben, das wäre schlimm gewesen, ohne Frage. Betrug und verabscheuungswürdig und alles, aber dass die quasi mein gesamtes Erspartes wollte, das zeigte, welche Bosheit und Hinterhältigkeit da am Werk war. Denen gehörte ein Strick gedreht, im Kittchen sollten die einsitzen, allesamt! Die ganze Bande, und wenn es nach mir ginge, bis zum Ende ihrer Tage!

Ich war SO wütend! »Jennifer, mein Kind. Du musst mir aber wirklich versprechen, dass du mir das zurückgibst. Das ist alles, was ich habe! Wirklich alles. Mein Notgroschen, wenn mal was ist. Davon will ich unter die Erde gebracht werden. Das kann ich dir nur leihen, nicht schenken.«

»Ja, Oma«, maulte das Ding genervt, »ich sage doch, morgen zahlt die Bank den Kredit aus, und du kriegst es zurück, per Blitzüberweisung.«

Bei »Blitz« zucke ich ja immer zusammen. Da muss ich an Gewitter denken. Aber das ging jetzt nicht.

»Hast du das Geld in bar da?«, erkundigte sie sich. Wahrscheinlich hatten die uns ja beobachtet auf der Sparkasse, wie ich bei Knete-Grete im Reiche-Leute-Raum war. Sonst hätten die doch hier nicht angeschellt! Aber da die Polizei ja noch nicht da war, wollte ich Zeit gewinnen und verneinte. »So viel Geld, Kind! Das ist doch gefährlich! Wenn hier Einbrecher kommen? Nee, das ist sicherer auf dem Sparbuch. Ich war in den letzten Tagen erst da und habe was eingezahlt.« Damit war se erst mal zufrieden.

»Dann gehst du am besten jetzt gleich zur Bank. Sofort!« Sie wurde richtig scharf im Ton und gab forsche Anweisungen wie Fräulein Tanja, unsere Übungsleiterin bei der Wasserdisko. Ich musste mich ganz schön zusammenreißen, um der Dame nicht ordentlich die Meinung zu sagen. Aber ich wollte ja mitspielen und blieb deshalb die liebe Omi.

»Sag denen aber nicht, wofür du es brauchst!«, mahnte sie noch. »Die haben jetzt neue Gesetze, und wenn du erzählst, dass es für deine Enkelin ist, behalten die die Schenkungssteuer zurück. Das muss nicht sein. Die geht das gar nichts an, wofür du dein Erspartes brauchst, und wenn sie doch fragen, sagst du, du willst dir ein Auto kaufen.«

Ich sage Ihnen, die machte ihre Sache nicht schlecht. Ich kann alte Menschen, die auf so was reinfallen, durchaus verstehen. Man ist nicht dumm, wenn man betrogen wird. Verurteilen Se die alten Leutchen bitte nicht. Die Verbrecher sind so überzeugend mit ihrer Masche, dass es wirklich jeden treffen kann. Und einen Druck bauen sie auf, dass ich mir bald wie vor einem hohen Gericht vorkam.

Ich sicherte ihr zu, dass ich mich auf den Weg machen würde, und sagte auch gleich, dass es eine gute halbe Stunde dauern würde. Schließlich wäre meine Hüfte frisch gemacht.

»Du musst dich beeilen, Oma. Um 16 Uhr muss ich das Geld in bar beim Notar vorlegen, sonst verstreicht die Frist. Du kannst ruhig so gehen, du musst dich nicht umziehen!«, schimpfte sie.

»Nein, mein Kind, du kennst die Oma. Wenn ich auf die Straße gehe, dann im guten Kostüm. Was sollen denn die Leute denken? Und die auf der Sparkasse erst. Du sagst doch, ich soll nichts verraten, aber was glaubst du, wie die gucken, wenn ich da in Räuberzivil aufschlage? So kennen die mich ja gar nicht! Da werden die stutzig und fragen nach. Nee, nee. Ich ziehe mich um.« Richtig stolz war ich, dass mir das eingefallen war. Dagegen konnte se so schnell nichts sagen, außer dass sie sich wieder melden würde.

Die nächste halbe Stunde bimmelte es in einer Tour. Wir gingen aber nicht dran, schließlich sollte die denken, dass ich wirklich auf die Sparkasse gegangen war. Die wollte Kontrolle machen und auf Nummer sicher gehen, ach, das war eine ganz Ausgebuffte und mit allen Verbrecherwassern gewaschen noch dazu. Das ewige Gebimmel machte Norbert ganz verrückt, er bellte am laufenden Band und tobte auf der Stelle im Kreis und versuchte, sich in den Schwanz zu beißen. Ein selten dämlicher Hund, sage ich Ihnen. Ich brachte den Fernsprecher in die Schlafstube und deckte ihn mit einem dicken Kissen zu, das Kabel ist ja lang genug. Ich habe damals extra 12 Meter genommen von der Post, was 8 Mark Aufpreis pro Monat gekostet hat. So halte ich auch die Kartoffeln warm, wenn die Gäste mal zu spät sind, oder koche Reis – ab unters Deckbett. Probieren Se das gern mal aus!

Wir hatten nunmehr Ruhe, und Norbert hatte nach ein paar Runden auch begriffen, dass er seinen Schwanz nicht würde zu fassen kriegen, oder aber er hatte einfach keine Puste mehr, wer weiß das schon? Ilse, Gertrud und Kurt hatten derweil eine diebische Freude daran, Geldscheine aus Zeitung zu schneiden. Wissen Se, zwar trug ich unser altes Bündel seit Wochen durch Spandau und hatte es noch, aber die drei waren so guter Dinge, dass ich sie machen ließ. Ich suchte für Kurt einen großen braunen Umschlag. Wir überlegten, wie viele Zeitungsschnipsel denn wohl ungefähr 15 000 Euro entsprechen würden. Keiner von uns hatte je so viel Geld in den Händen gehabt! Wir entschieden uns für zwei Stapel, die gut in der Hand lagen. Ich schob das Papier in den Umschlag, leckte ihn an und klebte ihn zu. Hihihi, die würde Augen machen, wenn die den öffnete! Zu schade, dass ich nicht dabei sein konnte. Ich schrieb »Für Jennifer, persönlich und vertraulich. Von deiner lieben Oma« drauf. Es war ja ganz klar, dass als Nächstes eine Ausrede kommen würde, dass nicht sie das Geld würde abholen können, sondern ein Freund oder eine Freundin nach dem Geld schickte. Ich bitte Sie, wer auch nur eine Sendung »Täter, Opfer, Polizei« gesehen und aufgepasst hat, der weiß doch Bescheid!

Ich spendierte allen einen Beruhigungskorn. Der tat not! Das Bimmeln des Telefonapparates drang ab und an gedämpft aus der Schlafstube zu uns. Die kontrollierten wirklich genau, ob ich wohl aus dem Haus gegangen war. Kanaillen!

Nach 40 Minuten ging ich wieder ran.

»Hier spricht Bergmann, hallo?«, keuchte ich.

»Oma! Da bist du ja endlich.«

»Ich habe mich so beeilt, mein Mädchen. Ganz aus der Puste bin ich, und die Hüfte schmerzt, ach, du kannst es dir gar nicht vorstellen. Ich muss mich gleich mit Franzbranntwein einreiben.«

»Hast du das Geld?«

Wirklich herzlos, das Luder! Sie hätte ja wenigstens ein bisschen Mitleid spielen können, aber wahrscheinlich war die Liste der alten Damen, die sie heute um ihr Erspartes bringen wollte, noch länger.

»Ja, natürlich, Jennifer. Wie abgemacht!«

»Wie viel?«

»Wie es abgesprochen war, 15 000 Euro. Ach, die ...« – ich überlegte schnell einen falschen Namen – »die Annemarie von der Sparkasse, du weißt doch, die große Dürre, die Tochter von Inge Spicknadel, die ist ja jetzt bei der Sparkasse ...«

»Jajajaja«, unterbrach mich das Ding unwirsch und fragte weiter: »Was für Scheine hast du dir denn geben lassen?«

Ich überlegte kurz, was das nun wieder sollte, und grübelte, was man darauf wohl sagt.

»Ich dachte, Hunderter sind am praktischsten? Weißte, da hat man nicht so viel zu zählen, aber es fragt auch nicht gleich jeder nach dem Ausweis, wenn man damit bezahlt.«

Kennen Se das? Wenn man ausnahmsweise mal einen großen Schein hat, beleuchten die den immer erst mit US-Licht, wollen den Ausweis sehen und holen die Scheffin an die Kasse. Kleingeld wollen sie nicht, aber wenn man mit einem großen Schein kommt, ist es auch nicht richtig!

»Das ist super, Oma. Und wie viele sind es?«

»Jennifer, also wirklich. Die Annemarie hat es mir gleich in den Umschlag getan, was weiß denn ich? Aber rechne mal schnell, 150 Scheine müssten es sein.« Was die wohl wollte?

»Ja, du, es ist so ... ich muss die Geldscheinnummern hier für den Notar in eine Liste eintragen. Kannst du mir die sagen?«

Jetzt wurde es mir endgültig zu bunt. Wissen Se, man ist ja aufgeregt in so einer Situation, und dann kommt die mir mit so einem Quatsch? Hinterher hat mir die Polizei erklärt, dass die solche Fragen stellen, um sicherzugehen, dass die ollen Leute das Geld tatsächlich im Hause haben.

»Du weißt doch, dass Oma nicht mehr so gut gucken kann. Warte, ich muss mir erst die Lesebrille aufsetzen.«

Derweil ich sie hinhielt, holte Gertrud meine Rente aus dem Schlafstubenschrank. Wissen Se, ich hole mir immer in bar, was ich für den Monat brauche. Gläsers und ich fahren meist am Monatsersten mit dem Koyota hin, dann ist schon gebucht. Die Kontoauszüge kann man sich gleich mitnehmen, so hat man einen guten Überblick. Die Leute, die überall mit Karte bezahlen und abbuchen lassen, ja, die wundern sich, dass ihr Geld nicht reicht! Nee, ich lege mir in bar zwischen die Tischwäsche, was ich über den Monat zur Verfügung habe. Wenn es alle ist, ist es alle, dann gibt es eben ab Monatsmitte keinen Lachs mehr, sondern nur noch Hering. Wunderbar. Das hat noch keinem geschadet, mit dem auszukommen, was man zum Ausgeben hat! Gertrud kennt natürlich mein Versteck. Einer muss ja Bescheid wissen, wenn mal was ist. Nicht, dass die meine Barschaft zusammen mit den Geschirrhandtüchern zur Mission geben! Ich habe auch immer zwanzig Euro in Fünfern daliegen, damit sie den Sargträgern was zustecken kann, wenn sie mich aus der Wohnung tragen. Nicht, dass die die Kiste lustlos durch den Flur schleppen und ich da noch rauspurzele wie Gottfried Schimmelhahn. Überall Blutergüsse hatte der, weil sie ihn im Treppenhaus aus dem Sarg haben fallen lassen, sie konnten nicht mehr aufbahren!

Gertrud kam mit zwei Hundertern, und ich las, so langsam ich konnte, die Buchstaben und Zahlen vor. Beim ersten Schein sagte ich es noch richtig, beim zweiten machte ich absichtlich einen Fehler, um zu testen, ob sie was merkte. Das tat sie aber nicht, hihi. Ich war ihr wohl auch zu langsam, denn sie brach die Sache ab und sagte, dass es nun gleich so weit wäre und sie käme, um das Geld abzuholen. Sie müsse aber nun noch zur Bank, um das mit dem Kredit zu klären.

Ich räumte meine Barschaft wieder zurück in den Schlafstubenschrank. Schließlich wusste keiner, was hier heute noch alles passieren würde. Ich fragte mich auch, wo die von der Polizei wohl blieben. Langsam müssten die nun mal in die Pantinen kommen, selbst wenn der Lamprecht nicht der Fixeste war. Ach, es war eine Aufregung.

Da schellte der Apparat, und das Verbrecherliebchen war wieder dran.

»Oma, ich bin jetzt auf der Bank. Das hat geklappt mit dem Kredit, alles gut! Ich kann dir das Geld gleich überweisen.«

Ich fragte nach, warum sie es sich nicht auszahlen lässt, wissen Se, dann hätte man sich den ganzen Zinnober mit der Bargeldleihe von mir ja sparen können. Sie wich aus und faselte was von Buchgeld, Valuta und dass es nicht ginge, es hätte schon seine Richtigkeit so, und ich sollte ihr meine Kontonummer geben.

Na, so weit kommt es noch! Das habe ich einmal gemacht, als ich das Händi neu hatte. Drei Jahre lang haben se jeden Monat abgebucht, und das alles für Klingeltöne und sprechende Kaffeetassen, die ihren Namen tanzten. Ich gebe keine Kontonummer mehr raus und schon gar nicht die neuen langen vom IWAN. Bis man da durchbuchstabiert und die Nullen richtig gezählt hat, wissen Se, nee! Selbst mit Lesebrille kommt es in der Hälfte der Fälle nicht hin, und man schreibt über das Kästchen, oder es bleibt eins frei.

»Jennifer, warte, Oma muss die Schipskarte suchen. Ich habe die Konto-IWAN nicht im Kopf«, hielt ich sie erst mal hin.

Da staunte ich ja mal wieder über Ilse, die meist ängstlich ihr umhäkeltes Taschentuch krallt. Aber wenn es drauf ankommt, isse da: Sie kramte aus den Weiten ihrer Handtasche einen Brief vom Finanzamt. Wichtige Dokumente haben wir in einem solchen Fall alle dabei! Sie hielt mir den Schrieps unter die Nase, den Zeigefinger auf der Kontonummer. Ich gab sie der falschen Jennifer durch und musste mir ein Kichern verkneifen. Kennen Se das, wenn man lachen muss, aber nicht darf? Dann muss man erst richtig! Es ist fast wie mit Austreten. So ähnlich ging es mir jetzt. Es war zu komisch, denken Se sich nur: Ich gab der die Kontonummer vom Finanzamt durch, hihihi!

Das Verbrecherluder hörte brav zu und tat so, als würde es alles aufschreiben. Es war ja schon ganz klar, dass sie das nicht tat. Im Grunde hätte ich ihr auch die Sterbetage meiner Männer durchgeben können.

Sie sprach, sie würde sich gleich wieder melden, und legte auf. Wissen Se, langsam ging mir das auf die Geduld. Das zog und zog sich! Hinterher hat die Polizei meinen Anschluss überprüft und genau nachgezählt, es waren zweiunddreißig Anrufe an diesem Nachmittag. Es war richtiger Telefonhorror, sage ich Ihnen! Terror. Also, Telefonterror, so ist es richtig. Die machen das, damit man nicht zum Überlegen kommt. Man soll keinesfalls Hilfe holen oder jemanden anrufen können.

Ilse brühte uns die nächste Runde Bohnenkaffee auf – Blutdruck und Gemecker der Doktern hin oder her, das war heute eine Ausnahmesituation. Da musste das sein, dafür würden wir morgen brav bleifreien Kaffee oder Pfefferminztee trinken. Gertrud schnitt die Eierschecke.

Ich holte die Sammeltassen aus dem Glasschrank. Schließlich würde die Polizei gleich noch kommen, da darf schon das gute Geschirr auf der Tafel stehen und nicht die angeschlagenen Alltagstassen. Mein Meißen hüte ich wie meinen Augapfel. Letzthin, ich glaube, es war nach dem Geburtstagskaffee der kleinen Lisbeth, wollte Ariane die tatsächlich in die Geschirrwaschmaschine räumen, denken Se sich diesen Frevel nur! Ich konnte gerade noch einschreiten. »Meißen und Miele verträgt sich nicht, Ariane, merk dir das doch mal!«, mahnte ich zum – ach, was weiß ich wievielten – Mal. Ich werde nicht ruhen, bis die das gelernt hat.

Ich legte sogar das handgewebte Tafelleinen von Tante Meta auf. Es hat zwar eine angesengte Stelle, weil Hilmar damals auf Walters Geburtstag das Teelicht vom Kaffeewärmer umgeschmissen hat, als er uns zeigen wollte, wie groß der geangelte Karpfen war, aber trotzdem machte es noch was her. Ich stelle immer die große Kuchenplatte auf den Fleck. Die fasst keiner an, sonst gibt es was auf die Finger.

Wir waren noch nicht richtig fertig mit Tischdecken, da läutete es an der Haustür, just im wohl unpassendsten Moment. Ich erschrak regelrecht. Auch Ilse und Kurt zuckten zusammen, und Gertrud stellte Norbert geistesgegenwärtig ruhig. Ich sage Ihnen aber nicht, wie.

Wir scheuchten Kurt zur Sprechanlage, aber wissen Se, mit seinen Augen könnte da eine Folge Kommissar Rex laufen, und es fiele ihm nicht auf. Ich ging also hinterher und schob ihn sachte beiseite.

Vor der Tür stand das Fräulein Kommissarin und der Lamprecht, beide in Zivil. Ich ließ mir daher die Ausweise zeigen. Einer Renate Bergmann wirft keiner Leichtsinn vor! Wir waren alle sehr froh, dass wir nun nicht mehr allein waren und die Polizei uns beistehen würde. Schließlich spitzte es sich hier zu, und wer weiß schon, wozu solche Banden fähig sind? Die Schnepfe, die am Telefon die Enkelin spielte, war ja nicht allein. Solche Banditen operieren immer organisiert.

Aber zunächst brachten wir die Beamten bei Kaffee und Kuchen auf den aktuellen Stand. Ich schilderte so knapp wie möglich, was bisher geschehen war, wobei mich Gertrud immer wieder unterbrach und Dinge erzählte, die wirklich nichts zur Sache taten. Herrje! Dass wir den Anruf durch den Bankbesuch überhaupt erst provoziert hatten, ließ ich erst mal weg. (Und die Kreide vor dem ALDI erst recht.) Das gäbe nur Gemecker und lenkte ab, und beides brauchten wir nicht. Die Kommissarin Melanie nickte: »Das klingt alles nach der Frackmann-Bande, Herr Lamprecht. Das sind die! Und wir haben die Chance, sie zu schnappen!« Der Lamprecht stammelte: »Den Namen habe ich schon mal gehört, aber so konkret ... also ...«

Der Kleinen ging fast die Hutschnur hoch. »Die Frackmann-Bande, Herr Lamprecht, konzentrieren Sie sich doch mal. Das ist die größte im Enkeltrick-Bereich operierende Bande! An denen sind das BKA, die Landespolizei und sogar Interpol dran! Seit ein paar Wochen sind die auch in Spandau unterwegs. Lesen Sie denn keine E-Mails? ACH!?« Sie machte eine lange Pause und schob ein »Ist schon in Ordnung« nach. Das müssen Se sich mal merken, wenn eine Frau sagt: »Es ist schon in Ordnung« oder »Es ist jetzt egal« – legen Se die Ohren an und sehen Se zu, dass Sie Land gewinnen! Männer tun das aber meist nicht. Da möchte man oft gern eingreifen und helfen, aber das wird einem dann doch wieder ungünstig ausgelegt.

»Möchten die Kommissare denn vielleicht noch einen Kaffee?«, fragte Ilse diplomatisch dazwischen, um die Wogen zu glätten. »Ich brühe gleich noch mal frischen auf.« Sie wartete die Antwort gar nicht ab, sondern nahm die Kaffeekanne und ging in die Küche.

Da klingelte das Telefon wieder. Ich drückte auf LAUT, damit die Beamten mithören konnten. Nee, wie man bei klarem Kopf bleibt, wenn es drauf ankommt. Fein. Das kam sicher vom Korn, den wir zu Beruhigung ... Aber nun.

»Bergmann, Spandau?«, sprach ich so gelassen wie möglich in den Hörer.

»Sparkasse Spandau, Müller am Apparat.«

Nanu. Einen Herrn Müller hatten die überhaupt nicht! Jetzt wurden die Banditen aber stümperhaft. Als ob eine Renate Bergmann nicht jede einzelne Sörvisskraft im Kiez mit Namen kennt und weiß, wo sie wohnt, ob sie verheiratet ist und was für ein Auto sie fährt. Ha!

»Frau Bergmann, ich habe hier eine Überweisung für Sie. Es sind 15 000 Euro angekommen, die wir gerade auf ihr Konto buchen. Da wollte ich nur fragen, ob das in Ordnung ist, ob Sie die Zahlung erwarten?«

»Jaja. Das hat seine Richtigkeit. Buchen Se nur und passen Se mit der Kontonummer auf!«

Den kleinen Spaß konnte ich mir nicht verknusen. Aber böse war ich auch: Das schlug doch dem Fass den Boden aus! Nee, so eine Frechheit. Jetzt wollten die mir weismachen, dass das Geld schon wieder zurückbezahlt war und ich es ihnen geradezu schuldete! Wissen Se, ich bin bestimmt nicht auf den Mund gefallen, aber da war selbst ich sprachlos. Zwar nur kurz, aber sprachlos.

»Eindeutig die Handschrift der Frackmann-Bande, da gibt es keinerlei Zweifel«, warf die jungsche Beckern ein. Sie wischte wie wild in ihrem Händi rum und suchte den Imehl vom BKA.

Lamprecht nahm gerade das zweite Stück Eierschecke ins Visier, das Gertrud ihm kühl auf den Teller gehoben hatte. Sie war noch immer beleidigt wegen der Sache mit der Schlode, verhielt sich aber sachlich. Kommissarin Becker versuchte, ihn mit Blicken darauf aufmerksam zu machen, dass sich ein weiteres Stück Kuchen eigentlich nicht gehörte, aber der war für dezente Hinweise nicht empfänglich. Bei dem reichte es nicht, mit dem Zaunpfahl zu winken, dem müsste man mit dem Knüppel schon einen Ditsch auf den Kopp geben.

Wieder läutete der Telefonapparat, und wieder war nicht die falsche Enkelin dran. Ich begann schon fast, sie zu vermissen. Nee, dieses Mal war es ein Herr, der sich als Polizist ausgab. Die Kommissare konnten ja mithören und kriegten vor lauter Staunen bald den Mund nicht mehr zu.

»Ja, hier ist Kommissar Breitenbach. Sie hatten bei uns angerufen?«

Die gingen wirklich auf Nummer sicher und stellten einem eine Falle nach der anderen. Ganz eine ausgefeilte Masche war das, da muss man schon wirklich helle sein, um denen nicht ins Netz zu gehen. Stellen Se sich mal vor, ich wäre nicht geistesgegenwärtig genug gewesen und hätte gesagt: »Ja, Herr Breitenbach, alles in Ordnung, die Kommissare Becker und Lamprecht sind schon hier, machen Se sich keine Sorgen, wir haben alles im Griff.« Dann wäre die ganze Operation doch noch geplatzt, die hätten aufgelegt, und ich hätte nie wieder was von denen gehört. Sicherlich wäre uns nichts passiert, aber die wären uns durch die Lappen gegangen. Und wir hatten das ja alles nicht zum Spaß eingefädelt, sondern um die hinter schwedischen Gardinen zu sehen! Eine Renate Bergmann aber blieb auch in dieser Situation auf Zack.

»Ich? Ich habe nicht die Polizei gerufen. Da müssen Se sich verwählt haben, Herr Wachtmeister.«

»Aber so habe ich es hier stehen, Frau Fendrich.« Er war schon wieder auf dem Rückzug.

»Sehen Se: Ich heiße gar nicht Fendrich! Sie haben sich bestimmt verwählt. Hier ist Renate Bergmann, und nun machen Se bitte die Leitung frei, ich erwarte einen dringenden Anruf meiner Enkelin.«

Ich legte mit Schwung den Hörer auf die Gabel und schüttelte den Kopf. Mir wurde es jetzt langsam zu bunt. Das ging nun schon seit Sunden!

Die Beckersche meinte, dass ich fabelhaft reagiert hätte, und mir keine Sorgen machen sollte. Es könnte nichts passieren, die Polizei wäre ja jetzt hier. Die Kleine kam frisch von der Schule und hatte da sogar Tsychologie und Trösten gelernt, da konnte man nicht meckern. Ich sollte nur sagen, wenn es nicht zu schaffen sei, wir könnten jederzeit abbrechen. Aber ich würde der Allgemeinheit einen großen Dienst erweisen, wenn ich den letzten Schritt nun auch noch gehen und bei der entscheidenden Falle mitwirken würde. Wie eine Politikerin hat se geredet. Das gefiel mir.

Ich atmete tief durch. »Das bringen wir zu Ende!«, sagte ich. Gertrud hielt mir den Flachmann entgegen. Vor der Polizei, denken Se sich das mal! Ich lehnte lächelnd ab. Da guckte meine Trudchen, ha. Lamprecht jedoch griff beherzt nach dem Flachmann, was ich nach dem mittlerweile – wenn ich richtig gezählt hatte – vierten Stück Eierschecke auch gut verstand.

Beim Lamprecht arbeitete sich gerade das Bäuerchen nach oben, als das Telefon erneut schellte. Zur Abwechslung war die angebliche Enkelin mal wieder dran.

»Oma, hallo«, sagte se, nachdem ich meinen Namen in

die Sprechmuschel gesagt hatte. »Ich bin jetzt schon beim Notar. Die Sache eilt, ich kann hier nicht mehr weg. Hör genau zu und mach, was ich dir sage, ja? Es geht jetzt um jede Minute!«

»Jaja, mein Mädelchen. Ich will doch nicht, dass noch was schiefgeht. Dir steht das Geld ja zu, denk dir nur, die Bank hat angerufen, es ist schon wieder auf meinem Konto.«

»Das ist ja schön, dass das so schnell ging. Siehst du. Aber nun pass auf«, fuhr sie fort, »ich kann hier nicht mehr weg. Der Notar liest mir schon die Verträge vor, und das dauert. Wir schicken die Sekretärin.«

Genau so hatte ich es mir gedacht. Irgendjemanden musste sie vorschicken, sie selbst konnte ja nicht. Schließlich habe ich gar keine Enkel und hätte wohl einer fremden Person, die Oma zu mir sagt, nicht mein Erspartes in die Hand gedrückt. Nach Lottes Vorfall hatte ich jedoch mit einer »guten Freundin« gerechnet. Sehen Se. Die Sekretärin aus dem Notariat war allerdings eine gute Idee, das muss man schon zugeben. Die kleine Beckern hatte auch schon ganz rote Pusteln auf den Wangen und guckte erwartungsfroh. Jetzt ginge es ja erst richtig los.

»Genau, Jennifer, so machen wir es. Kommt das Fräulein her?«, fragte ich nach.

»Nein, Oma, das wird zu knapp. Komm du mal bitte mit dem Geld auf den Marktplatz. Die Frau König spricht dich dann an.«

So lief das also! In die Wohnung zu kommen war ihnen zu gefährlich, weil hier eine Verhaftung natürlich viel einfacher war. Die gingen auf Nummer sicher. Die beiden

Kommissare Becker und Lamprecht (der mit Eierschecke, Korn und Bäuerchen durch und wieder einsatzfähig war) nickten sich jedoch kurz zu – die hatten offenbar einen Plan. Das Fräulein Becker flüsterte was in ein Wokkietokkie, was ich nicht verstand, aber es war ja auch egal. Die würden das schon machen.

»Mach dich auf den Weg, Oma, es geht um Minuten. Komm an die Litfaßsäule am Markt, so schnell du kannst. Frau König erwartet dich. Und vergiss das Geld nicht.«

»Oma ist ja nicht blöd, Jennifer.« Dass die mich immerzu als dröselige olle Tante hinstellte, ärgerte mich. Wenn das wirklich meine Enkelin gewesen wäre, na, der hätte ich aber was erzählt!

»Einen kleinen Moment dauert es schon. Ich muss mir noch die Thrombosestrümpfe anziehen«, versuchte ich ein bisschen Zeit zu schinden. Ich wusste zwar nicht, was genau die Polizei vorhatte, aber es konnte nicht schaden, ein paar Minuten mehr Luft zu haben.

»Jaja, Oma, aber beeil dich. Tschüss«, sprach das Luder und knallte den Hörer auf.

Nun war die Stunde der Entscheidung gekommen.

Die Frau Polizeihauptmann erklärte mir, dass auf dem ganzen Marktplatz Zivilpolizisten positioniert sein würden, die auf mich aufpassten. Die würden die falsche Königin und hoffentlich noch ganz viele Hintermänner fassen. Ilse verlangte, dass ich eine schusssichere Weste angezogen bekomme, aber alle anderen hielten das für Quatsch. Die wollten schließlich nur das Geld und nicht mich. »Frau Gläser, Enkeltrickbetrüger trachten alten Damen nicht nach dem Leben, nur nach ihrem Geld.« Ilse ist eben übervorsichtig und war sehr aufgeregt und in Sorge um mich, die Gute. Sie guckt keine Krimis, wissen Se, und hat auch sonst nicht viel Erfahrung mit Verbrechen. Das Schlimmste, was der mal passiert ist, war, dass in der Schule zwei Mark in der Milchgeldkasse fehlten. Und die waren nicht gestohlen, sondern nur in den Kreidekasten gekullert, wo die Reinemachefrau den Taler abends wiedergefunden hat. Nunmehr bekam ich lauter Strippen umgebunden. Eine Wanze! Mikrofon und Lautsprecher tütterten sie mir um, damit jedes Wort, was ich sprach und was die Geldbotin sagen würde, mitgehört werden konnte. Gott sei Dank hatte ich mit den angeblichen Thrombosestrümpfen noch ein paar Minuten Luft für uns geschunden, das dauerte nämlich seine Zeit, sage ich Ihnen! Die zogen mir Schnüre durch den Unterrock und das Miederhöschen. Oben am Ausschnitt lugte alles wieder raus. Auf die Hüfte hängten sie mir einen Sender. Ich hatte Sorge, dass meine Ersatzhüfte vielleicht den Empfang stört. Die ist aus Titan, wissen Se. Ich sagte es lieber, nicht, dass es am Ende Probleme gab, und wer war dann schuld? Ich! Ich weiß noch, im Feierabendheim »Dämmerstunde« gab es nie Probleme mit dem Fernsehempfang. Erst als Herr Bisslamper einzog, ging es los. Der hatte im Knie eine kleine Platte aus Titan, und seit der da wohnte, konnte das ganze Heim kein PRO_7 mehr gucken, es war nur Schnee und Krissel auf dem Bildschirm. Es ging erst wieder, als der Hausmeister eine Zusatzantenne angelötet hat. Wie dem auch sei, die Beckersche machte einen Test und sprach in ihr Wokkietokkie, alles funktionierte wunderbar. Sie sagte mir aufs Ohr, was ich tun sollte, und verstand jedes Wort von mir durch das kleine Mikrofon, das sie mir an das Halstuch geheftet hatten, klar und deutlich. »Eins, zwei, eins, zwei, Sprechprobe. Hier spricht Renate Bergmann, Spandau«, sagte ich laut, und die kleine Beckerin zuckte zusammen.

»Kurt, fahr schon mal den Wagen vor!«, rief Ilse aufgeregt, und wir mussten alle ein bisschen schmunzeln. Kennen Se das noch, aus dem »Derrick«? Der mit dem Haarteil auf dem Kopf. Das war noch schöner Krimi, den konnte man gucken. Da haben sie nicht einfach abgeschnittene Gliedmaßen ins Bild gehalten! Das ist mir heute alles zu gruselig, sage ich Ihnen. Nee, ich gucke keine Krimis mehr. Erstens gibt es zu viel Blut, zweitens sagen die Gerichtsmediziner IMMER: »Genaueres kann ich erst nach der Obduktion sagen«, und wenn die Leiche eine Frau war, war sie drittens IMMER schwanger. Und dann geht es oft gar nicht um Krimi, sondern darum, wer die größte Macke hatte. Nee, das sollen mal die Jüngeren gucken, ich schalte da ab. Beim »Derrick« wurde meist in hübschen Villen in Münchener Nobelvororten ermittelt, gerne mit Personal und Dienerschaft. Es ging oft darum, dass der Vater Fabrikbesitzer war und der jüngere Sohn den älteren erschossen hat. Der Hauptkommissar Derrick fragte ein bisschen rum, kommandierte den Assistenten Harry ein bisschen mit dem Wagen, ließ ihn hier und da anrufen und die Alibis prüfen, und nach einer Stunde war er fertig und hatte den Täter gefangen. Der jüngere Sohn wurde verhaftet, die Köchin hat ein bisschen geweint, und man konnte um halb zehn ins Bett.

Wir düsten los zum Marktplatz. Ich fuhr im Polizeiauto mit. Die Kommissare waren ja nicht im Streifenwagen gekommen, sondern mit einer luxuriösen Limousine. Ein wunderbarer Wagen. Kein Vergleich zum Koyota, in dem uns Ilse, Kurt und Gertrud mit Norbert folgten. Sicher, der ist auch sehr solide und gediegen und reicht für die Gläsers gut hin, aber der Zivilschlitten von der Polizei hatte weiche Lederpolster. Die Kommissarin fuhr im Gegensatz zu Kurt ohne Zwischengas beim Schalten, das machte die Reise sehr angenehm und ruhig. Wir fuhren nicht weit, die letzten 200 Meter musste ich sowieso zu Fuß gehen. Schließlich sollten die Gangster sehen, dass ich allein kam. Hinter dem Polizeiwagen parkte Kurt den Koyota gut und sicher ein. Ich atmete erleichtert auf, dass er nicht am Bordstein oder am vor ihm stehenden Wagen angehakt war, aber heute war wohl sein Glückstag. Das hätte noch gefehlt, wenn vor den Augen der Polizei was passiert wäre. Auch Ilse bekreuzigte sich erleichtert. Sie hatte beim Kaffee die Sache mit der Eheurkunde bei der Polizei angesprochen und geklärt, da kam nichts mehr nach. Es war auch ein Ilse-Tag!

Ich ging gemächlich zum Marktplatz. Mein Herz pochte ganz laut, das kann ich Ihnen sagen! Hoffentlich sendete das die Mikrofonmaschine nicht auf den Wokkietokkie der Kommissarin, sonst würde die noch die Doktersche alarmieren. Als ich am Tatort – jawoll, das war es ja, machen wir uns nichts vor – angekommen war, stand auf einmal die Schlode mit ihrer Kindergartentruppe da! Die hatte mir gerade noch gefehlt. Ich drehte mich weg und tat so, als würde ich die Auslage der Apotheke angucken. Es ging auf die Adventszeit, da schaut man sich gerne die Angebote zur Weihnachtszeit an. Es gab Doppelherz im Sparpack. Der

Kinderchor war zum Glück zur goldenen Hochzeit von Kastengers unterwegs, um gesungene Grüße vorzutragen. Aber die kannte ich nur vom Sehen, da musste ich keine Karte schicken und war auch nicht eingeladen. Ich ging weiter und war gerade an der Litfaßsäule angekommen, als mich eine Frau ansprach. Die sah eigentlich ganz sympathisch aus; wenn man nicht gewusst hätte, was das für eine ist – man hätte ihr auf den Leim gehen können.

»Frau Bergmann? Irene König!«

Sie streckte mir ihre Hand entgegen und begrüßte mich mit festem, kurzem Händedruck. »Ich bin die Sekretärin vom Notar, Sie wissen ja, worum es geht … Moment, damit Sie ganz sicher sein können …«

Sie drückte auf ihrem Händi rum und säuselte was von »Ja, König hier, warten Sie einen Augenblick, ich geben Ihnen Ihre Oma«.

Die Königin reichte mir das Telefon, aber bevor ich ein Wort sagen konnte, überschlugen sich die Ereignisse. Zwei Männer, die ich vorher gar nicht gesehen hatte und die plötzlich wie aus dem Asphalt gewachsen vor uns standen, stürzten sich auf die Dame und drehten ihr den Arm um. Das Miststück wand sich, fluchte und schrie Worte, die ich hier nicht aufschreiben kann, weil ja vielleicht auch Kinder mitlesen. Das Luder hatte keine Schangse. Ich hielt noch immer das Telefon in der Hand, aus dem ich auf einmal lautes Hundegebell hörte.

»Nanu«, dachte ich, »das klingt fast wie Norbert!«, und ich sollte recht behalten.

Der interessierte sich nämlich überhaupt nicht für die Anweisung der Kommissare, gefälligst im Auto zu warten.

Ein kleiner Spalt in der Türe reichte ihm. Er kläffte wohl wie ein Wilder und hechtete wie ein Derwisch mit mächtigen Hechtsprüngen los. Gertrud lief, so schnell es eben ging, hinterher. Sie stand fast waagerecht in der Luft, wie sie sagte, aber der Hund hat Kraft ... er ruckte noch mal an, und zack, lag Gertrud auf der Chaussee und Norbert wetzte davon. Er rannte direkt in eine Nebenstraße und auf eine Frau zu, die hinter dem Springbrunnen stand und scheinbar gar nichts mit der Szenerie zu tun hatte. Erst als sie »Hilfe, so halten Sie doch die Töle zurück« brüllte, erkannte ich durch den Hörer ohne Zweifel ... die falsche Enkelin!

Alles passierte in Sichtweite, die Beckersche ist gleich mit Dienstwaffe in der Hand zu ihr hin und drehte auch ihr den Arm um. Norbert ließ von ihr ab, das Aas wand sich und strampelte wie eine Furie mit den Füßen. Ich wusste gar nicht, wie mir geschah. Lamprecht half Gertrud hoch, die sich bei ihm unterhakte und seine Nähe genoss.

Das war also das falsche Enkelinnenaas. Sie war klein, ungefähr wie ich, so eins sechzig. Schwarze Haare hatte se und war an den Armen und Händen tätowiert. Das mussten sie im Knast also nicht mehr machen, das hatte sie schon. Am liebsten wäre ich ja mit der Schlitten gefahren, das kann ich Ihnen sagen! Aber ich nahm mich zusammen, man kennt das ja: Man sagt nur ein falsches Wort und wird am Ende noch wegen Beleidigung zu längerer Haft verdonnert als die, weil sie vielleicht eine schwere Kindheit hatte.

Die Kommissarin Becker hielt die Schlange im Polizeigriff und rief nach dem Lamprecht, weil der wohl die Handschellen hatte. Der war allerdings in Gertruds Fängen und tastete auf ihrem Hintern rum, den sie sich beim Sturz angeblich geprellt hatte. Ich konnte gar nicht hingucken, sage ich Ihnen! Sie kennen Gertrud ja nun schon und wissen Bescheid. Wenn die einen Kerl zwischen die Finger kriegt, lässt sie den nicht so schnell wieder los. Auf den konnten wir jetzt also nicht warten, deshalb rief ich Kurt zu, dass er mit dem Geigenkasten kommen sollte. Schließlich hatten wir die Plüschhäschenhandschellen der Berber, und auch, wenn ich im Leben nicht damit gerechnet hätte, dass wir die mal brauchen könnten, kamen sie nun zum Einsatz.

Das Gängsterliebchen war außer Gefecht, und Kommissarin Melanie konnte ihr gegen ihren Widerstand und trotz ihres Gebrülls die rosa Handschellen anlegen. Sie guckte mich ganz verdattert an: »Frau Bergmann, wo haben Sie DIE denn her?« – »Kindchen, die hingen in der Hecke, nachdem meine Nachbarin ihren Liebhaber in die Wüste geschickt hat, und ich dachte, ich nehme die mal an mich, man weiß schließlich nie, wozu man die Dinger mal brauchen kann, nich wahr? Na ja, und Sie sehen ja, irgendwann findet alles seinen Zweck …«

Die Beckerin lachte, und als die Handschellen klickten und die Verbrecherin nicht mehr wegkonnte, plumpste mir ein Stein vom Herzen. Ich erkannte sie sofort, schließlich hatten wir an dem Nachmittag bald drei Dutzend Mal telefoniert. Auch Ilse, Kurt und Gertrud haben die Dame eindeutig identifizieren können, der Apparat war ja dann und wann auf LAUT., Gertrud platzte fast vor Stolz, weil Norbert sie gefasst hatte. »Seht ihr? Er ist doch ein guter

Hund. Brav, Norbert. Feeeeeiiiin! Komm zum Frauchen!«, prahlte sie. Norbert hört ja aufs Wort, so behauptet Gertrud immer. Wir haben nur noch nicht rausgefunden, auf welches – »Komm zum Frauchen« war es schon mal nicht. Norbert wollte einfach nicht von der falschen Jennifer lassen. Erst als die Polizisten sie durchsuchten und aus ihrer Hosentasche neben einem Händi, mit dem die Dame wohl die ganzen Anrufe getätigt hatte, auch eine halbe Tafel Puffreisschokolade plumpste, ließ er von ihr ab und verschlang das Zeug mit einem Bissen.

Jemand hat mir Blumen auf meinen Rollator gelegt! Sollte ich am Ende einen heimlichen Kavalier haben? Gertrud meint, das war die Mafia, aber das sagt sie nur, weil sie neidisch ist.

In den Tagen und Wochen darauf war der Teufel los.

Das Telefon stand nicht still, alle wollten sie was. Stefan und Ariane kamen am Abend und hielten mir einen Vortrag, aber das war ja nicht anders zu erwarten. Das hatte ich in Kauf genommen. Ob ich wohl noch bei Verstand war, was alles hätte passieren können und dass es wohl besser wäre, wenn sie mich in Zukunft besser kontrollieren würden, na ja, Sie können sich ja denken, dass die dachten, die hätten Oberwasser.

»Da guckt man eine Woche mal nicht so genau hin, und was macht meine alte Tante? Gründet die CSI Kukident und legt Verbrecherbanden aufs Kreuz!«, tobte Stefan mit bebenden Nasenflügeln. Ich habe das nachgegockelt, aber »CSI Kukident« hat der Computer nicht gefunden. Bestimmt eine Frechheit, aber Stefan war so in Fahrt, dass ich ihn lieber nicht unterbrach. Ich kenne die Männer dieser Familie, sein Onkel, mein erster Mann Otto, war genauso. Wenn die Winklers wütend sind, muss man die toben lassen. Das geht ganz schnell vorbei, die sind wie ein Vulkan: Es bricht heftig und unvermittelt aus ihnen raus, dann geht man am besten auf die Seite und hält den Mund, sonst erwischt einen der Lavastrom. Aber nach ein paar Minuten ist es auch wieder vorbei. Wenn ich Arianes Andeutungen in unserem Von-Frau-zu-Frau-Gespräch richtig verstanden habe, gilt das übrigens für alle Bereiche des Lebens. Sie ist da nicht sehr zufrieden. Ich kann nicht viel beitragen, da hören die Parallelen nämlich auf. Wissen Se, mein Otto war damals ja schon über die 60 drüber, als wir geheiratet haben, und ... na ja. Ab und an habe ich mit der Wurzelbürste unter der Bettdecke für die richtige Durchblutung gesorgt und es ... ja, es dauerte ein bisschen, aber ein großer Ofen braucht eben eine Weile, bis er warm wird. Sie verstehen schon. Aber dann ging es gut. Ich wollte »danach« immer gern den Sonnenaufgang sehen, aber Otto meinte, er setzt sich nicht des Nachts auf den Balkon und wartet, bis es hell wird. Romantik war nicht so seins.

»Tante Renate, du hast nicht im Ansatz eine Ahnung, was da alles hätte passieren können und wie viel Glück ihr hattet«, fuhr Stefan fort. Im Großen und Ganzen war es das schon. Stefan ist immer etwas unbeholfen, wenn er schimpft, egal ob mit mir oder mit der kleinen Lisbeth. Bei Lisbeth droht er mit der Kindergärtnerin oder dass sie ohne Sandmann ins Bett muss, bei mir ist »Ich rufe Tante Kirsten an!« das höchste Strafmaß. Einmal wollte er mir das Händi wegnehmen. Da hatte ich wirklich Angst. Ich habe mir das aber nicht anmerken lassen, und ich hatte Glück, dass er heute nicht mit dieser Keule ankam. Wenn er wüsste, was das für eine Strafe wäre, würde er diesen Teufel wohl öfter an die Wand malen.

Natürlich ließ auch der Anruf von Kirsten nicht lange auf sich warten. Am gleichen Abend bin ich einfach nicht drangegangen. Wozu gibt es schließlich Funklöcher, frage ich Sie? Spandau liegt fast schon in Brandenburg, und Brandenburg besteht zu je einem Drittel aus Spargelfeldern, Kiefernwäldern und Funklöchern. Aber am nächsten Tag dachte ich mir: »Renate, bring es hinter dich. Nicht, dass die noch ihre Viecher einpackt und sich mit ihrer Donnerkiste auf den Weg macht.« Ich sagte nur: »Hallo mein Kind«, stellte den Apparat auf Freisprechen und legte den Hörer auf den Tisch. Dann holte ich mir Wischwasser und Lappen und machte mich an die Fenster in der Wohnstube, die hatten es wirklich nötig. Ich musste nur alle paar Minuten »Ja, Kirsten« oder »Du hast ja recht« von der Leiter rufen, das genügte. Wissen Se, es ist ja doch immer dasselbe, was Kirsten erzählt. Vorwürfe, Blödsinn und Drohungen. Heim, Entmündigung und solche Dinge. Ich höre da gar nicht mehr hin, und sie erwartet nicht, dass ich mich groß äußere. Ihr reicht, dass sie sich ihren Ärger von der Seele reden kann. Ich holte sogar den Thermalmischer, die teure Kochmaschine von Kirsten, und stellte sie auf den Wohnzimmertisch. Ich habe bis heute keine wirklich sinnvolle Verwendung für den Bottich gefunden, jedenfalls nichts, was ich nicht mit meiner Blechreibe auch erledigen könnte. Aber das Ding ist prima, um Wischwasser warm zu halten. Man stellt die Maschine auf 40 Grad und kann in Ruhe und gründlich die Rahmen schrubben, ohne dass das Wasser kalt wird.

Nach einer guten halben Stunde näherte sich unser Gespräch dem Ende, denn Kirsten begann, langsamer zu reden, und fragte, ob ich den Thermomenger fleißig benutzte. Das fragt sie in jedem Telefonat gegen Ende, das machte mir Hoffnung, dass sie bald auflegen würde. Ich konnte das bestätigen, ohne dass es eine Lüge war. So war das auch erledigt, ich hatte ungefähr fünf oder sechs Mal »Du hast ja recht, mein Kind« gesagt und derweil das Panoramafenster geputzt. Streifenfrei reine war das! Es ist ja ein Unterschied, ob man Fenster nur abwischt oder richtig putzt. Ich mache sehr gern bei Sonnenaufgang einen Spaziergang durch den Kiez. Wenn die Sonne auf die Scheiben scheint, sieht man am besten, wer die Fenster gründlich säubert, wer sie nur schluderig abwischt und wer sie gar überhaupt nicht putzt. Ja, auch wenn Sie da ungläubig gucken, muss ich Ihnen sagen: Solche liederlichen Leute gibt es.

Kirsten und Stefan hatten sich also auf- und wieder abgeregt, und ich dachte, nun wäre alles überstanden, aber da hatte ich mich verrechnet.

Die Zeitung schrieb über uns, denken Se sich das nur! Die Pressestelle von der Polizei hatte nämlich gemeint, wir wären ein Musterbeispiel für Zivilcourage. Wenn man von ein paar Eskapaden mal absah, hätten wir uns vorbildlich benommen (wenn die wüssten, dass wir uns die mit dem vorgetäuschten Leichenfund vom Leib gehalten hatten, hihi!) und wären ein Idol für andere alte Leute. Fotografiert haben se uns, denken Se sich das mal. Ilse ließ Kurt sogar seinen guten Anzug für das Bild anziehen, der, in dem er mal beerdigt werden soll. Den Quatsch mit der Urne hat sie ihm erfolgreich ausgeredet. Jonas hat für sich und den Opa zwei Karten besorgt; wenn die Bayern das nächste Mal in Berlin spielen, gehen die beiden hin. Dafür steigt Kurt wie geplant mit in das Familiengrab, wenn er mal abberufen wird. Ilse ist sehr erleichtert, kann ich Ihnen sagen!

Ilse geht ja immer damenhaft, fein und elegant gekleidet. Sie wirkte lange auf Gertrud ein, dass die was Vorzeigbares trug, und verhinderte im letzten Moment die blau geblümte Kittelschürze. Da ich – es war schließlich Herbst und schon empfindlich kühl – mein Tweedkostüm trug, wollte es der Zufall, dass wir alle drei wie alte englische Ladys aussahen. Das Foto wurde wirklich schön, und der Redakteur schrieb drunter »SOKO 4711 greift durch – Spandauer Detektivquartett legt Enkeltrick-Betrügern das Handwerk«. Sie ahnen ja nicht, was wir gelacht haben! Ich habe den Artikel selbstverständlich auch Kirsten geschickt, und sogar die freute sich. Sie sagte: »Wenn der Rottweiler jetzt noch ein Collie wäre, könnte der als Lassie durchgehen.« Das ließ mich ja schon wieder den Kopf schütteln. Also, Norbert ist viel, da ist Deutsche Dogge drin, Dobermann und auch Terrier, aber kein Rottweiler. Und die verdient ihr Geld mit Kleintiertherapien, ich bitte Sie, das darf man wirklich keinem erzählen.

Das zog dann richtiggehend Kreise, sage ich Ihnen. Erst war es die Lokalzeitung, und eine Woche später meldete sich sogar das Fernsehen. Sie machten einen Bericht, und wir wurden befragt. Da hätten Se die Meiser mal sehen sollen am nächsten Morgen, ganz freundlich gegrüßt hat sie mich und »Frau Bergmann, Sie sind ja eine Berühmtheit« gesagt. Es kam sogar ein Brief von »Aktenstapel XY«, dass man uns für den Bürgerpreis nomen... vorschlagen will. Da blieb mir die Spucke weg, denken Se sich das nur! Also, wenn das klappt und wir zum Eislaufrudi fahren, das wäre ja was! Ich werde Sie auf jeden Fall auf dem Laufenden halten, das verspreche ich. Noch ist nichts entschieden, wir sind erst mal nur nummeriert.

Aber das ist im Grunde ja alles nicht wichtig. Wichtig ist, dass wir die Verbrecher aufs Kreuz legen und dingfest machen konnten.

Man darf sich da nichts vormachen, wenn man einen von denen aus dem Verkehr zieht, kommen drei andere nach. Wir haben bestimmt nicht den Kopf der Bande erwischt, sondern nur ein kleines Licht, aber immerhin haben wir was getan! Wenn jeder ein bisschen aufpasst, nicht wegguckt, wenn der andere übervorteilt wird, und ein kleines bisschen Courage zeigt, kann man schon was bewegen.

Gertrud und ich sind selbstredend bei der Gerichtsverhandlung gewesen. Die beiden Madams, die wir geschnappt haben und die gleich vor Ort verhaftet wurden, haben die Kriminalisten ordentlich in die Mangel genommen und ihnen die Hölle heißgemacht. Wie sie es angestellt haben, weiß ich natürlich nicht, aber die haben ganz schnell ihre Ganovenehre vergessen und ausgepackt. Es war ein großer Prozess mit acht Angeklagten. Ich musste als Zeugin der Anklage sogar vor dem Richter aussagen, und da Gertrud alles bestätigte, bekamen die Gängster zwischen vier und sechs Jahre. OHNE BEWÄHRUNG! Nun wird die Jennifer einmal im Monat von Gertruds Coiffeurin frisiert, das kommt noch auf die Strafe obendrauf, hihi.

Dass die uns auszeichneten und durch die Presse zerrten, ja, das war gut. So haben viele Menschen von dem Fall erfahren und passen nun vielleicht ein bisschen besser auf. Aber das reichte uns nicht. Lassen Se den ollen Kommissar auch eine Schlafmütze sein, Erfahrung hatte er. Man muss immer die positiven Seiten sehen und die fördern, das ist bei alten Knorrern genauso wie bei kleinen Kindern. Den Lamprecht durfte man nicht einfach von seinem Schreibtisch in den Fernsehsessel wechseln lassen, wenn er pensioniert wurde. Es wäre doch ein Jammer, wenn sein Wissen einfach so vor sich hin siechen würde! Ich finde, man muss die älteren Leute viel mehr mit einbinden, ohne sie wie alte Leute zu behandeln. Ich schlug vor, gemeinsam Vorträge im Seniorenverein zu halten. Seniorenverein, merken Se? Nicht Rentnerclub. Ich habe das mit Absicht geschrieben, weil wir auch Wilma Kuckert dabeihaben. Lassen Se die sein, wie sie will – als Witwe eines Rechtsanwalts macht sie bei den Vorträgen immer eine Menge Eindruck auf die älteren Herrschaften. Sicher, sie hat nicht den Hauch einer Ahnung von diesen Dingen, aber sie macht eben was her. Die Kuckertsche ist übrigens ganz angetan vom Neupensionär Lamprecht, was meinen Se, was Gertrud da für eine Konkurrenz erwächst. Aber ich will nicht abschweifen, ich höre schon das Fräulein vom Verlag. »Nicht so viele Nebentatorte, Frau Bergmann, und keine Schleifen. Bleiben Sie bei Ihrem Fall und kommen Sie langsam zum Schluss«, sagt se immer. Wie dem auch sei: Wir geben Tipps, wie man sich vor Halunken schützt, die einem ans Ersparte wollen – oder vor Taschendieben, Sittenstrolchen und anderen Rabauken.

Ja, so machen wir das jetzt. Gertrud, Ilse und Kurt sind selbstverständlich mit im Boot. Gemeinsam mit Kommissar Lamprecht ziehen wir durch die Altenvereine und Seniorenheime und helfen da beim Aufklären mit. Also, jetzt nicht, was Sie denken, nichts mit Blümchen und Bienchen. Nee, wir wollen den Alten die Augen öffnen und ihnen Hinweise geben, wie sie sich verhalten sollen, wenn fremde Leute anrufen und ihnen an die Schatulle wollen. Wir müssen da nicht alle immer mit, das geht ja auch gar nicht. Man hat schließlich sein Tun, nicht wahr? Es reicht, wenn der Lamprecht immer einen oder zwei von uns dabeihat, die anschaulich berichten, was uns widerfahren ist und wie wir uns gewehrt haben.

Gertrud dürfen wir allerdings nicht noch mal allein mit dem Kommissar loslassen; nicht nur, dass die dann wieder die Blusenknöpfe aufmacht und am Ende noch eine Anzeige wegen Belästigung einer Amtsperson – wenn auch im Ruhestand – bekommt, nein, die schmückt die Geschichte immer so aus, dass es klingt wie James Bunt. Gertrud rundet die Summen auf ein paar Millionen auf, erfindet einen Schusswechsel und erzählt ausschweifend von Liebesnächten zwischen ihr und dem Kommissar ... Sie würden staunen. Wir hatten sie einmal allein mit ihm zum Frauenchor – wohlweislich nicht zum Männerchor! – geschickt. Der Lamprecht rief mich danach an und war sehr aufgebracht. Sie hat wohl so dick aufgetragen, dass sie am Ende sogar Autogramme geben musste und die Leute Selfies mit »Norbert, dem Hundedetektiv« gemacht haben. Sie hatte erzählt, Norbert hätte Leute aus brennenden Häusern gerettet und sie höchstpersönlich hätte die Verbrecher am Ende mit ihrem Büstenhalter an den Stuhl gefesselt, bis die Polizei kam. Dabei würde der Hund, wenn er überhaupt eine Fährte fände, die Ermittlertruppe bestenfalls zum Fleischer führen, wo Gertrud immer seine Lieblingsknochen kauft. Jetzt fährt immer einer von uns mit Gertrud mit und hält sie im Zaum.

Ja, so kommen wir viel rum und haben schon ein paar Dutzend Vorträge gehalten mit dem Herrn Lamprecht. Wenn wir nur einen Betrugsfall verhindern, haben wir mehr erreicht als alle Folgen »Tatort« zusammen!

Renate Bergmann

Das Dach muss vor dem Winter drauf

Die **Online**-Omi baut ein Haus

Weltbild

Sehen Se, jetzt kennen Se alle meine Leutchen von den Zettelchen hinten und vorne her, aber mich, mich kennen Se vielleicht noch nich. Na, Sie werden mich kennenlernen, hihi. Mein Name ist Renate Bergmann, ich bin 82 Jahre alt, eine geborene Strelemann, und ich lebe in Berlin. Sicher, in Spandau, aber man kann es drehen und wenden, wie man will, es bleibt doch Berlin. Sehen Se, jetzt hätte ich fast vergessen zu schreiben, dass ich zwar alleinstehend, aber in meinem Leben ganze viermal verheiratet gewesen bin.

Bevor ich was vergesse, denke ich immer noch bei mir: »Renate, das musst du dir merken!« Später erinnere ich mich noch daran, dass ich mir was merken wollte, aber was es war, fällt mir beim besten Willen nicht mehr ein. Kennen Sie das? Ach, es ist ein Jammer. Kaum hat man im Kopp alles so weit beisammen, dass man denkt, man versteht ein bisschen was vom Leben, fängt man an zu vergessen. Und das Schlimme ist ja, dass ich als ältere Frau das nicht mal zugeben darf. Was meinen Sie, was dann los ist. Da fangen alle an sich zu kümmern und auf einen aufzupassen. Wenn Sie als jüngerer Mensch beispielsweise mal die Kartoffeln anbrennen lassen, was passiert da schon groß? Sie weichen das Malheur schön ein, setzen neue auf und fertig ist die Laube. Es wird kurz gelacht, vielleicht macht die Nachbarin oder der Ehemann noch einen kleinen Witz mit »Brandenburg«, aber dann ist es auch vergessen. Und mit ein bisschen Geschick kriegen Se den Topf sogar wieder reine. Was meinen Se aber, was los ist, wenn Ihnen das mit über 80 passiert?

Letzten Herbst war es bei mir so weit, ich hatte die Salzkartoffeln angesetzt – drei für Stefan, je zwei für Ariane und mich, eine für die kleine Lisbeth, na, und noch fünf für den Topf, da läutete es. Gerda Wichelsbach war da. Gerda bringt mir immer altbackene Brötchen, aus denen ich mit dem Höllenmischer von meiner Tochter Kirsten Semmelmehl reibe. Das macht ja heute auch fast keiner mehr, lieber wird alles weggeschmissen und für teures Geld Brösel angeschafft. Gerda selbst wohnt bei ihrer Tochter, die »diese Schweinerei nicht in der Küche haben will«. Na ja, und wie das so ist, wenn man sich ein Weilchen nicht gesehen hat ... wir wechselten ein paar Worte, Gerda berichtete, dass Schwester Sabine den Führerschein wegen Trunkenheit am Steuer losgeworden war (denken Se sich das mal!), und so gab ein Wort das andere und wir vergaßen die Zeit. Gerdas Tochter, die sie gebracht hatte, hupte schon wie eine Wilde und deutete auf ihre Armbanduhr, und so verabschiedeten wir uns nach kaum einer Dreiviertelstunde. Wie ich wieder in meine Wohnung hochkomme, war da schon überall Rauch. Du liebe Zeit! Angebrannte Kartoffeln stinken wirklich fürchterlich. Ich hatte kaum das Fenster aufgemacht und kaltes Wasser über das Desaster laufen lassen, da ging es schon los. Die Meiser war die Erste aus meinem Haus. Sturm hat se geklingelt und wie eine Furie an die Wohnungstür getrommelt. Als ich an der Türe war, drückte sie mich wie ein Sonderkommando der Brandlöschmeister gegen die Wand, rannte durch den Flur in die Küche, und noch ehe ich die Tür hätte zumachen können, stand auch schon die Berber im Korridor. Die kaute noch, sie war wohl direkt vom Mittagstisch aufgesprungen. Obwohl, die kaut eigentlich immer, das hat im Grunde nichts zu bedeuten. Jedenfalls legten sie nun beide los. Zusammen pusteten die sich auf wie Frösche zu Elefanten. Nee, Mäuse. Sie wissen schon. Was musste ich mir alles anhören! Es hätte sonst was passieren können, das ganze Haus abbrennen, dann wären wir alle obdachlos und müssten auf einer Liege in der Turnhalle kampieren, legte die Berber los. Ich wollte mir das gar nicht vorstellen, wissen Se: Hat man es denn nicht schon schwer genug, wenn man abgebrannt ist und ohne Dach über dem Kopf dasteht? Muss man die Leute auch noch auf Klappliegen in einer Turnhalle schlafen lassen? Was sollen die denn da? Geräteturnen machen? Wenn man nachts hochschnellt, stößt man sich noch den Kopf am Schwebebalken! Hinzu kommt, dass die Berber schnarcht. Die hört man des Nachts über zwei Etagen den Wald zersägen. Um das zu wissen, muss man gar nicht an der Tür gelauscht haben.

Nee, aber wenn die Kartoffeln anbrennen, bringt es einen auch zum Grübeln. Dereinst geht es nicht mehr alleine und man wird auf Hilfe angewiesen sein. Es muss ja nicht gleich ein Heim sein, aber doch jemand, der mal guckt, ob man auch den Herd abgestellt und alle Überweisungsscheine ausgefüllt hat. Da ist man ja noch lange kein Pflegefall, man fühlt sich nur wohler, wenn man weiß, es schaut dann und wann jemand bei einem rein und man ist nicht allein.

Aber wer sollte das sein? Zuerst kommt einem da natürlich das eigene Kind, meine Tochter Kirsten, in den Sinn. Aber die wohnt weit weg, und ich kann nicht sagen, dass das schade ist. Warten Se nur ab, Sie werden noch verstehen, warum. Familie ist aber heutzutage nicht nur, wer im Stammbaum steht, sondern vielmehr, wer im Herzen wohnt. Also, Freunde und liebgewonnene Bekannte. Da muss man auch mal durchgehen, wer in Frage käme. Nun sage ich Ihnen ganz ehrlich, meine Freundinnen Ilse und Gertrud sind mein Jahrgang. Und Kurt, der Angetraute von Ilse, hat sogar noch ein paar Lenze mehr auf dem Buckel. Auf Hilfe und Betreuung von denen zu hoffen wäre vielleicht ... etwas zu optimistisch.

Bliebe noch Stefan, was mein ... lassen Se mich überlegen ... Neffe, ja, er ist ein angeheirateter Neffenenkel oder so, ein Enkel des Bruders meines ersten Mannes Otto. Jedenfalls sagt er immer »Tante Renate« zu mir und hat eine gute und patente Frau, die Ariane. Und die kleine Lisbeth, die mir wie eine Enkeltochter ans Herz gewachsen ist! Stefan hat im Grunde heute schon ein Auge auf mich und hilft mir hier und da, wenn der Fernseher mal zickt oder sonst wie Not am Mann ist. Wie letzthin, als ich dachte, der Horst Lichter ist auf der Sonnenbank verkohlt, aber da war ich nur mit dem Staublappen auf den Knopp mit der Farbe gekommen und habe es verstellt. Stefan hat es wieder gerichtet und auch gleich das Händi kontrolliert. Er löscht immer alle möglichen Nachrichten, wenn Herren mir schreiben, dass ich in Nigeria geerbt habe oder dass ich Viagra kaufen soll. Nee, der Stefan ist ein Guter und kommt fast jede Woche vorbei. Aber er wohnt eben auch eine halbe Stunde Fahrtweg weg. Wie schön wäre es doch, wenn man dichter beisammen wäre!

Ja, solche Gedanken kommen einem im Alter. Während ich grübelnd darüber nachsann, ahnte ich noch nicht, wie sich alles bald fügen sollte, Stein für Stein.

**GUT GEPLANT IST HALB GEBAUT.
ODER WAR ES ANDERSRUM?**

Ariane hat den Apfel weggeschmissen, nur weil er ein bisschen schrumpelig war. Der ist doch noch gut, den kann man doch noch essen! Wenn ich in den Spiegel gucke, kriege ich richtig Angst, was sie wohl mit mir macht.

Wissen Se, das Leben ist schon ein Schlawiner: Immer, wenn man denkt, nun ist alles in geordneten Bahnen, passiert was und stellt alles auf den Kopf.

Kaum war ich den Tach zur Tür rein, hatte Katerle versorgt und mich an den Küchentisch gesetzt, um die Post durchzugucken, ging die Türglocke. Es waren Stefan und Ariane, was mich sogleich stutzig machte. Ariane kommt sonst nur mit zu mir, wenn es unbedingt nottut. Sie hat immer Angst, dass sie die Schürze umbinden muss und Haushaltskniffe beigebracht kriegt, das ungeschickte Ding. (Nötig wäre es!)

Deshalb kommt Stefan meist allein zu mir. Ariane putzt lieber weiter bei Sonnenschein die Fenster und ärgert sich hinterher über die Schlieren. Jetzt war se aber mit, nur die Lisbeth hatten sie nicht dabei. Ach, das Kind ist jetzt in einem Alter, wo es jeden Tag was Neues lernt und auch viele Dummheiten macht. Als sie »Heidi« im Fernsehen gesehen hat, war sie ganz interessiert, wie der Geißenpeter da die Zicklein gemolken hat. Das wollte sie dann an Norbert, dem Hund meiner Freundin Gertrud, auch ausprobieren, was dem aber gar nicht gefiel. Es gab heftiges Gekläff und ein paar Tränen. Norbert ist ein Junge, wissen Se. Bei

Hunden heißen die Jungs ja Rüde. Das hat die Lisbeth sich aber auch nicht richtig gemerkt und nennt ihn »Rüdiger«. Was haben wir gelacht! Gertrud sagt im Spaß jetzt auch manchmal Rüdiger zu dem Tier. Er hört schon fast besser darauf, als er es bei »Norbert« je getan hat!

»Lisbeth ist bei Madlääään«, erklärte mir Ariane sogleich. Madlääään ist die Nachbarin von Stefan und Ariane. Die guckt immer so miesepetrig. Bei der traut sich morgens nicht mal der Kaffee aus der Kanne. Sie kauft ihren Mokka, so hat sie mir das jedenfalls mal erklärt, nur vergehandelt und ist deshalb völlig übersäuert. So was überträgt sich doch auf das Kind! Ich sah es nicht gern, dass die Kleine bei dieser verkniffenen Person war, aber »sie kann ja nicht nur von alten Tanten erzogen werden«, wie Ariane deutlich machte. Sie war ein bisschen blass um die Nase.

Es schien also was Ernstes zu besprechen zu geben.

»Tante Renate, komm, nun setz dich erst mal hin«, begann Stefan das Gespräch.

Nanu.

Den Satz kannte ich doch, den hatte er doch schon mal zu mir gesagt! Ich grübelte. Kennen Se dieses Gefühl, wenn etwas passiert und die Situation drum herum ist insgesamt wie Schluckauf, dass man sich nur immer und immer wieder denkt: »Nanu, das habe ich doch schon mal erlebt«? Der Franzose sagt Déjà-vu, glaube ich. Und ich ... ach du Schreck.

Ja, ich erinnerte mich genau. Es war damals, als der Stefan die Ariane frisch als Freundin hatte und die schon nach ein paar Wochen die kleine Lisbeth unter dem Herzen trug.

Ich lugte aus den Augenwinkeln rüber zu Ariane, und als ich sah, wie ihr so ein Zucken über das Gesicht huschte, na, da wusste ich Bescheid. Da flitzte sie auch schon los. Es war nämlich kein Magenflattern, sondern die Schwangerschaftsübelkeit, unter der sie wieder ganz furchtbar litt. Das arme Ding! Das ist wie bei der Prinzessin Kät von England, der Frau vom William, wissen Se? Die hat auch bei jedem Kind solche Probleme mit dem Thema. Immer muss sie alle Termine absagen, und der William kann zusehen, wie er allein mit den Kindern und dem Händeschütteln und Winken klarkommt.

»Ihr zwei seid mir welche. Meinen herzlichsten Glückwunsch! Wann ist es denn so weit?«

Die Schwangerschaft war noch ganz frisch. Es war noch in der Phase, wo man nur im ganz kleinen Kreis innerhalb der Familie darüber spricht und es noch nicht offiziell bekanntgibt. Mich freute das natürlich, die beiden sind jung und voller Energie, da sollen sie Kinder kriegen. Jetzt haben sie noch die Nerven und die Kraft, ihrer Herr zu werden. Ich fragte mich aber doch, ob es wohl so geplant war. Bestimmt. Heutzutage hatten die jungen Leute doch alle Möglichkeiten, das ein bisschen zu steuern. Kaum sind se 14, rennen se zum Frauenarzt und wollen die Pille, und diese Gummitütchen hängen auch in jeder Kaufhalle am Ständer vor der Kasse. Ich weiß das, ich habe acht Päckchen zu Hause. Wie oft habe ich mich schon vergriffen, wenn ich Batterien oder Streichhölzer wollte. Das ist aber auch immer eine Hektik beim Bezahlen, nee! Von hinten schieben se einem schon den Einkaufswagen in den Hacken, und vorne plärrt die Kassiererin »Vierundzwanzig

zwanzig«, während man noch die Punktekarte sucht. Und ehe man die Streichhölzer gefunden hat, hat man wieder diesen Schweinkram erwischt.

Nee, wirklich, man kann das heutzutage so viel besser planen als wir damals. Da musste ein »Nein, Otto, heute nicht« reichen. Es gibt jetzt sogar Äppse für den Händi, wo die Frauen Tagebuch über ... also, die können das da alles eintragen. Ich weiß das, Stefan hat mir das gezeigt. Ich war sehr verwundert, aber er sagt, er führt das für seine Kolleginnen ein bisschen mit und weiß so schon immer im Voraus, wann welche schlechte Laune hat.

»Wünscht ihr euch denn einen Jungen oder wieder ein Mädchen?«, erkundigte ich mich, nachdem ich aufs herzlichste gratuliert und einen Korn zum Anstoßen geholt hatte. Für Ariane gab es ... Wasser.

Wissen Se, im Prinzip ist das ja egal. »Hauptsache, gesund«, sage ich immer. Aber so ein kleines Pärchen, ach, das wäre schon schön! Und ein Stammhalter in der Familie ... wobei das ja dieser Tage keine Rolle mehr spielt. Heute sind doch alle so gleichberechtigt, dass man schon Ärger kriegt, wenn man was ohne »-innen« sagt oder schreibt. Das nimmt aber Auswüchse an, die schon wunderlich sind. Bei uns in der Kaufhalle haben sie abgepacktes Hähnchenfleisch, auf dem vorne »Hähncheninnenfilets« steht. Ich bitte Sie, das ist doch Blödsinn. Da kann man doch »Hühnchenfilets« schreiben und gut. Mir ist es im Grunde genommen auch ganz egal, ob es Hähnchen- oder Hühnchenfleisch ist, Hauptsache, es ist zart und lässt nicht zu viel Wasser aus beim Braten. Beim Sport reden se auch immer so einen Quatsch, wie neulich, beim Schwimmen, als die Staffel dran war: »Die Französin ist gut angeschwommen, aber ihre Landsmänninnen konnten hintenraus das Tempo nicht halten.« Statt dass der Landsfrau sagt, verrenkt der sich die Zunge, der olle Plapperkopp am Mikrophon. Das ist bestimmt so einer, der auch Hähncheninnenfilets isst!

Na ja. Wie dem auch sei. Wir hatten also eine Situation, in der Renate Bergmann den Dienstags-Tanztee mit den Witwen erst mal aufschieben musste. Familie geht schließlich vor, und auch, wenn man sich nicht einmischen und den jungen Leuten reinreden darf, war es doch an mir, ein paar Denkanstöße zu geben.

Es ist manchmal gar nicht verkehrt, wenn man sich mal verläuft. Beim Suchen nach dem richtigen Weg zurück entdeckt man oft spannende Pfade.

Man musste gut überlegen, wie es weitergeht. Stefan und Ariane wohnten zur Miete, genau wie ich, aber nicht in Spandau, sondern ein Stückchen rein nach Mitte hin. Im Wedding. Sie haben zwei Zimmer und eine kleine Kammer, in der das Kind schläft. Die Kammer kann man nicht als Zimmer rechnen, so klein ist die. Eine Küche haben sie natürlich auch – in der bleibt der Herd zwar meist kalt, aber das ist jetzt nicht das Thema. Und Badestube und Spültoilette innen. Nicht, dass Se denken, die müssen auf den Hof oder die halbe Treppe runter, nee, so ist es nicht mehr. Aber es ist doch recht beengt und nicht sehr schön. Im Grunde wohnen sie nicht viel anders als Otto, mein erster Mann, und ich seinerzeit in Moabit. Das ist ganz dichte bei. Wenn ich Stefan und Ariane besuche und ein bisschen vor der Zeit bin, bummele ich da ab und an vorbei. Dann kommen die Erinnerungen wieder hoch: Hinterhaus, zwei Treppen hoch, zur Untermiete bei Mutter Vettschau. Da haben wir gewohnt. Nur war bei uns die Toilette auf dem Hof, und gebadet haben wir am Sonnabend in der Zinkwanne im Waschkeller. Mutter Vettschau hat die Miete immer im Voraus kassiert, in bar, und ließ sie in der Schürzentasche verschwinden. Ständig wollte sie mehr, das war damals nicht anders als heute.

Ja, ist doch wahr, die Mieten werden jedes Jahr teurer, Sie ahnen ja nicht, was die einem abknöpfen mittlerweile! Und gerade in Berlin wird es immer verrückter. Wedding war früher ein Arbeiterviertel. Es war nie prächtig und schick, sondern schmuddelig und primitiv. Aber da es überall teurer wird, ziehen die jungen Leute dahin, wo die Preise noch halbwegs annehmbar sind. Das hat dann zur Folge, dass die Preise auch da immer mehr ins Unverschämte steigen. Mittlerweile gibt es in der Straße von Stefan und Ariane vier Läden, wo man Mackiatolatte kriegt. Aber Kurzwaren und Handarbeitsbedarf? Fehlanzeige! Letzthin haben da auch zwei Freundinnen von meiner Kirsten, die eben etwas ero... esoterisch unterwegs ist, eine Praxis eröffnet, in der sie beim »Finden der Mitte« helfen. Dabei ist Mitte nun wirklich nicht weit von Wedding, man kann den Fernsehturm schon sehen!

Da macht sich aber auch kein Politiker richtig Gedanken drüber, wie man das Problem mit dem Wohnen lösen kann. Es muss doch wohl möglich sein, dass man genügend bezahlbare Behausungen für alle hat; ich bitte Sie, der Krieg ist doch nun wirklich lange her. Neulich hat eine im Fernsehen gemurmelt, der »demographische Wandel« wäre schuld. Auf Deutsch: wir Alten. Eine Frechheit. Das sollte se mir mal ins Gesicht sagen, die würde mich aber kennenlernen! Früher haben wir gesagt »die Alten leben immer länger« und fertig war. Das kam ja schon bald nach dem Krieg auf, dass jeder Tabletten für den Blutdruck nahm und dass es nichts Besonderes mehr war, wenn einer im Dorf gut über den 80er drüber kam. Heute ist es schon fast der Normalfall. Nur tut man fein und nennt es »demographischen Wandel«. Das Problem wäre aber lange nicht gelöst, wenn se uns Omas und Opas kurzhielten mit den Tabletten und »der da oben« uns wieder früher heimriefe. Es wachsen nämlich auch nicht mehr so viele Junge nach wie zu meiner Zeit! Das liegt nun aber auch am Fernsehprogramm, da kann mir einer erzählen, was er will. Früher gab es drei Programme. Kurz vor Geisterstunde kam der Kuhlenkampf mit den Nachtgedanken, die Nationalhymne wurde gespielt, und dann war bis nächsten Mittag Schluss. Testbild. Ja, was blieb den Leuten denn da übrig, als ins Bett zu gehen? Zum Lesen war es zu dunkel, also hat man ... man hat was für die Bevölkerungsentwicklung getan. Jawoll! Achten Se mal drauf, wie viele Leute Anfang/Mitte September Geburtstag haben, und rechnen Se neun Monate zurück. Das ist die Weihnachtszeit. Da wissen Se Bescheid, was die Eltern da gemacht haben! Da hatte man mal Gelegenheit für so was, nicht wahr?

»Habt ihr euch denn schon Gedanken gemacht, wo ihr wohnen wollt, Stefan?«, fragte ich.

»Na ja, so beengt wohnen geht auf Dauer natürlich nicht mit zwei Kindern. Wir müssen gucken, wo wir was Größeres finden. Aber die Mieten ...«

Ariane blies die Backen auf. Sie hatte im Onlein schon rumgestöbert, und ihr war fast das Herz stehengeblieben, sagte se. Es würde nicht leicht werden, aber sie »wäre dran« und hätte auch schon selbst eine Suchanzeige aufgegeben und mit einem Makler gesprochen.

»Es wird sich schon fügen, Tante Renate. Uns drängt ja

erst mal nichts, Lisbeth ist untergebracht, und das Kleine kann die ersten Monate auch bei uns schlafen.« Das kann ich gut leiden an Ariane, wissen Se. Sie ist sehr patent und macht immer das Beste aus der Situation. Eine gute Frau hat sich der Stefan da ausgesucht, auch, wenn sie fertigen Kloßteig kauft.

Ariane bat mich noch, Augen und Ohren offen zu halten. »In deinem Bekanntenkreis wird doch vielleicht hier und da mal was frei, Tante Renate. Einer geht ins Altenheim oder ... geht ganz ... plötzlich heim.« Sie versuchte, pietätvoll zu bleiben. Ich sage Ihnen, das ist nicht bei allen der Fall. Es gibt auch richtig schlimme Gangster, die da Schindluder mit treiben. Denken Se sich nur, als Richard Hacksmann von uns gegangen ist, bekam seine Ursel zwei Tage, nachdem die Sterbeanzeige im Kurier war, eine Mahnung von einem Sexversand. Richard soll angeblich unanständigen Kram für bald 150 Euro gekauft haben, und nun bitte man doch, dass das diskret bezahlt und aus der Welt geschafft wird. Ursel war zum Glück helle und hat den Schriebs gleich ins Feuer geschmissen. Richard war nämlich seit zwei Jahren bettlägerig und konnte gar nicht im Schweinskramkatalog geblättert haben. Irgendwelche Halunken haben da die Anzeigen durchgeguckt und einfach Mahnbriefe verschickt. Eine Frechheit ist das, als ob man in so einem Moment nicht schon Gram genug hat. Aber wie viele überweisen in einer solchen Verlustsituation, wo man ja unter Schock steht, aus Scham? Nee, es ist eine Unverschämtheit! Na ja, aber was wollte ich eigentlich sagen?

Ach ja. Seit neuestem telefonieren die Wohnungssuchenden in Berlin nicht mehr nur die Wohnungsanzeigen ab, sondern auch die Traueranzeigen. Das ist vielleicht nicht sehr rücksichtsvoll den Angehörigen gegenüber, aber auch nicht dumm. Hin und wieder fügen sich da die Interessen gut zusammen: Die Kinder von der ollen Kneckemann, die nie gegrüßt und das Bein so nachgezogen hat, die haben die Wohnung – wie sie war! – an die Nachmieter übergeben und konnten sich die Sperrmüllabfuhr und das Malern sparen. »Winwinwinsituation«, hat Stefan gemurmelt, und dass er da auch zugreifen würde. Darauf spielte Ariane an. Warum sollten die jungen Leute auch nicht von meinen ausgezeichneten Kontakten profitieren? Ich versprach, mich umzuhören, und stieß mit Stefan erst mal an. Wir mussten das alles ja auch nicht gleich heute entscheiden, das Baby war ja gerade frisch angesetzt, sozusagen. »Kommt Zeit, kommt Rat«, hat Oma Strelemann schon immer gesagt. Ich verabschiedete die jungen Leute und mahnte Stefan, darauf zu achten, dass Ariane sich schont.

Ich wäre aber nicht Renate Bergmann, hätte ich nicht schon eine Idee im Sinn gehabt. Ha!

Bevor ich zu Bett gehe, hänge ich immer noch die Bilder meiner verstorbenen Männer ab. Es wäre mir unangenehm, würden die mich ohne Zähne sehen.

Damit Se verstehen, welche Idee ich da hatte, muss ich Ihnen (kurz!) von Franz erzählen. Franz war meine dritte standesamtliche Zuteilung – und ein Fehlgriff ins Gatten-Regal.

Es ist traurig, aber wahr: Die Jugend wird an die Jungen verschwendet. Ach, wenn wir Alten noch ein paar unserer frühen Tage hätten, wir könnten doch etwas viel Klügeres damit anfangen! Aber es wird wohl schon richtig so sein, die Jugend gehört gedankenlos verschwendet. »Lebt«, sage ich den jungen Leuten immer, »lebt, genießt und schwelgt. Es wird noch früh genug beschwerlich, und dann hat man nur noch Erinnerungen.«

Wissen Se, ich will gar nicht noch mal jung sein. Was habe ich für Fehler begangen, Himmel, nee! Und Franz war nur einer davon. Es hat aber gar keinen Sinn, darüber nachzugrübeln. Die Lektionen sind gelernt, und nun lebe ich im Hier, Jetzt und Heute. Die Zeit, die mir noch bleibt, ist knapp genug. Die werde ich doch nicht damit vergeuden, über vergangene Tage zu jammern. Aber WENN ich noch mal jung wäre, ha, meinen Franz würde ich vor die Tür setzen. Mindestens!

Seinerzeit war das noch nicht so mit Emanzipation und solchen Dingen. Wenn man als Frau da gemerkt hat, dass der Mann fremd... also, es mit der Treue nicht so genau nahm, dann weinte man ins Kissen und wartete, bis er starb. Eine Renate Bergmann, damals noch verheiratete Hilbert, war ihrer Zeit aber ein bisschen voraus und weinte zumindest nicht (nur). Als ich merkte, dass der Franz sich mit Possiermädchen vergnügte, ließ ich ihn auf der Couch nächtigen. Nicht mal geleugnet hat der Hallodri das! »Ehe ist etwas so Schwieriges, dass man drei Leute braucht, damit sie funktioniert«, sagte er nur und lächelte. Das war das letzte Mal, dass der gelächelt hat, das sage ich Ihnen aber. Dem habe ich das Leben ungemütlich gemacht. Die Schlafzimmertür war von da an immer abgeschlossen und für ihn tabu. Da kam der nicht mehr durch. Nee, nee.

Wissen Se, ich war ja als Schaffnerin im D-Zug oft lange weg. Heute würde man wohl sagen, dass wir von da an eine Wohngemeinschaft hatten. Wir lebten zusammen, aber getrennt von Tisch und Bett. Wie die jungen Leute bei mir im Haus: ein Mädchelchen und zwei Herren, die alle was studieren und sich eine Wohnung und die Miete teilen. Jeder schläft in seinem Zimmer, und ab und an kochen sie gemeinsam, aber im Grunde geht jeder seiner Wege. So hielt ich es mit Franz auch, seit ich dem verdorbenen Fremdgänger draufgekommen war. Der olle Zausel durfte auf dem Küchensofa schlafen und seine Sachen in der Anbauwand verwahren. Und damit war der noch gut bedient! Ich machte sogar weiter seine Wäsche mit, schließlich war er nach außen hin mein Mann, und die Schande, dass die Leute reden, hätte ich nicht gewollt. Wegen der Wäsche bin ich ihm auch draufgekommen; der Dussel war nämlich so unvorsichtig, mir seine Hemden in die Truhe zu werfen, die nach dem Parföng von seiner Bettgesellin rochen. Ich bitte Sie, ich erkenne doch NONCHALANCE! So was Gutes hatte ich nicht, das war Westparföng. Das gab es nur im Intershop. Als ich dann sogar ein rotes langes Haar auf dem Hemd entdeckte, na, da war es aber aus. Franz hat vielleicht Augen gemacht, als er sein Plumeau auf dem Küchensofa liegen sah. Kein Wort musste ich sagen, der wusste genau, dass ich ihm auf die Schliche gekommen war. Schürzenjäger, verdammter! Was hat der über Rückenschmerzen gejammert in den Wochen danach, angeblich wegen des Küchensofas. Aber auf dem Ohr war ich taub. »Wenn es hinten weh tut, musst du vorne aufhören, du oller Bock«, das war alles, was ich ihm noch mitgab. Es ging ja auch nicht lange, kein halbes Jahr später war er mausetot. Jetzt gucken Se nich so, *ich* habe damit nichts zu tun. Mein Alibi war dicht wie eine Tresortür, stand 28 Jahre lang quer durch Berlin, wurde von bewaffneten Organen beschützt und nannte sich Mauer: Der Franz starb auf Dienstreise nach Westberlin.

Was meinen Se, wie schwierig es war, den toten Franz nach Hause zu bekommen! Was auch immer vorgefallen war, er war mein Angetrauter, und es gehörte sich doch, dass ich ihn in Ehren – so viele Ehren, wie er eben noch verdient hatte – unter die Erde brachte. Was haben die sich angestellt beim Zoll, ich sage Ihnen, so was Bockbeiniges hatte ich noch nicht erlebt. Erst hieß es, er dürfte nicht im Sarg aus Westberlin raus, sondern nur eingeäschert in der Urne. Ich bitte Sie! Denen habe ich aber was erzählt. Ich legte los und der Beamte die Ohren an. »Wenn ich ein Schwein zum Schlachter bringe«, sagte ich, »dann will ich doch zum Wursten auch zwei Hälften zurück und nicht schon fertigen Gulasch!« Das habe ich dem gesagt und noch ganz andere Sachen. Eine Renate Bergmann redet nicht lange um den heißen Brei herum, sondern Tacheles. Es ging ein Weilchen hin und her, der andere Zoll wurde hinzugezogen, und ein Herr guckte in einer Tabelle nach. Zwischen Krokussen, Feinstrumpfhosen und Autorückspiegeln fand sich nach langer Suche »Sarg«. Letztlich war vonseiten Ostberlins alles genehmigt, und nun sollten noch die Franzosen ja und amen sagen, weil es Franz im französischen Sektor dahingerafft hatte.

Da wurde es mir endgültig zu bunt. Die Zeit drängte ja auch, wissen Se, wir hatten Sommer, da musste der Kerl zügig unter die Erde!

Als Franz wieder im Osten war, hat ihm der Rachmeier, mein Haus-und-Hof-Bestatter, erst mal einen anständigen Anzug angezogen. Das rüschige Leichenhemd aus dem Westen hat er nicht anbehalten, das war ja würdelos! Das sah eher aus wie ein Taufkleid oder als wäre mein Mann einem »Käfig voller Narren« entsprungen. Aber den Sarg von drüben, den haben wir ihm gelassen. Was meinen Se, wie die Leute geguckt haben, so was Schönes hatten die meisten ollen Frauen noch nie gesehen. Massive Eiche, dunkel gebeizt und mit üppigen Beschlägen aus Messing. Sehr gediegen! Heute ist das ja Standard, da können Se für Geld ja alles kriegen, aber zu DDR-Zeiten war das wie ein Mercedes zwischen lauter Trabis. Franz wurde also begraben wie ein Staatsmann. Im Grunde völlig unverdient. Na ja.

Franz hatte es schneller von der Platte geputzt, als ich ahnen konnte, und ich stand als nun dreifache Witwe da, immer noch jung und vorzeigbar. Ich betrauerte ihn, wie es sich gehörte, räumte das Küchensofa wieder frei, gab seine Anzüge zum Roten Kreuz und trug ein halbes Jahr Schwarz, wie es der Anstand gebot. Dann war es aber auch gut.

Kaum ein paar Wochen, nachdem wir ihn in Heimaterde zur letzten Ruhe gebettet hatten, kam raus, dass er mir nicht nur die Lebensversicherung, ein hübsches Sümmchen auf dem Sparbuch und den Namen Hilbert hinterlassen hatte, sondern auch ein Grundstück in Westberlin. Du meine Güte, was meinen Se, was das wieder für Ärger mit den Behörden gab. Es ging über JAHRE hin und her! Ich durfte ja nicht reisen, das Alter hatte ich noch lange nicht. Solange man rackern konnte, war man wertvolle Arbeitskraft, aber als Rentenbezieher hätte man ruhig drüben bleiben dürfen, das hätte die Kasse geschont. Irgendwann – es war wohl schon in den 80ern, wissen Se, die Behörden arbeiteten damals schon in einem Tempo, wie eine Schildkröte krabbelt –, jedenfalls nach etlichen Jahren kam ein Wisch, der mich als Grundstückseigentümerin auswies. Das Fleckchen Erde war unbebaut, irgendwo im Niemandsland dichte bei der Mauer, am Rande von Spandau. Fragen Se mich nicht, wie Franz da drangekommen war. Ob der das selber geerbt hatte oder ob er im Westen darum gespielt hat, ich weiß es wirklich nicht.

Wirklich nicht, Sie müssen gar nicht nachbohren! Ich hatte das Grundstück auch tatsächlich vergessen, das schwöre ich Ihnen, so wahr ich hier sitze und Renate Bergmann heiße. Ich schwöre es beim Rouladenrezept von Oma Strelemann! Sie wissen ja, wie das ist, man heftet so was in den »Wichtig«-Ordner und denkt sich mit ganz schlechtem Gewissen: »Da musst du mal wieder durchräumen.« Ein-, zweimal im Jahr nimmt man ihn sich wirklich vor und blättert durch, und dann fallen einem die Wasserabrechnung von 1984, das Gesundheitszeugnis von einem der Männer oder der Garantieschein für den Föhn oder die Fernsehtruhe in die Finger, und man stellt das Ding ganz schnell wieder weg, weil es ja sein kann, dass man das noch mal braucht.

Ich bin ja auch noch umgezogen zu Walter, meinem vierten Mann, und da denkt man nun wirklich gar nicht mehr an das Vorgängermodell. Erst recht nicht bei so einem Fremdgänger und Springinsfeld! Sie werden mich verstehen, meine Damen, oder? Sicher, ich weiß, was sich gehört, selbstverständlich wird Franz bepflanzt, geharkt und begossen wie die drei anderen Herren auch, da mache ich keinerlei Unterschiede. Schon, weil ich kein Gerede will. Was würde sich Wilma Kuckert, die Anwaltswitwe, das Maul zerreißen, wenn sich rausstellen würde, dass ich Franz billigere Eisbegonien aufs Grab pflanze als Walter. Nee, da lasse ich mir nichts nachsagen!

Jetzt jedenfalls kam mir die Geschichte wieder in den Sinn, und zwar genau, als ich mit Ilse und Kurt im Koyota auf dem Rückweg vom Galle-Doktor an der Parzelle vorbeifuhr. Nicht, dass die Strecke nun direkt am Ererbten entlanggeführt hätte, aber Kurt nimmt eben nicht immer den direkten Weg. Gläsers – also, Ilse und Kurt – sind gut in Schuss für ihre Jahre. Die nehmen ihre Tabletten, essen gesund und sind sozusagen scheckheftgepflegt. Aber bei Kurts Augen können Se pflegen, soviel Sie wollen, wenn die Sehkraft erst mal im Keller ist, kriegen Se den Kerl nicht wieder zum Seeadler gepäppelt. Kurt fährt aber sachte, und Ilse und ich gucken mit auf den Verkehr. Er nimmt auch gern die Nebenstraßen, wissen Se, da hat er die Rückkopplung vom Bordstein, wenn er zu weit rüberkommt, und es scheppert nicht gleich eine Leitplanke wie auf der Autobahn. Jedenfalls fiel es mir wie Schuppen in die Suppe, als wir ... nee, sagt man das so? Von den Augen heißt es wohl. Wie auch immer, als Kurt einbog, rief Ilse gleich: »Renate, hier in der Ecke irgendwo PASS AUF, KURT, DA IST ROT! muss doch das Grundstück liegen, das dir der Franz hinterlassen hat, oder?« Das war der Augenblick, in dem der Stein ins Rollen kam. Da kam mir das Grundstück auch wieder in den Sinn.

Was, wenn wir bauen würden?

Wissen Se, Stefan und Ariane mit zwei Kindern in einer viel zu kleinen Mietwohnung – das muss doch wirklich nicht sein!

Beinahe hätte ich den jungen Leuten noch ein zweites Grundstück zur Auswahl anbieten können. Es wäre auch Spandau gewesen, noch ein bisschen größer als das von Franz und mit einem verfallenen Katen drauf. Das habe ich beim Pokern gewonnen! Aber schlussendlich kam ich nicht ins Grundbuch, weil Gretchen Görlitz tags zuvor mit den Tabletten neu eingestellt worden und daher »nicht geschäftsfähig« war. Pah! Na ja, ein Grundstück langte ja auch. Niemand kann erwarten, dass ich eine Palette von Liegenschaften zum Aussuchen in petto habe! Das eine war Glücksfall genug, Punkt.

Nee, eine Renate Bergmann ist eine Frau der Tat und fackelt nicht lange: Es lag doch auf der Hand, dass wir bauen würden! Also, ich sage jetzt »wir«, aber eigentlich meine ich natürlich die jungen Leute. Ich hatte ein Grundstück, ein bisschen Geld auf der hohen Kante, na, und Stefan und Ariane waren jung, hatten zwei kräftige Hände zum Zupacken und was Ordentliches gelernt. Alter hin oder her – wir leben in einer Zeit, wo mit 80 (oder auch knapp drüber) noch lange nicht Schluss sein muss. Der Herr Hagekorn, der nette Apotheker, den ich vor einiger Zeit auf einer Busfahrt kennengelernt habe, der ist jetzt nach Mallorca gezogen und hat sich was Altengerechtes zugelegt. Er war erst eine Zeitlang bei seinen Kindern am Tegernsee, aber die gingen ihm – so las ich es zumindest aus seinen Zeilen raus, er ist viel zu vornehm, um sich offen zu beklagen – ganz schnell auf den Kranz. Geld genug hat er ja, der olle Pillendreher, und nun liegt der den ganzen Winter über bei mildem Klima auf der Veranda, guckt aufs Meer und hört den Wellen beim Rauschen zu.

Ach, ein wunderbarer Mann ist das, der Herr Hagekorn.

Aber wissen Se, was für ihn Meeresrauschen, ist für mich Kinderlachen, und deshalb war die Vorstellung, mit den jungen Winklers hier zu bauen, ein Märchen, das wahr würde.

Mein Mallorca war Spandau!

Früher hatten wir richtigen Strom, da wurde die Heizdecke auch warm. Jetzt, mit dem Bio-Strom, muss ich auf sechs stellen und friere immer noch. AUF SECHS!

Das Grundstück liegt ein Stückchen ab von Spandau, nahe an Brandenburg ran. Das ist schon fast außerhalb, wenn man ehrlich ist. »So weit weg? Da kommt doch nicht mal der Bofrost hin!«, schimpfte Ariane. Das war natürlich totaler Quatsch. Bus und S-Bahn gehen bis hierher, und es hat auch Berliner Postleitzahl. Da kann man die Wäsche an der frischen Luft trocknen, und die Laken duften blütenrein, wenn man sie reinholt. Das können Se in Kreuzberg oder Mitte nicht. Wenn Se da ein Laken auf den Balkon hängen, kommt sofort die Polizei und erzählt einem was von nicht angemeldeter Demonstration. Arianes Meinung musste man sowieso anders einordnen, die war ja wegen der Schwangerschaft komplett durch den Wind. Nur Luft und bunte Murmeln im Kopf! Da musste eine ältere, verantwortungsbewusste und lebenserfahrene Person mit Geschmack ans Ruder (oder den Mischer, hihi), schließlich baut man nur einmal.

Ein paar Tage grübelten und rechneten die jungen Leute doch, nachdem ich mit meiner Idee rausgerückt war, aber letztlich lagen die Vorteile klar auf der Hand: Wenn man zu einem eigenen Häuschen kommt, nimmt man dafür auch Spandau und die olle Tante in der Nähe in Kauf. Wir fuhren denn auch bald zum Baugrund, schließlich musste das alles mal abgeschritten werden. Wissen Se, ich wohnte nur zehn Busminuten entfernt, aber wenn man gar nicht daran denkt, dass einem da ein Grundstück gehört, sieht man wirklich nur eine Brache, auf der Unkraut wächst. Wie oft bin ich hier vorbeigefahren, aber habe nie wahrgenommen, dass es alles gab, was man brauchte: Ein Sanitätshaus und eine Apotheke waren in Sichtweite. Wenn es das gibt, kann mindestens ein Doktor auch nicht weit sein. Apotheken siedeln sich doch immer in der Nähe des Ernährers an. Es gab auch einen Kinderspielplatz mit einer Rutsche, so einem Kreisel, auf dem sich die Kleinen drehen können, bis einer speit, und einem Sandkasten. Im Moment war da, wo unsere kleine Herberge entstehen sollte, zwar nur hohes Gras, aber das würde schon werden, wenn wir alle mit anpackten. Hinten raus ging die Wiese sogar in Schilf über, das einen kleinen Weiher umrandete. Pah! Was brauchte ich Mallorca, wenn ich Spandau hatte. Hoffentlich plärrten jetzt keine Frösche los, solange Ariane und Stefan noch nicht fest zugesagt hatten, die wären imstande, deswegen nein zu sagen.

Schön war's, doch. Schön! Eine ruhige Gegend. Genau das Richtige für die Kinder. Hier konnten die Kleinen noch draußen spielen und mussten nicht beaufsichtigt werden.

Ariane stapfte über die Wiese, blies kurz die Backen auf und meinte, hier würden die Bürgersteige um halb acht hochgeklappt und der Mond mit dem Besenstiel hochgeschoben. Können Sie verstehen, was daran schlecht sein soll? Wir fuhren dann jedenfalls bald wieder los.

Viele – und Ariane gehört dazu – sagen ja immer, Spandau wäre gar nicht richtig Berlin, sondern nur ein großes Dorf. Manche sagen auch, Spandau wäre ein Vorort von Hamburg, was ich persönlich ja sehr ungezogen finde, und Ariane nannte es letzthin sogar abfällig »Wolfserwartungsgebiet«. Frechheit! Aber das mit dem Dorf, das kommt schon hin. Bei uns im Kiez ist es gemütlich und übersichtlich.

Sicher, es verändert sich auch hier vieles. Früher, ja, da kannte ich jeden! Aber in den letzten paar Jahren ist es wie im Taubenschlag. Schlag. Sehen Se, man rutscht nur einmal mit dem Finger ab, und schon kommt Blödsinn raus. Die Arthritis, entschuldigen Se.

Kaum, dass man sich die Gesichter gemerkt und die Namen und Autonummernschilder dazu eingeprägt hat, sind se wieder weg.

Ich muss zugeben: Nicht mehr jedes Gesicht sagt mir was. Meiner Freundin Ilse hingehen schon. Ilse trainiert ihr Gehirn, indem sie die Stammbäume aller Familien in Spandau auswendig lernt, Suchbilder nach Unterschieden durchforstet, Lukako löst (oder Subaro? Judoka? Herrje, Sie wissen schon) und viel liest. Man muss ein bisschen was tun, damit man nicht einrostet! Und damit meine ich nicht nur die Knochen, sondern auch die grauen Zellen im Oberstübchen. Kreuzworträtseln allein reicht da nicht. Ilse lernt eben am liebsten Verwandtschaftsbeziehungen auswendig und weiß deshalb mehr über die Zusammenhänge als die Leute selbst, das sage ich Ihnen. Sogar beim Dönermann hat sie sich auf Spurensuche begeben, aber der ist misstrauisch und hält Ilse kurz mit Informationen. Doch Ilse ist beharrlich. Sie kauft bei ihm immer das

Fladenbrot und fragt sich nebenher kontinuierlich bis in die Bergdörfer hinter Antalya durch. Es ist sehr schwer für sie, den Überblick zu behalten, weil die Männer im Grunde alle Mohammed oder Ahmed heißen. Aber Ilse sagt, der wohnt in Spandau, der arbeitet hier, also gehört er dazu und dann muss sie auch über ihn Bescheid wissen. Genau wie über die Familie Bockwitz. Bei denen ist es einfacher, da schließt sich der Stammbaum nämlich nach der dritten Generation schon wieder zum Kreis.

Ich merke mir so was nicht. Ganz ehrlich, ich habe schon Probleme, mit den Königshäusern auf dem Laufenden zu bleiben, erst recht, wo die Prinzen jetzt alle so Bürgerliche mit zweifelhafter Verwandtschaft heiraten. Der Harry zum Beispiel, der Große von der Diana, der die Merkeln geheiratet hat... Nee, warten Se, der Harry ist der Kleine. Der Große ist ja William mit seiner Prinzessin Kät. Also, da sehen Se schon, ich bin nicht gut in Stammbaum. Aber ich bin im Vorstand vom Rentnerclub, Vorsitzende im Witwenclub und mache ab und an Hausaufgaben mit Jens Berber. Wie auch immer: Zwei Dingen muss man immer was zum Arbeiten geben: dem Magen und dem Verstand!

Aber zurück zum Grundstück in Spandau. Stefan und Ariane überlegten und diskutierten noch ein paar Tage, aber letztlich war mein Angebot zu verlockend, um es abzulehnen. Einem geschenkten Gaul schaut man schließlich nicht ins Maul!

Wichtig ist neben der Lage ja auch, dass ein Grundstück gut erschlossen ist. Früher war ja nur wichtig, dass es Strom und fließend Wasser gibt, Telefonanschluss war schon Luxus.

Heute muss man auch darauf achten, dass es richtiger Strom ist, der auch was taugt, und nicht Bio-Strom. Nichts ist doch schlimmer, als wenn einem die Sicherung um die Ohren fliegt, sobald man bloß das Plätteisen, den Plattenspieler und die Heimdauerwelle zusammen einschaltet. Wichtig ist auch, dass das Interweb nicht so schwach ist. Zwei mickrige Balken im Tomatentelefon reichen lange nicht hin! »Und, dass ein Dönerladen in der Nähe ist«, sagte Stefan. Ich glaube nicht mal, dass das ein Spaß gewesen ist. In diesen Dingen ähnelt er meiner Nachbarin Manja Berber mehr und mehr – nur, dass er sechs Kleidergrößen kleiner trägt. An dem bleibt nichts hängen, ein ganz Drahtiger ist das. So war Otto, mein erster Mann, auch, das haben die Winklers wohl im Blut.

Kurzum, das Grundstück war nun schon mal da, und ein bisschen Eigenkapital würde ich auch beisteuern. Ich weiß nicht, ob Sie sich darauf entsinnen, ich hatte seinerzeit ein klein wenig Ärger mit der Sparkasse, als die von meinem ererbten Notgroschen Aktien gekauft haben. Das war eine Aufregung, sage ich Ihnen! Ich will das hier nicht wieder aufs Tapet bringen, nur so viel: Es ist alles gut, und ich bin als bescheiden-wohlhabende Dame mit kleinem Vermögen aus der Geschichte hervorgegangen. Na, da können Se sich ja denken, was ich gemacht habe, nicht wahr? Ich habe den Quatsch mit dem Wertpipapo stehenden Fußes beendet und mir das Geld auf das Sparbuch eintragen lassen. Davon habe ich nichts verplempert, sondern gezielt investiert. Zum Beispiel habe ich dem Bengel von meiner Nachbarin, dem Mäddocks Meiser, was zum Führerschein dazugegeben. Ja, man weiß schließlich nie, wie lange das mit Kurts Augen noch gut geht und er noch fahren darf, da schadet es nicht, wenn man eine Alternative hat, die man bitten kann, einen zum Doktor zu schoffieren! Auch eine Renate Bergmann muss *mal* an sich denken. Mit Gertrud habe ich eine schöne Kreuzfahrt durch das Mittelmeer gemacht, das war sozusagen eine kleine Belohnung für uns zwei, dass wir es nun schon über sechzig Jahre als Freundinnen miteinander aushalten. Aber ich bin keine Person, die das Geld mit beiden Händen zum Fenster rausschmeißt. Bevor ich etwas kaufe, überlege ich gründlich. Was braucht man denn als alter Mensch groß? Ich habe mein ganzes Leben auf gute Qualität geachtet. Lieber gebe ich einmal ein bisschen mehr aus und habe was Solides, als dass ich jede Woche billigen Plunder nachkaufe. Wenn ich sehe, was die Berbersche an Leibchen auf die Leine hängt! »Guck mal, Doris, nur 7 Euro bei Preimack«, hat se der Meiser vom Wäscheplatz aus zugerufen und so ein schäbiges Ding hochgehalten. Zwei Wochen später war es schon wieder was Neues, Flimmerndes. So kauft sie in einem fort billigen Krempel und merkt gar nicht, dass es unterm Strich viel teurer ist, als würde man einmal was Richtiges anschaffen. Genauso mit ihren Strippenschlüppern. »Nur ein Euro«, brüstet sie sich und zeigte auf ein Fähnchen an zwei Schnürsenkeln. Ich bitte Sie! Ich habe noch Miederhöschen mit Strumpfhalter, die Mutter mir zur Konfirmation gekauft hat. Die kamen damals 14 Mark, das war viel Geld. Aber dafür halten die auch bis heute!

Nee, wenn man ein bisschen mehr ausgibt, spart das auf Dauer. Und so hatte ich ein hübsches Sümmchen beisammen, was den jungen Leuten zugutekommen soll. Ich werde den Teufel tun und hier Zahlen nennen. Über Geld spricht man nicht. Ich sage nur so viel: Das Grundstück war da, so hatten wir schon ordentlich was bei den Kosten gespart. Meine Ersparnisse kamen da noch obenauf, und das, was die von der Bank als »Eigenleistungen« bezeichneten. Darunter verstanden die, dass wir alle mithelfen auf dem Bau und ein paar Stunden ableisten. Das ist für unsereins ja selbstverständlich, aber nicht für so einen sesselpupsenden Bänker. Die rechneten das extra an. Hinzu kommt, dass die Zinsen im Moment billig sind. Ja, es hat ja alles immer zwei Seiten. Unsereins ärgert sich, dass es auf dem Sparbuch nichts mehr gibt – im Gegenteil, man muss schon Gebühren dafür bezahlen, dass die das Geld für einen aufheben! –, aber andererseits kostet es eben auch nicht viel, wenn man sich Geld borgt. Ich bin ja die Letzte, die fürs Schuldenmachen ist. Leute, die einen Kredit für einen Fernseher oder einen Urlaub aufnehmen, kann ich nicht verstehen. So was kauft man doch nicht auf Abzahlung! Schulden machen für sein Vergnügen? Bei mir gibt es so etwas nicht. Aber bei einem Eigenheim ist das was anderes. Das kann einem keiner nehmen! Der Urlaub ist nach drei Wochen um, aber das Haus steht und spart jeden Monat Miete.

Der Herr Alex, der in der WG bei mir im Haus lebt, der studiert auf Rechtsanwalt und Wirtschaft und solchen Kram und kann das besser erklären. Der war auch mit Stefan zur Bank. Wissen Se, mein Neffe ist ein Guter, aber mit so was kennt er sich nicht aus. Es war auch nicht so, dass er groß Eigenkapital beizusteuern hatte, dafür ist er wohl zu jung. Aber immerhin hatte er seine alte Tante in der Hinterhand, das war schon ein Pfund. Hihi. Nee, richtig schnieke sahen die beiden aus. Ich bürstete ihnen noch einen Scheitel und gab ihnen frische Taschentücher mit. Bei so einem wichtigen Termin muss man doch einen guten Eindruck machen!

Ich rief noch nach, sie sollen mich gleich anläuten, wenn sie wüssten, ob das mit dem Geld klappt. Da drehte sich Alex, der Schussel, um und meinte: »Ach je, Frau Bergmann, mein Akku ist runter auf unter 10 Prozent, hoffentlich reicht das noch!«

Natürlich reicht das nicht! Diese jungen Leute, nee! Sie halten sich für klug und glauben, sie wüssten alles, aber dann gehen die mit fast leerer Batterie auf dem Händi aus dem Haus. Ich habe ja immer Reservestrom im Beutelchen vorn am Rollator. Herr Krautwurm hat da seinen Katheterbeutel hängen, und bei mir ist es der Reservestrom. Beim Scheibchentelefon kann man die Batterie nämlich nicht auswechseln, müssen Se wissen. Man muss ein Kabel anstöpseln, und dann nimmt es den Strom von der Ersatzbatterie. Früher, beim Trabbi, musste ich auch immer auf Reserve umschalten, wenn das Benzin knapp wurde. Da war so ein Hebelchen im Fußraum, da musste man runter und es nach links drehen, so hatte man noch mal Sprit für bis zur nächsten Tankstelle. So ähnlich ist das mit dem Händi auch. Ich gab Herrn Alex meine Reservebatterie und das Zündkabel ... also, die Ladestrippe. Er lächelte und murmelte was von »kuhle Socke«.

Stefan und Alex haben den Herrn von der Sparkasse höflich daran erinnert, was der damals für einen schlimmen

Fehler mit meinen Aktien gemacht hat und auch darauf hingewiesen, dass das Opfer – das bin ich – die Angelegenheit bisher nicht im »Spandauer Boten« breitgetreten hat. Hinterher haben mich Stefan und Alex abgeklatscht und zur Feier des Tages einen Sekt aufgemacht. Bei den Zinsen haben die Lauser tatsächlich noch ein halbes Prozent rausgehandelt. Das klingt nicht viel, aber über die Jahre läppert es sich. Wenn man alles mit allem zusammenrechnet und einen Strich drunter zieht, kommt nun raus, dass Ariane und Stefan in Zukunft weniger für den Kredit abzahlen müssen, als heute jeden Monat Miete fällig wird. Ich bitte Sie, da kann man doch nicht nein sagen! Jeder weiß doch, dass die Mieten nicht billiger werden in den nächsten Jahren. In großen Städten finden Se doch kaum noch bezahlbaren Wohnraum. Letzthin, als ich Gardinen in der Trommel hatte, dauerte es kaum zehn Minuten, bis es an der Tür schellte und ein Fräulein fragte, ob ich wohl ausziehe und sie die Wohnung übernehmen kann. Das ist doch verrückt! Ganz egal, was die Politiker rumeiern oder sagen, wir werden uns noch warm anziehen müssen. Da ist es gut, wenn man seine eigenen vier Wände hat. »Eigener Herd ist Goldes wert«, heißt es immer, und da ist was Wahres dran. Selbst, wenn der Herd in Spandau steht und die jungen Dinger doch nur Tütensuppe darauf warm machen.

Ariane hat die Nudeln an die Decke geschmissen, um zu testen, ob sie gar sind. Man kann nur den Kopf schütteln! Ich bin regelrecht froh, dass es nicht Rouladen gibt.

Ich war auch froh, dass ich mein bisschen Geld auf diesem Weg (also na ja, in diesem Häuschen) gut angelegt wusste. Wenn man auf der Zielgeraden des Lebens ist – und machen wir uns nichts vor, mit 82 ist man das, da beißt die Maus keinen Faden ab –, überlegt man, was mal werden soll.

Wer soll mal erben?

Wer soll es kriegen?

Am schönsten ist es doch, wenn man noch zu Lebzeiten sieht, wie Gutes mit seinem Ersparten passiert. »Geld ist wie Mist, wenn es auf dem Haufen liegt, ist es unnütz und stinkt, aber wenn man es verteilt, wirkt es wie Dünger und lässt die Dinge wachsen und erblühen«, so in der Art hat es ein Ami-Dichter mal gesagt. Das hat mir gefallen, das habe ich mir gemerkt.

Es stand also fest: Jawoll, wir würden bauen! Als Stefan und der Herr Alex zurück waren, gönnten wir uns einen Korn. Also, nach dem Sekt. Das musste schon sein, so ein Anlass will ordentlich begossen werden. Es gibt ja Leute, die mir nachsagen, ich würde geradezu nach Anlässen suchen, um einen Korn zur Brust zu nehmen. Gertrud zum Beispiel. Immer, wenn ich mir AUSNAHMSWEISE mal einen Korn genehmige, sagt sie ganz spitz: »Prost, Renate.

Ich trinke ja nicht.« Da isse Expertin drin, anderen Leuten so nebenbei einen einzuschenken. Sie guckt dann auch sehr vorwurfsvoll und wendet sich ab, als wäre ihr das alles ganz schrecklich unangenehm. Ich lasse das aber an mir abprallen, wissen Se, die soll mal ganz stille sein. Die nascht über den Tag verteilt zwei Schachteln »Edeltroppen in Nuss«. Es ist kein Wunder, dass sie Verstopfungen hat. Im Grunde genommen ist sie dauerdun. Von so einer lasse ich mir das nicht sagen und stoße an, wenn man einen Anlass zum Anstoßen hat! Prost!

Denken Se sich, zum allerersten Mal in meinem Leben würde ich ein eigenes Heim haben. Sicher, ich würde da nicht gleich einziehen, aber Ariane und Stefan haben darauf bestanden, dass eine kleine Wohnung (mit extra Eingang!) beim Notar als mein Eigentum eingetragen wird. Ich bin nun so alt geworden, aber ich habe mein Leben lang zur Miete gewohnt und nie ein eigenes Haus oder eine Wohnung besessen. Und nun so was. Verrückt ist das, sage ich Ihnen!

»Tante Renate, wenn wir schon bauen, planen wir mit einer kleinen Einliegerwohnung für dich. Nein, da wird nicht diskutiert. Du sollst nicht heute und nicht morgen einziehen, aber wer weiß denn, was in fünf Jahren ist? Bis dahin nutzen wir sie eben als Büro oder Gästewohnung. Aber wir bauen nur einmal im Leben, und wenn, dann richtig.«

Stefan hatte diese kleine Rede lange geübt. Das erkennt man immer, wenn einer, der sonst nicht viel sagt, fünf Sätze am Stück spricht und ganz leergeredet guckt, weil ihm mehr als das Auswendiggelernte nicht einfällt und er an den Klang seiner Stimme auch nicht so gewöhnt ist. Der Bengel hatte bestimmt Angst, dass ich ein Gezeter anstimmen würde, aber ich sage Ihnen ganz ehrlich: Mich rührte es. Dass die jungen Leute wirklich bereit wären, mich olle Tante zu sich zu nehmen – wo gibt es denn so was heute noch? Ich schnäuzte mich kräftig. Stefan musste ja nicht gleich sehen, wie bewegt ich war. Aber der war kein grober Klotz, sondern ein gut erzogener Junge. Er nahm mich in den Arm und drückte mich ganz fest. Dann sagte er: »Du bist fit wie ein Turnschuh, Tante Renate. Aber eines Tages wirst du vielleicht nicht mehr so gut allein zurechtkommen. Willst du ins Heim oder zu uns?« Er guckte mir tief in die Augen und fragte weiter:

»Oder zu Kirsten?«

Ein eiskalter Schauer lief mir über den Rücken. Vor meinem inneren Auge sah ich mich zwischen Räucherstäbchen im Pflegebett liegen, das Bettzeug voller Katzenhaare und um mich herum vierzehn Frauen, die beim Häschen-Stuhlkreis nach ihrer Mitte suchten. Kirsten reichte mir pürierten Spinat in der Schnabeltasse an.

Stefan hatte das wirklich sehr geschickt gemacht, der wusste genau, wie er mich kriegt, ha! Nee, man mag noch so tüddelig werden, aber es musste doch nicht zum Äußersten kommen. Zu meiner Tochter ins Sauerland wollte ich nicht!

Für mich kommt es nicht in Frage, ganz zu den Kindern zu ziehen, also richtig mit ins Haus. Küche, Badestube und Fernsehzeitungsabonnemeng teilt man nicht. Da bin ich kein Freund von. Jung und Alt müssen eigene Wege gehen, sonst gibt es nur böses Blut. Jeder hat doch seine Eigenheiten. Wenn ich mir vorstelle, mit Ariane die Küchenzeile teilen zu müssen ... um Himmels willen, allein bei dem Gedanken kriege ich Puls in den Ohren. Ich spüle zum Beispiel morgens meine Kaffeetasse nur unter lauwarmem Wasser ab und stelle sie hinter das Küchenradio, weil ich ja nach dem Mittagsschlaf noch mal eine Tasse trinke. Das spart Abwasch! So was geht aber nur, wenn man allein lebt. Eine Tasse stört nicht, aber wenn da nun vier oder fünf stehen, sieht das schnell liederlich aus und wie im Stadtcafé. Ariane würde wohl ständig alles in den Gespülwaschautomaten räumen und schimpfen, dass »die Alte ihren Dreck überall rumstehen lässt« – ja, da muss man den Tatsachen ins Auge sehen, ich kenne doch die jungen Leute und weiß, wie sie reden! Womöglich käme ich dann auch nicht mehr so einfach mit meinen Tabletten zurecht. Alleine die Aufregung! Außerdem drücke ich mir die Nachmittagspille für den Zucker schon nach dem Frühstück raus und lege sie in die leere Kaffeetasse. Da vergesse ich sie nicht. So hat eben jeder seine Eigenheiten, und ich sage Ihnen, je älter man wird, desto festgelegter und weniger bereit, sich zu ändern, ist man.

Aber eine Einliegerwohnung im Haus der Kinder, noch dazu mit eigenem Eingang, das wäre eine feine Sache. Welche Dame in meinem Alter hat schon das Glück, dass man ihr die Selbständigkeit lässt und trotzdem ein Auge auf sie hat?

Aber leicht würde es mir bestimmt nicht fallen, aus meiner Wohnung zu gehen. »Einen alten Baum verpflanzt man nicht«, heißt das Sprichwort, und das stimmt im Grunde auch. Aber ein Baum, der nicht gegossen und umsorgt wird, geht am Ende noch ein, und vielleicht ist behutsames Umtopfen doch die bessere Lösung?

Ich hätte nun bestimmt Grund genug, wegzuziehen. Nicht unbedingt wegen der Miete. Ich habe ja noch einen alten Vertrag und kann es mir leisten. Aber wissen Se, ich bin gestraft mit zwei losen Weibern, die mit mir im Haus wohnen: die Frau Meiser und die Frau Berber. Das Letzte, was ich will, ist Sie langweilen und Ihnen noch mal aufschreiben, wie die sich im Haushalt anstellen und was für einen Männerverschleiß ... JETZT KOMMEN SE MIR JA NICHT DAMIT, DASS ICH AUCH VIER MAL VERWITWET BIN, DAS IST DOCH ETWAS WAS VÖLLIG ANDERES!

Ich will mich hier auch nicht künstlich aufregen. Im Grunde arrangieren die Damen und ich uns miteinander. Mit den Nachbarinnen ist es wie mit meiner Tochter Kirsten: Wir halten es mit dem Motto »Leben und leben lassen«. Nur, wenn es mal wieder mit der Kehrwoche schleift oder hier Dinge passieren, die auf die Moral des ganzen Hauses zurückfallen, sage ich was. Aber im Großen und Ganzen geht es.

Frau Berber zum Beispiel hat nun weiß Gott ihre Macken und Fehler, aber immerhin wohnt man mit ihr im Haus sicher. Sie kann nämlich Judo! Ihren letzten Galan hat sie zum Abschied in die Hecke geschmissen. So hat es mir der Herr Alex erzählt, und es klang tüchtig Respekt mit. Seitdem geht er lieber wieder in die Wohnung, wenn er sie im Flur hört. Er will wohl nicht in der Hecke landen, hihi! Sie hat zwar vor Jahren mit dem Sport aufgehört, weil es in ihrer Gewichtsklasse keine Gegnerinnen mehr für sie gab, aber ein paar Fachwürfe beherrscht sie ja wohl noch. Heutzutage fangen sie und die Meiser jeden Januar irgendeine Modesportart an. Nach drei Wochen lassen sie es wieder sein und trinken lieber Protzecko. Aber Judo verlernt man nicht. Seit ich das weiß, schlafe ich beruhigter und fürchte mich auch wegen der Einbrecher nicht. Oder kaum. Sofern ich sie rechtzeitig wach kriege, legt die den Halunken aufs Kreuz. Aber denken Se mal nicht, dass sie mir helfen würde, die Einkäufe hochzutragen, so weit gehen die Kräfte und die nachbarschaftliche Hilfe doch nicht. Pah.

Aber ich will nicht meckern: Ich kenne die Dame mittlerweile ganz gut. Die ist schon eine halbwegs umgängliche Person, jedenfalls, wenn sie satt ist.

Die Meiser und die Berber haben es beide auch nicht leicht, muss man sagen. Alleinerziehend mit je einem Bengel müssen sie sich durchs Leben schlagen. Auch, wenn der Meikel Meiser schon in der Lehre ist und Auto fahren kann – Sorgen hat man doch! »Kleine Kinder, kleine Sorgen, große Kinder, große Sorgen«, wer kennt das Sprichwort nicht? Und meine Tochter Kirsten ist nun wirklich der lebende Beweise, dass das stimmt, aber zu der kommen wir später noch.

Mein Wilhelm, Kirstens Vater, hat mich auch allein mit dem Mädel zurückgelassen, deshalb weiß ich, was das heißt. Gut, er ist gestorben, aber allein ist allein. Gern habe ich dem Mäddocks Meiser deshalb auch geholfen bei den Hausaufgaben und ein Auge auf den Jungen gehabt, so wie heute auch beim Berber-Buben. Der Mäddocks, also der Senker von der Frau Meiser, hat als kleiner Kerl schon immer die alten Folgen von »Columbo« geguckt. Doris Meiser hat den Bengel ja ständig vor dem Fernseher geparkt. Gesellschaftsspiele und solche Sachen haben die nie gemacht. Die wollte ihre Ruhe, weil se sich wieder rausgeputzt hat für die Männerjagd und sich die Wimpern getuscht hat. Dann hieß es »Jason Maddox« – sehen Se, Jason Maddox heißt er, jetzt fällt es mir ein! –, »iss einen Keks und mach dir den Fernseher an, Mutti hat keine Zeit.« Traurig ist das. Ab und an haben Ilse und ich mit ihm gewürfelt und Rommé gespielt, aber auf uns alte Tanten hatte der nicht oft Lust. Ja, was soll man machen ... Aber das mit seiner Krimi-Guckerei ging so weit, dass es sogar in der Schule mal Ärger gab. Der Lauser hat in einer Geschichtsarbeit behauptet, dass Columbo Amerika 1492 entdeckt hat. Das ist ja nun nicht ganz falsch, aber der Lehrer hat es trotzdem nicht gelten lassen. Da ist die Meiser hin, aufgerüscht wie ein Zirkuspony, um ihm den Marsch zu blasen und die Note zu verbessern. Ihren rosa Lippenstift hatte se drauf, mit dem sie aussieht wie ein Flamingo mit Schnabelentzündung. Es hat aber alles nichts genützt, die Note von dem ... Mäddocks blieb, wie sie war. Aus der Meiser und dem Kanter ist auch nichts Festes geworden. Jedenfalls standen seine Schuhe nie über Nacht im Flur.

Die macht ja keinen Halt vor nix, wenn es um Kerle geht, das sage ich Ihnen. Anfangs hatte ich sogar Sorge um Herrn Alex aus der WG. Ach, so ein netter Bursche ist das. Der hat Manieren, ist aus gutem Hause und weiß, was er will. Der studiert gleich zwei Sachen auf einmal, Wirtschaft und Rechtsanwalt, denken Se nur! Und trotzdem hat er immer ein freundliches Wort und ein offenes Ohr für meine Sorgen. Als mein Klappcomputer neulich nicht so wollte, habe ich Stefan angerufen. Stefan ist mir bei solchen Dingen im Grunde immer eine große Hilfe, da will ich mich gar nicht beklagen. Er riet, ich solle das Gerät runter- und wieder hochfahren. Also bin ich rein in den Fahrstuhl, den Apparat unterm Arm, und erst bis ins Erdgeschoss und dann hoch bis in den 3. Stock gefahren. Mehrmals. Aber die Kiste muckte noch immer nicht. Herr Alex hat mir den Tipp gegeben, neu zu starten, und da schnurrte der Klappapparat wieder wie Katerle nach einem Scheibchen Fleischwurst. Auf Herrn Alex lasse ich nichts kommen. Der geht mal seinen Weg, da mache ich mir keine Sorgen. Man muss nur solche Weiber wie die Meiser und die Berber von ihm fernhalten.

Mit denen macht man schon was mit! Ich weiß gar nicht, ob ich das erzählen kann ...

Achtung!

Passen Se bitte auf, dass der nächste Absatz nicht in Kinderhände gerät. Man hat schließlich eine Verantwortung! Gucken Se sich noch mal um, liest auch keiner mit?

Gut.

Wissen Se, was die Berber letzten Sonnabend im Flur zu der Meiser gesagt hat? »Ich gehe jetzt feiern. Heute Abend blase ich alles, nur kein Trübsal.« Nee! Ich musste zehn

Tropfen Melissengeist auf einem Stück Würfelzucker einnehmen, so sehr ging mir das nach. Es war des Nachts dann auch wieder sehr laut. Aber was rede ich, sollen die jungen Schachteln doch ruhig ihren Spaß haben.

Sie sehen schon: Auch, wenn ich bestimmt Grund genug habe, mich aufzuregen, so sind wir doch eine Hausgemeinschaft und kommen miteinander aus. Und aufregend ist es auch mit ihnen, es passiert immer was! Sie würden mir schon ein bisschen fehlen, würde ich ganz wegziehen ...

Kurzum, es war entschieden: Die junge Familie würde ihrem Glück ein Dach zimmern, und unter diesem Dach würde auch eine kleine Wohnung für mich entstehen. Wir waren uns einig, dass sie nur für den Fall der Fälle gebaut wurde. Wissen Se, *noch* wollte ich den Kindern nicht so dicht auf die Pelle rücken.

Schluss mit Grübeln, Zeit zu dübeln!

**WAS SOLLEN DIE VIELEN FENSTER?
ICH PUTZ DIE NICHT!**

Ich suche den Fehler ja immer erst bei mir, das gebietet der Anstand und die Bescheidenheit. Aber wissen Se, manchmal liegt es einfach daran, dass die anderen blöd sind.

Die Zeit war günstig. Das Jahr hatte gerade begonnen, und jetzt, wo der Plan stand, könnten wir im Frühjahr loslegen. Bis Ende des Jahres wäre das Gröbste erledigt.

Ich war ja froh, dass es kein Schaltjahr war. Im Schaltjahr ist alles durcheinander. Da hätte ich nicht angefangen zu bauen. Ich muss da gar nicht auf den Kalender gucken, man erkennt da schon daran, dass die eingeweckten Mohrrüben alle sauer sind. Normalerweise dreht sich ja die Erde um sich selbst und dabei um die Sonne. Nach einem Jahr ist sie damit fertig. Im Schaltjahr ist sie so durcheinander, dass sie dafür einen Tag länger braucht, und das bringt Haarausfall bei der Meiser und Schimmel auf mein eingewecktes Apfelmus. Dann gibt es im Februar einen Tag drauf, sodass dieser Stummelmonat nun einen 29. hat. Wie eine Zusatzzahl beim Telelotto, kann man sagen.

Wie dem auch sei ... bevor wir Hand an Schippe und Mauerkelle legen konnten, müssen erst mal Pläne gemalt und Formulare ausgefüllt werden. Nicht, dass am Ende der Fliesenleger vor der Baugrube steht und die Wände sind noch nicht mal gemauert.

Aber natürlich kann man nicht einfach anfangen, ein Loch zu graben. Da müssen Genehmigungen beantragt und tausend Leute und Behörden um ihre Meinung gebeten werden, das ist ja klar. Die wollen sich schließlich wichtig fühlen. Wir wollten ja alle nicht, dass es so läuft wie beim Flughafen in Berlin, nicht wahr?

Stefan und Ariane hatten sich überlegt, was für ein Büdschee sie haben, wie viele Zimmer es werden sollten, dass sie einen Kamin in der Wohnstube wollten (an den Ruß und die Asche denken die jungen Leute ja nicht, die haben nur die Romantik im Kopp – aber gut, ich sage dazu nichts) und all so was, was man vorher angeben muss. Dann sind wir zum Architekten Sachs marschiert. Ein nobles Schild hing neben der Tür: »Sachs und Kollegen, Architekten«. Es war aus Messing. Wir läuteten, und bis der Summer brummte, wischte ich das Schild mit dem weichen Lappen, den ich immer einstecken habe, blank. So ein schönes Schild und Fingertapsen drauf, nee, so was kann ich nicht sehen!

Das Büro war groß und fast leer, es lag schickes, knarzendes Parket auf dem Boden und die großen, blankgeputzten Scheiben ließen viel Licht durch. Der Sachs trug einen grau melierten Dreitagebart und einen schwarzen Rollkragenpullover. Das ist wohl die Berufsbekleidung bei solchen Leuten, so ähnlich wie der weiße Kittel bei einem Arzt. So rennen die alle rum. Ein fescher Mann!

Mit einem Anliegen wie einem Hausbau geht man ja am besten zum Fachmann, der das öfter macht. Es hat ja keinen Sinn, wenn man da was auf die Serviette kritzelt und dem erklärt, wie er seine Arbeit zu machen hat. Also, mich jedenfalls hat er sehr schroff zurechtgewiesen, und ich habe das eingesehen und die Servietten wieder eingesteckt. Dabei hatten Ilse und ich uns so viel Mühe gegeben, aber tja. Der würde das schon vernünftig machen, und falls man doch eine bessere Lösung hätte – es würde später noch genug Zeit sein, mit dem Kuli über die Zeichnung zu gehen, bevor die Maurer kamen. Wichtig war ja vor allem, dass er die Sache mit dem Bauamt regelte und die Genehmigungen besorgte, damit die Dinge endlich in Gang kamen.

Ich konnte regelrecht sehen, wie Sie beim Wort »Bauamt« kurz den Atem angehalten haben. Nun wollen wir mal nicht ungerecht sein und Vorurteile haben: Die sind da gar nicht so schlimm, wie man immer denkt.

Die sind noch viel schlimmer!

Meine Güte, waren das Zeiten, als Vater einfach angebaut hat, wenn ein Stübchen fehlte. Als Fritz, was mein kleiner Bruder ist, geboren wurde, hat Vater den Dachboden ausgebaut, eine Gaube eingezogen, und fertig war die Kinderstube. Da kam ein Öfchen rein für die ganz harten Wintertage, wenn das Quecksilber wirklich mal unter 20 Grad Miese ging, und nach vier Wochen war alles fertig. Gespielt haben wir als Kinder ja in der Küche, nur da war alltags nämlich geheizt. Zum Schlafen ging es jedoch in die Kinderstube und auch, wenn wir ungehorsam waren und eigentlich in der Ecke hätten stehen sollen. Die Ecke war aber gleich neben der Küchentür, und immer, wenn einer reinkam, bekam man die Klinke in den Nacken. Das Geschrei mochte Mutter nicht hören und schickte Fritz oder mich – je nachdem, wer was ausgefressen hatte – hoch in die Kinderstube. Nee, damals gab es kein langes Rumgemache mit dem Bauamt. Als alles fertig war, ist Mutter mit einem frisch geschlachteten Huhn aufs Bürgermeisteramt und hat sich einen Stempel geben lassen, na, und die von der Feuerwehr, die kannte Opa Strelemann gut genug! Wir waren die erste Familie im Dorf, die eine Dreschmaschine hatte. Wir waren wer! Sogar die Feuerwehrspritze stand bei uns in der Scheune, und für diese Gefälligkeit und eine Flasche vom Selbstgebrannten war auch der Stempel vom Brandmeister kein Problem mehr. So was wie ein »Brandschutzgutachten« kannte man da noch gar nicht, und wir kamen auch sehr gut ohne aus. Damals war es denen auch egal, dass vielleicht seltene Holzwürmer im Balken wohnten, die man hätte umsiedeln müssen, weil das Schnarchen von Klein Fritzchen und Renate sie in ihrem Lebensraum eingeschränkt hat.

Obwohl der Bauantrag vom Architekten gestellt worden war – und der Mann kennt seine Bürokraten, der hat ja ständig mit denen zu tun! –, zog sich das. Sehr. In die. Länge. Reineweg ungeduldig wurde ich. Wissen Se, nichts zu tun und einfach abzuwarten ist meine Sache nicht. Nach acht Wochen kam die Bestätigung, dass das Pamphlet wohl eingegangen wäre, aber dass die Bearbeitung erst beginnen könnte, wenn die Unterlagen vollständig wären. Mir hat Stefan das erst gar nicht erzählt. Das drang alles nur auf Nachfrage und per stiller Post zu mir. Sonst wäre ich denen aber gleich aufs Dach gestiegen! *Das* musste schließlich noch vorm Winter drauf. Also, nicht das, aber das auf unseren Bau. Sie verstehen schon.

Es war nämlich so: Das Bauamt schrieb dem Architekten, der rief Stefan an, der erzählte es Ariane, und als ich die kleine Lisbeth für das Kinderturnen abholte und merkte, dass Ariane nicht nur schwangerschaftsbedingt verstimmt war, rückte sie mit der Sprache raus.

Denken Se sich nur, der Sachs musste viermal anläuten, bis ein Beamter zu sprechen war, und bekam dann nur zur Antwort, dass die Unterlagen im Grunde komplett waren. Aber die Vollmacht, die Stefan und Ariane dem Architekten gegeben hatten, damit der für sie unterzeichnen darf, war mit schwarzem Füller unterschrieben worden. Sie hätten aber nun einen Paragraphen, der ihnen vorschreibt, nur original unterschriebene Anträge als richtige Anträge zu betrachten. Das gälte auch für alle beigefügten Dokumente, zumal für etwas so Wichtiges wie die Vollmacht. Und bei Schwarz könnte man nicht sicher sein, dass das richtig ist. Vielleicht war es auch nur eine Kopie? Bauherr bewahre! Deshalb möge ebenjener die Vollmacht doch bitte schön noch mal in Blau unterschreiben und den Antrag neu machen.

Auf so was muss man erst mal kommen! Mit so viel Bockbeinigkeit im Hirn rechnet doch kein gesunder Mensch! Na, da bin ich aber hin, das können Se sich ja denken. Erst habe ich erwogen, einen höflichen, aber geharnischten Brief zu schreiben, aber den hätten die doch bloß weggeheftet. Da musste ich persönlich vorsprechen.

Ariane rief mir noch nach, ich solle keinen Ärger machen. Jajajajaja. Das jungsche Ding! Wann habe ich jemals Ärger ... lassen wir das. Der Beamte konnte Blau kriegen, wenn er wollte, zur Not auch aufs Auge. Der sollte mich kennenlernen, dem würde ich schon zeigen, was ein Original ist! Ich weiß, wie Tango geht.

Eine Renate Bergmann führt keiner hinter die Fichte!

Also rief ich Gertrud an, und wir sind hin.

Gertrud ist meine beste Freundin. Sie wohnt nicht weit weg, paar Stationen mit dem Bus, und hat einen groooooßen Hund namens Norbert und einen Lebensgefährten namens Gunter. Bringen Se das bitte nicht durcheinander. Norbert lebt bei ihr in der Wohnung, Gunter nicht. Sie ist ein bisschen lose und unstet, aber unterm Strich doch meine beste Freundin. Auf Gertrud kann ich immer bauen. Bauen ... sehen Se, das ist das Stichwort. Man kommt in so ein Bauamt ja nicht so ohne weiteres rein, überall sind verschlossene Türen, die mit Strom gesichert sind. Wie eine Kuhweide oder gar ein Gefängnis. Nur, dass die Damen und Herren Baubeamten sich da vor uns verstecken und nicht wir sie wegschließen, damit wir vor ihnen sicher sind. Man muss klingeln, sagen, was man will, und dann wimmeln se einen ab. Aber eine Renate Bergmann weiß doch, wie das läuft. Ich kenne die Schwachstellen im System! Also läutete ich und sagte in die Wechselsprechmuschel, ich wäre der Paketdienst mit einer Sendung für Frau Sylvia Paukert. Gertrud hielt Norbert die Schnauze zu, wissen Se, der kläfft gern im unpassendsten Moment dazwischen. Die Paukert'sche Schwiegermutter, die Else, ist in unserer Wasserdisco-Gruppe, daher weiß ich, dass die Sylvia alles ins Büro liefern lässt. Das ist wie mit der Berber.

An der Stelle würde ich Ihnen eigentlich gern noch eine kleine Geschichte aufschreiben von der Frau Berber, meiner Nachbarin, und ihren Päckchen. Aber ich höre schon das Fräulein vom Verlag, das hier immer Lektorat liest und aufpasst, dass Sie auch verstehen, was ich schreibe: »Nee, Frau Bergmann, Sie müssen beim Thema bleiben. Nicht so viel abschweifen!« Da isse unglaublich streng mit mir. Wenn es nach der Dame ginge, wären wir hier nach fünf Minuten durch mit dem Buch: Franz tot, Ariane schwanger, Wände gemauert, Dach drauf – fertig. Da muss ich wirklich um jedes Wort kämpfen, das ich Ihnen außer der Reihe notieren darf ... das sind jetzt schon wieder sieben Zeilen, da kriegt se bestimmt Pusteln am Hals. Mal gucken, wie viele sie am Ende drucken! Mhhh. Aber ich füge mich, ~~mitunter~~ meist hat sie ja recht.

Sehen Se, wie ich nichts schreibe?

Es tut ja im Grunde nichts zur Sache. Denn wie Gertrud das Miederhöschen von Frau Berber anprobiert hat, gehört vielleicht wirklich nicht hierher. Aber merken Se sich das, ich komme darauf noch zurück, wenn es besser passt. Das vergesse ich nicht!

Ich habe also geklingelt und gesagt, dass ich eine Lieferung bringe.

Zack, summte es und wir waren drin.

Solche Bauamtsleute kennen sich mit Vorschriften und Paragraphen aus, aber sie sind nicht verpflichtet, sie zugunsten der Antragsteller auszulegen. Wenn die bremsen können, dann bremsen die auch. Die wissen genau, dass in der Arbeitsstättenverordnung steht, dass auf der Toilette mindestens 21 Grad sein müssen. Wenn die Paukert mal keine Lust hat – und sie hat selten Lust! –, misst die auf dem Lokus nach, und wenn es nicht warm genug ist, geht sie nach Hause. Das hat mir alles ihre Schwiegermutter erzählt. (Ich hoffte inständig, dass die das nicht unseren Bauarbeitern steckte. Ein Thermometer auf unserer Bautoilette hätte mir noch gefehlt!) Na ja. In so einem Falle kann der Amtschef jedenfalls gar nichts machen. Dazu hat der im Übrigen auch gar keine Lust. Der ist da nämlich hingelobt worden, weil die im Grünflächenamt jetzt einen mit Bio haben. Entlassen konnten se ihn nicht, weil er dafür schon zu viele Jahre abgesessen hat, also wurde er Amtsleiter im Bauamt. Davon hat er überhaupt keine Ahnung. Else Paukert, die eben in unserer Wassergymnastiktruppe mit an den Nudeln steppt, erzählt, dass er immer schon um elf in die Kantine geht, damit er keinem Mitarbeiter begegnen oder gar Fragen beantworten muss. Wenn die Kollegen kommen, murmelt der ihnen ein »Mahlzeit« entgegen und geht schnell ins Archiv. Da hat er sich eine Liege hinstellen lassen und hält seinen Verdauungsschlaf bis zwei. Alle wissen das, und deshalb lassen die sich oben auch Zeit mit der Mittagspause, da guckt keiner so genau auf die Uhr. Auf dem Telefon läuft der Anrufbesprecher und sagt, dass leider, leider gerade alle Kollegen im Gespräch sind und man doch besser ein andermal durchrufen soll oder die drei drücken. Die Tür ist verriegelt, und außer Lieferboten mit neuen Schuhen oder Päckchen vom Amazonen lassen die keinen rein. Na ja, und wenn die, die überhaupt da sind, gegen zwei wieder an die Arbeit gehen, stempeln die noch die Eingangspost, gießen den Gummibaum, und dann ist auch schon Feierabend. Freitags ist sowieso nur bis zwölf, das weiß ich zufällig. Wir hatten mal in der Nähe geparkt, weil Ilse einen neuen Dichtgummi für den Schnellkochtopf brauchte und das Haushaltsgeschäft um die Ecke war, und da kamen Gongschlag zwölf ganze Horden von Leuten mit Sportsachen an und Yogamatte unterm Arm aus dem Bauamt. Ich hab mich richtig erschrocken, weil ich dachte, Kirsten wäre in der Stadt, aber ich glaube, die turnten alle selbst und nicht mit ihren Haustieren.

Paukerts junior haben einen Bengel, der auch Jeremy heißt – wie der Kleine von der Berber. Vor acht Jahren war es offenbar bei Strafe untersagt, seine Kinder anders zu taufen. Die Paukert senior hat auch erzählt, dass nur acht von vierzehn Stellen im Amt überhaupt besetzt und die deshalb von vornherein so überlastet sind, dass ganz automatisch zwei oder drei immer reihum für ein halbes Jahr ausfallen. Wegen Börnaut. Die Stellen wären auf dem Papier da, der Senat hätte das genehmigt, und es gab auch Bewerbungen und Einstellungsgespräche. Allerdings machte der Personalrat Zicken und protestierte gegen die Einstellung der Neuen, weil die nämlich genauso viel verdienen sollten wie die, die da schon jahrelang Dienst taten. Das finden sie ungerecht, na ja, und nun wird geklagt. Man darf da gar nicht drüber nachdenken. Kennen Se »Das Haus, das Verrückte macht«? So scheint es da zuzugehen. Mein »Guten Tag, Lieferdienst, ich habe ein Päckchen für Sylvia Paukert« war sozusagen der Passierschein A 38.

Was meinen Se, was es für ein Geschrei gab, als die mitkriegten, dass wir da sozusagen eingedrungen waren. Die rannten aufgeregt von einem Büro zum anderen und erzählten es sich gegenseitig. Wo doch heute kein Publikumsverkehr war! Sie müssen sich das vorstellen wie einen Ameisenhaufen, in den Se ein kleines Stöckchen legen. Ich – also, das Stöckchen auf dem Ameisenhaufen – blieb einfach auf dem Flur stehen und fragte jeden, der vorbeiwuselte, nach Sylvia Paukert. Gertrud streifte mit Norbert durch die Flure und murmelte: »Sicherheitsdienst, Potter, wissen Sie, wo Frau Paukert steckt?« Eine Kanone isse, die Gertrud! Was meinen Se, als was die sich schon alles ausgegeben hat mit ihrer Stempelkarte vom Bäcker, die sie als Dienstausweis vorzeigt! Der Hauptmann von Köpenick ist ein Unschuldslamm gegen Gertrud von Spandau, sage ich Ihnen. Ein Beamter zeigte auf eine Dame, die gerade ein paar Kollegen anvertraute, dass sie leider seit einer Woche gar nichts machen kann. Ich hörte aus dem aufgeregten Geplapper raus, dass sie kein Druckerpapier hatten. Wegen der Ersparnis musste das von einem anderen Bauamt angefordert werden, welches zentral einkauft. Nun war es aber so, dass bei der Zentrale der E-Mail kaputt war und die Paukert das hätte faxen sollen. Die hatte jedoch kein Papier mehr, und da biss sich die Katze in den Schwanz.

Letzten Dienstag hatte der Amtsleiter nach seinem Mittagsbubu dann wohl die Idee gehabt, dass man für ein Fax auch die Rückseite des Speiseplans nehmen kann. Da staunen Se, was? Der Mann ist eine Kapazität und sitzt zu Recht auf seinem Stuhl! Aber als die Bestellung durch war, hatte die Firma, die das Papier nach Spandau hätte rausliefern sollen, kein Auto verfügbar. Kurzum, das ganze Bauamt war seit einer Woche ohne Druckerpapier. Die Paukert sah gar nicht ein, dass sie was von zu Hause mitbringt, und da auf der Toilette jemand das Fenster angekippt gelassen hatte und es zwei Grad zu frisch war, wollte sie gerade Feierabend machen.

Mir wurde ganz schwindelig von den Zuständen da. Ich bin nun bestimmt nicht auf den Mund gefallen, lasse mir kein X für ein U vormachen, und meist fällt mir auch eine passende Antwort ein. Aber das hier ... herrje, ich wollte so schnell wie möglich wieder nach Hause! Wie die Leute, die da arbeiten, das bloß aushalten? Die merken wohl gar nicht mehr, dass sie sich gegenseitig und auch anderen das Leben schwermachen. Ich hatte nach zehn Minuten schon genug. Fürch-ter-lich.

»Man muss die Schwachstelle im System ausnutzen«, erinnerte ich mich an Egon Olsen und packte die Paukert am

Unterarm. Die kramte gerade ihre Tasche zusammen. Ich lächelte sie, so entschieden ich konnte, an und drückte ihr den mit blauer Tinte unterzeichneten Schriebs von Ariane und Stefan in die Hand. »Sylvia, mein Mädchen, das legst du jetzt auf die Akte. Und bitte noch bevor du Feierabend machst. Sonst mach ich auf der Toilette das Fenster zu, Fräulein! Und dann hast du den Salat ... also, die erforderlichen 21 Grad!« Sie guckte mich ganz verdutzt an. Die dachte bestimmt, dass ich blöffen würde! Aber nach einer Weile holte sie doch den Locher und einen flachmanngroßen Eingangsstempel und fertigte mein Papier ab.

Es ging alles seinen Gang. Gertrud und ich waren froh, dass wir da raus waren. Sylvia Paukert machte kältefrei, und nur eine Woche später kam der Anruf vom Rollkragen-Sachs, dass der Bauantrag genehmigt worden war und es nun losgehen könnte. Als wir Wasserdisco hatten, erzählte Else Paukert, dass das Bauamt neue Bestimmungen hat.
 Die dürfen nun keine privaten Pakete mehr ins Amt liefern lassen.

Auch, wenn noch nicht mal der Grundstein gelegt ist: Ilse hat das Einweihungsgeschenk für Ariane und Stefan schon fertig. Die Ohrensesselschoner sind wirklich wunderhübsch!

Mit dem Bauamt war erst mal alles so weit in Ordnung, es konnte also losgehen. Stefan und der Architekt kümmerten sich um die Baufirmen, damit die ein Angebot aufschrieben. Man muss ja die Preise vergleichen! Es ist mit diesen Dingen nicht anders, als wenn am Sonntag die Lebensmittelwerbung ins Haus flattert. Da wägt man doch auch ab: Das Päckchen Kaffee ist beim Edeka 70 Zent preiswerter, dafür kostet das Waschpulver beim REWE einen Euro weniger, aber erst am Donnerstag. Dann muss geplant und überlegt werden: Wenn wir sowieso wegen der Rouladen zum Fleischer nach Lankwitz rausfahren, liegt das Zenter da auf dem Weg? Hat Kurt da Chorprobe, oder kann er fahren? Und lohnt sich das, wegen Gebissreiniger zur Drogerie zu fahren, oder nimmt man den bei Edeka zum Kaffee dazu, damit es nicht so dumm aussieht und die Kassiererin meint, man kauft nur die Schnäppchen weg? Da sind tausend Dinge zu bedenken! Ich telefoniere oft den halben Sonntagvormittag mit Ilse und Gertrud und habe schon so manches Mal den Gottesdienst versäumt, weil wir den nächsten Einkauf planen mussten. Aber ich bin da ganz ehrlich – mir sind die Angebote von LIDL wichtiger als die Gebote des Herrn. Bei LIDL ist nämlich auch mal Abwechslung und nicht seit 2000 Jahren dasselbe. Oder haben Sie in der Kirche schon mal italienische Woche erlebt? Diese ewigen Oblaten mit Messwein, herrje! Ein bisschen Parmesan auf dem Leib Christi würde doch mal Abwechslung bringen. Aber ich schlage denen das lieber nicht vor. Der Herr Pfarrer hat mich sowieso genauestens im Blick, seit ich ...

Aber wo war ich? Ach ja. Die machten nun einen Plan für den Bau, wann was dran ist und wer es richtet. Von der Baugrube über die Maurer, die Fensterfritzen, Zimmerleute, Dachdecker, Trockenbauer und Ofensetzer. Das ganze Programm. Wissen Se, es geht da ja um ganz andere Summen als bei einem Päckchen Krönung! Da muss man genau hinschauen. Allerdings ist Geld allein nicht alles, die Qualität muss auch stimmen. Gertrud, die ihr Mittagbrot immer bei »Seniorenteller auf Rädern« bestellt, sagt: »So billich kannste allein ja gar nicht kochen.« Das mag sein, aber so schmeckt es dann eben auch. Genauso ist es bei Handwerkern: Billig allein ist kein Argument! Die müssen auch zuverlässig, pünktlich und auf Zack sein. Die bekamen alle einen Terminplan, den es einzuhalten galt. Weihnachten wollten wir schließlich schon im Rohbau sein. Stefan hatte Schatten unter den Augen und sah bald wie die Merkel'sche bei der Regierungsbildung aus. Der hatte auf der Arbeit zu tun, dazu die Planungen und Überlegungen mit dem Bau, na, und die Lisbeth brauchte ihn auch. Ariane mit ihrer Übelkeit fiel komplett aus.

Das arme Mädel. Die lag feste und durfte von ihrer Frauendoktorschen her nicht aufstehen. Es war sogar mehr als nur ein bisschen Übelkeit, »strenge Bettruhe« hatte sie verordnet bekommen. Manche Tage ging es, da konnte sie sich im Bett aufsetzen, aber meist drehte ihr Magen einen Salto, sobald sie den Kopf aus dem Kissen hob. Da hatte ihr die Natur übel mitgespielt. Mir tat sie sehr, sehr leid. Aber das ist gar nicht so selten, gucken Se, Prinzessin Kät hatte bei der kleinen Charlotte auch so zu kämpfen. Bei den Enkeln von Frau Bach geht das immer ohne Probleme, obwohl sie alle ihre Cousinen ehelichen. Die kriegen zwar nur mickrige, blasse Babys, die später dann im Schulstoff zurück sind, aber die Schwangerschaften verlaufen komplikationslos. Meist merken die Bachfrauen erst im fünften oder sechsten Monat, dass sie überhaupt schwanger sind.

Nicht so bei unserer armen Ariane.

Tagein, tagaus lag sie fest auf ihrer Couch. Das wenigstens hatte sie sich ausbedungen, obwohl die Frau Frauenärztin ausdrücklich von »Bettruhe« gesprochen hatte und nicht von »Couchruhe«. Diese jungen Leute, wenn die wüssten, dass sie sich von der Rumlungerei auf dem Schäselong den Rücken kaputt machen! Diese Trumme sind doch nicht richtig gefedert und meist von minderwertiger Qualität. Aber die Ariane hat sich strikt geweigert, ins Bett zu gehen. »Da habe ich nur den kleinen Fernseher«, war ihre Begründung. Man muss sich wirklich wundern, wie die überhaupt schwanger geworden ist, sage ich Ihnen. Fernsehen vom Bett aus! Da hatten wir früher Besseres zu tun, das können Se mir glauben. Na ja. Jedenfalls wollte Ariane ihren Netzfix und guckte den ganzen Tag über Interweb Serien. Aber nicht »Schwarzwaldklinik« oder »Forsthaus Falkensee«, sondern nur so Amikram, wo es gruselig ist und Nackte durchs Bild laufen. Sie kam – wegen der strengen Bettruhe – nur zum Pullern hoch. Ich bot an, eine Bettpfanne aus dem Sanitätshaus ... aber das wollte sie nicht.

Raus musste se jedenfalls reichlich, also ... na ja, eigentlich spricht man ja über Frauenleiden und »untenrum« nicht, aber ... nachdem die Übelkeit einfach nicht aufhörte, bekam sie zu allem Überfluss auch noch Wassereinlagerungen in den Knöcheln und war ganz aufgedunsen. Ich habe bei Frau Berber zwei Paar Schockinghosen ausgeborgt, die passten gut. Lassen Se die Berberin sein, wie sie will, aber in so einem Fall ist sie hilfsbereit. Sie braucht die Dinger auch kaum, die macht sowieso nur beim Sport mit, wenn der Kursus hinterher zum Schnitzelessen geht, und für Ariane lohnte es sich nicht, solche Lotterbuxen zu kaufen. In ein paar Monaten würde das Kind kommen, dann wäre sie wieder rank und schlank und die Berbersche würde die Büxen frisch gewaschen und gestärkt zurückkriegen, mit einem Kasten Konfekt fürs Borgen obendrauf.

Ich half, so gut ich konnte. Wissen Se, man darf sich nicht aufdrängen, wohl aber im Hintergrund bereitstehen und eine helfende Hand anbieten, wenn die jungen Leute sie brauchen und annehmen wollen. Ariane ging es so miserabel, dass sie mir sogar hin und wieder erlaubte, Lisbeth vom Kindergarten abzuholen und nachmittags mit ihr zu basteln. Und das heißt schon was, sonst ist sie nämlich sehr eigen und lässt sich nicht so unter die Arme greifen. Im Haushalt machte ich ihr nur, um was sie mich bat. Ich verzichtete sogar darauf, die Küchenschubladen auszuwischen, obwohl die es nötig gehabt hätten, sondern spülte wirklich nur die Teller ab. Ariane hätte sich nur aufgeregt, hätte ich die Laden ausgescheuert und frisches Schrankpapier ausgelegt.

Ich kenne sie doch, man kann ihr nichts recht machen! Als sie im Urlaub waren und ich den mir anvertrauten Schlüssel (»Nur für den Notfall, Tante Renate! Bitte, fass nichts an. Der Schlüssel ist nur für den Notfall!«) benutzt und ihr neue Bettwäsche mit hübscher gehäkelter Biese aufgezogen habe, gab es auch ein Theater. Sie sagte, ich hätte »ihr Vertrauen missbraucht«, »rumgeschnüffelt« und »alles mit kitschigem Plunder vollgetüddelt«.

Unverschämtheit. Sie hätten ihre Bettwäsche mal sehen sollen. Die war ganz rutschig und schwarz. Sie würden mir zustimmen, dass das ein Notfall und handeln geboten war!

Wenn ich Werbefernsehen im Zweiten anschaue, staune ich immer, wo man überall Pilze kriegen kann. Das ist sehr unappetitlich.

Noch bevor die ersten Gewerke – so sagt man zu den Handwerkern; »Gewerke«, das habe ich alles gelernt! – anrückten, haben wir natürlich eine Toilette organisiert. Wissen Se, ehe sich die Bauarbeiter noch bei den Nachbars an die Hecke stellten, sorgten wir lieber vor und organisierten so ein blaues Häuschen aus Plaste, wo unten ... Sie verstehen schon. Kurt hatte den Anhänger ganz umsonst an den Koyota gekuppelt, die liefern die Büdchen nämlich frei Baustelle. Wobei »frei« nicht das richtige Wort ist, was meinen Se, was die für ein Heidengeld dafür nehmen. Ich habe denen aber klargemacht, dass ich für so viel Geld auch ein sauberes Häuschen verlange, und auch, dass eine Brille drin ist. Wie oft hat man an der Autobahn welche ohne Deckel stehen! Ich bin ganz ehrlich zu Ihnen: Ich will dieses Thema auch nicht vertiefen. Es ist keine appetitliche Angelegenheit, aber es musste ja geregelt werden. Die kamen einmal die Woche und machten alles reine, und immer, wenn ich in den folgenden Monaten auf dem Bau zu tun hatte, schaute ich nach dem Rechten und wischte mal drüber. Ilse hängte zwei Duftbäumchen auf, die sie auch für den Koyota immer kauft, und wir sorgten auch stets für gute Seife und frische Handtücher. Die Toilettenkontrolle war, wann auch immer wir rausfuhren, der erste Gang von Ilse oder mir, und sogar Gertrud hatte ein

Blick auf das Häuschen, wenn sie mal auf die Baustelle kam. Die Bauleute waren stets zufrieden. Einer, ich glaube, es war der Baggerfahrer, fragte sogar nach, welchen Weichspüler ich an die Handtücher tue, weil die besser dufteten als die seiner Frau. Denken Se sich das mal!

Auf dem Grundstück hatten die Bagger derweil eine große Grube für das Fundament und den Keller ausgehoben. Auch, wenn der Kranführer mehr an meinen Handtüchern schnupperte, als dass er auf seinem Bagger saß, ging es wie am Schnürchen voran. So ein großes Gerät schafft ja tüchtig was weg. Ach, war das alles aufregend!

Ilse, Kurt und ich waren mit dem Koyota rausgefahren und guckten zu, wie die Handwerker die Bodenplatte aus Beton gossen. Es ist immer besser, ein Auge auf die Dinge zu haben!

Selbstredend haben wir nicht unvorbereitet losgemacht: In den Monaten der Bauarbeiten waren die Gummistiefel *immer* im Koyota. Es ist nicht leicht, die Dinger anzuziehen, sage ich Ihnen. Ilse hat es schlimm am Knie, ich habe eine operierte Hüfte, und Kurt nimmt bei Ostwind auch den Krückstock, da kann man sich gegenseitig nicht groß helfen. Und im Koyota ist es eng. Ilse hat einmal versucht, im Wagen in die Stiefel zu steigen; es endete mit großer Aufregung. Der Sitz schnellte nach hinten und wurde zum Liegesessel, das Knie musste sie eine Woche lang doppelt einreiben, und an den Stiefelabdruck am Schiebedach musste sie auch mit Schmierseife ran.

Sie glauben ja nicht, was für eine große Überraschung es für mich war, als mir gewahr wurde, wer im Haus gegenüber der Baustelle wohnte: Wilma Kuckert, die Rechtsverdreherwitwe. Sie ist bei uns im Seniorenverein. Eine fürchterliche Zicke. Nee, Wilma gehe ich lieber aus dem Weg. Sie hat chronischen Reizmagen und meist schlechte Laune. Ich persönlich hatte zwar noch keinen Zwist mit ihr, aber mir ist genug zu Ohren gekommen, dass ich sie auf höflicher Distanz halte.

Mein Ilschen hingegen hat mit Wilma ihre Erfahrungen gemacht: Kurt wollte sie an die Wäsche, die olle Kuckert, denken Se sich nur!

So was macht man doch nicht. Erst hatte sie auf der Rentnerwanderung damals angeblich den Fuß verstaucht und musste sich bei Kurt unterhaken – bei einem Mann von 87 Jahren, der am Stock geht, ich bitte Sie! Würden Sie das glauben? Na, bei Kurt am Arm konnte sie auf einmal wieder ganz zügig laufen und kicherte dabei wie ein Backfischfräulein, das sich vom Kavalier zum Tanz führen ließ. Ilse biss sich die Lippen so schmal vor Wut, dass die ganz blau wurden, und ich erwischte sie dabei, wie sie am Wegrand Eibe, Tollkirsche und Eisenhut sammelte. Nur mit Mühen konnte ich ihr das giftige Zeug aus der Hand reißen. Damals vermochte ich Ilse noch zu besänftigen, aber als sich Wilma von Kurt im Koyota nach Hause hat fahren lassen im Anschluss an den Dia-Abend im »Haus Seerose«, da war ihr Ilse richtig gram. So was macht man doch auch wirklich nicht, allein mit einem verheirateten Mann im Auto. Noch dazu im Dustern! Die Dame hat keinerlei Anstand und Ilse weinte zwei Tage lang. Sie sprach, mit einem, der mit einem losen Weibsbild allein im Wagen durch die Nacht fährt, teilt sie das Bett nicht mehr. Kurt musste auf dem Schäselong in der Wohnstube schlafen, er bekam

Hexenschuss von der Holzwollecouch, und erst, als die Kinder sich einschalteten und Ilse ins Gewissen redeten, ließ sie ihn wieder ins Elternschlafzimmer.

Selbstverständlich weiß eine Renate Bergmann, wo in solch einer Angelegenheit ihr Platz ist, nämlich fest und verlässlich an der Seite ihrer Freundin Ilse. Deshalb grüße ich Wilma knapp und reserviert, wenn wir uns begegnen, aber meide ansonsten ihre Gesellschaft. Schon, um Ilse nicht wieder zur Wut oder das Feuer der Leidenschaft bei Wilma zum Lodern zu bringen.

Jedenfalls ... war ich mit den Gläsers auf der Baustelle, auf der es nun schon langsam losging, um mal alles anzugucken. Ein Baustellenschild war aufgestellt, das Pixie-Klo blitzte, das Loch für den Keller hatten sie ausgehoben, und die Bodenplatte sah manierlich aus. Wir schritten alles genau ab. Alles sah irgendwie kleiner aus als zwölf mal fuffzehn Meter. Man weiß bei Handwerkern doch nie, ob die nicht irgendwo ein Bier gekriegt und sich am Ende vermessen haben? Kurt machte große Schritte, auch, wenn er nun vielleicht keinen ganzen Meter mehr schafft mit seinen 87 Lenzen, und Ilse zählte laut. Durch den Regen in den letzten Tagen war der ganze Grund aufgeweicht, und unsere Gummistiefel schmatzten bei jedem Schritt im Schlamm. Ilse hakte ihn unter, und sie ließen die Stiefel im Duett schlonzen. Es kam ungefähr hin mit den Metern, man verschätzt sich mit bloßem Auge ja doch. Aber lieber einmal zu oft kontrolliert, als dass am Ende die Anbauwand nicht in die Wohnstube passt! Das will dann wieder keiner gewesen sein. Wir liefen also prüfend durch den Matsch, und als ich rüber auf das Nachbargrundstück guckte, traute ich meinen Augen kaum: Wilma lugte durch die Ligusterhecke! Sie spionierte zu uns rüber und ließ die Zweige zusammenschnellen, als sie mitkriegte, dass ich sie bemerkt hatte. Es hab aber keinen Zweifel, dass sie es war.

Es bringt ja nichts, lange um die Realitäten herumzureden, deshalb sagte ich es gleich freiheraus: »Ilse, du musst jetzt ganz stark sein. Da drüben wohnt Wilma Kuckert.«

Ilse presste die Lippen zusammen, und ihr Blick verfinsterte sich.

»Kurt!«, rief sie knapp und bestimmt, »Kurt! Komm her! Wir fahren.«

Für den Tag war das erst mal ein zu dicker Brocken für Ilse, als dass sie einfach darüber hätte hinweggehen können. Aber im Laufe der Wochen und Monate gewöhnte sie sich daran. Was blieb ihr auch anderes übrig?

Wilma hing denn auch den größten Teil des Tages hinter der Scheibe und beobachtete, was wir da trieben. Wenn wir unsere Gummistiefel leidlich im Gras sauber rieben – man will ja so wenig Schmadder wie möglich im Koyota haben, auch, wenn Kurt selbstredend ein altes Laken zum Unterlegen dabeihatte –, sah ich schon wieder die Gardine wackeln. Bei einem so missgünstigen Weibsbild musste man vorsichtig sein. Da halten Se einmal den Besenstiel nicht richtig oder ein Maurer hat eine falsche Hose an, und zack!, ruft die die Baupolizei oder macht eine Anzeige wegen Lärms oder was weiß ich nicht was alles. Was war ich froh, dass wir gleich das Plaste-Örtchen organisiert hatten. Nicht auszudenken, wenn einer der Bauleute an Wilmas Hecke ...!

Die hätte uns die Hölle heißgemacht. Immerhin war der Mann Anwalt gewesen. Er liegt bei Walter mit auf dem Friedhof – nicht sehr gepflegt, das Grab. Ich will nicht reden, aber ... sie hat es mit einer Steinplatte abdecken lassen und stellt nur ab und an eine Topfpflanze vor das Kopfende. Rundum geharkt ist auch nicht immer! Wilma hat ja auch keine Zeit für die Pflichten einer Witwe, da sie mit dem Spionieren gut ausgelastet ist.

Sie hielt sich für sehr gescheit, deshalb stellte sie sich nicht direkt hinter die Fensterscheibe, wenn sie uns beobachtete, sondern setzte sich mitten in ihre Stube und guckte gebückt durch ein Fernglas. Sie dachte, so sieht man sie nicht, aber eine Renate Bergmann hat vielleicht eine Hüfte aus Titan und geht ein bisschen langsam, aber sie hat bis heute Augen wie ein Luchs. Jedenfalls kann ich weit gucken, für Kreuzworträtsel brauche ich eine Brille. Ich kenne mich doch aus mit so was, ich habe das auch schon ... aber das gehört nicht hierher. Erst dachte ich, Wilma sitzt auf der Toilette, so wie die da hing und komisch starrte, aber sie duckte sich weg. Ich winkte ihr fröhlich, da isse dann aufgesprungen und hat sich eine halbe Stunde in der Küche versteckt. Wir haben mit unserer Arbeit am Kieshaufen weitergemacht. Das hatte zwar keiner gesagt, aber wir vom alten Schlag sehen doch, wenn Arbeit anliegt! Dass Kies gesiebt gehört, weiß man, das ist wie mit dem Mehl, das gehört auch ohne Klumpen in den Teig. Man kann sich die Arbeit einteilen und kleine Schippen nehmen, und so schafften wir tüchtig was weg. Kurt zeigte jedem seine Blase am Daumen und gab mächtig an. Die Maurer staunten nicht schlecht, als sie loslegen wollten und die groben Steine schon raus waren. Ja, die »Rentnerbrigade«, wie Stefan uns schmunzelnd nannte, war auf Zack!

Ab und an schaute ich beim Kiessieben noch zu Wilma rüber, die irgendwann aus der Küche zurückkam und so tat, als würde sie Handarbeiten machen. Wissen Se, ich habe sie im »Haus Abendsonne« oft genug Maschen verlieren sehen. Ich weiß, dass die Kuckert an der Nadel nichts kann.

Ich habe dann geklingelt und erst mal offiziell erklärt, dass wir hier bauen. Da hat se ja ein Recht darauf, das zu erfahren. Solche Leute bindet man am besten mit ein und kanalisiert ihre schlechten Angewohnheiten in die richtige Richtung. Deshalb habe ich sie gebeten, doch ein Auge auf den Bau zu haben. »Wilma, was für ein Glück, dass du hier wohnst. Weißte, wir haben zwar noch keine Wertsachen auf dem Grundstück, aber trotzdem liegt doch das Material da rum, und es hat hier auch kein Rabauke was verloren. Kannst du vielleicht einen Blick darauf haben ab und an und mir Bescheid geben, wenn sich da Leute rumtreiben, die hier nichts zu suchen haben?«

Na, ich sage Ihnen, das war eine gute Idee! Wenn man Wilmas Neugier für unsere Zwecke ausnutzte, konnte das nur von Vorteil sein. Es gab ihr auch eine Rechtfertigung, mit dem Feldstecher hinter der Gardine zu spionieren. Eine Wind-Wind-Situation, wie die jungen Leute sagen würden.

Wir brauchten keinen Wachschutz für teures Geld, wir hatten Wilma Kuckert!

Kirsten hat den Handwerkern Frühstück angeboten, wie ich es ihr geraten habe. Nur eben keine Hackepeterschrippen mit Bier, wie ich es immer tue, sondern Tofuklops und Detockstee. Da muss se sich nicht wundern, wenn die Bude kalt bleibt!

Für den Rohbau hatte Stefan auf Anraten des Architekten eine Zwei-Mann-Truppe angeheuert, die vom Keller bis zum Dach sämtliche Arbeiten erledigen sollte: Mauern hochziehen, Kabelschächte setzen, Sie wissen schon. Was eben so anfällt. Die Herren Kalle und Bogdan waren kräftig, grundsolide und machten einen ehrlichen Eindruck.

»Mit den Maurern musst du dich gutstellen, Renate«, dachte ich bei mir. Wissen Se, Kurt meint es sehr gut und auch Gunter Herbst, der treue Freund von Gertrud, zeigt im Außenbereich nicht selten ein gewisses ... Talent. Aber mit unseren Jahren auf dem Buckel ist man nicht mehr so robust und ausdauernd, wie man glaubt. Nach kaum einer halben Stunde am Mischer würde Kurt doch nur noch halbe Schaufeln schippen, und Gunter hätte schon nach nicht mal zehn Minuten mehr die Hand im Rücken als an der Schippe. Ich sah das schon vor mir. Männer können das ja nie so gut verknusen und erst recht nicht zugeben, wenn es körperlich nicht mehr so klappt ... in jeder Beziehung, wenn Se verstehen, was ich meine. Außerdem musste man ja auch so viel beachten! Es ging schon damit los, dass so ein Betonmischer ja ganz anderen Strom braucht, nämlich Grobstrom. Da brauchen Se mit der Steckdose für den Föhn nicht zu kommen. Ein ganz dickes Kabel braucht man da, und davon haben die alten Männer keine Ahnung. Und Kurt darf schon nicht an den Hausstrom, nachdem es einige Vorfälle gab. Den Umgang mit dem Stahlstrom auf der Baustelle lehnte Ilse für ihn rundheraus ab.

Nee, die beiden Maurer würde ich umgarnen. Wie schwer kriegt man heutzutage gute Handwerker! Es will doch keiner mehr was lernen, bei dem man mit den Händen arbeiten muss. Alle wollen se nur am Computer rumhacken oder was mit Marketing und Projekten.

Im Grunde genommen gibt es ja kaum noch Arbeitslose. Die Menschen sind entweder »in einer Maßnahme«, sie machen einen Startapp oder sie studieren. Am liebsten sind mir ja die, die »irgendwas mit Medien« machen. Das ist im Prinzip wie arbeitslos, nur, dass die Eltern stolz sind.

Neulich frage ich den Großen von Seibalds, der nun bald 16 wird, was er mal werden will. Er sagte, er weiß es nicht. Das wunderte mich nicht, das wissen die ja heute alle nicht. Aber ich ließ nicht locker und hakte nach: »Junge, du musst doch eine Vorstellung haben, womit du später mal dein Geld verdienen willst!« Er meinte, er würde irgendwas mit Influenza machen. Ich freute mich und fragte, ob er studieren und Arzt werden will oder vielleicht Krankenpfleger, aber da lachte der jungsche Kerl und meinte nee, er würde da bei Finsterkram Werbung machen und über sein Leben Fotos hochladen und ab und an eine kleine Salami oder eine Flasche Feinwaschmittel ins Bild halten. Das würde die Leute freuen. Die Wurstfirma würde ihm dafür Geld überweisen, weil es Werbung ist. Influenza-Werbung.

Man kann nur den Kopf schütteln, von so einem Quatsch wollen die heute leben! Wissen Se, in ein paar Jahren wird es so sein, dass wir keinen Wasserinstallateur, keinen Friseur und keinen Maurer mehr haben, nur noch Leute, die Heimseiten für die Dienste basteln könnten, die man nur noch ganz schwer kriegt. Aber wenn es keine Handwerker mehr gibt, wem wollen die dann eine Inleinseite programmieren, frage ich Sie?

Ich weiß doch Bescheid! Sie wissen bestimmt, dass ich beim Fäßbock bin und auch beim Twitter und so. Da bin ich aus Höflichkeit mit dem einen oder anderen befreundet. Mit der Enkelin von Gertrud zum Beispiel. Ich kenne das Kind nur von Gertruds Geburtstagen. Wenn Se sich angucken, was die da hochzeigt an Bildern, weiß ich, was ich der zu Weihnachten schenke: einen Duden und was zum Anziehen. Und zwar was Warmes, das über die Nieren geht, ohne dass die Brüste rausspringen! Man kann das gar nicht mit angucken, und das sozusagen in aller Öffentlichkeit. Soll mir doch keiner erzählen, dass das nur die Freunde sehen. Das Interweb vergisst nichts, heißt es, aber es tratscht auch mehr rum als Inge Trottenbusch. Da komme ich schon wieder in Rage. Was heißt denn überhaupt »Freund«? Mit wie vielen ist man da verbandelt und kennt die im Grunde nur lose. Trotzdem muss man angucken, wenn sie einen Kaffee im Pappbecher kaufen oder sich einen neuen Türkranz basteln. Oder Bilder mit Alkohol in der Hand am Strand, womöglich noch im Zweiteiler. Ich bitte Sie! Jeder, der einem nicht wohlgesinnt ist, kann das verspeichern auf seinem Gerät und Leuten geben, für die das nun wirklich nicht bestimmt ist. Nee, man muss sich genau überlegen, was man da sagt und vorzeigt.

Das größte Problem ist nicht, dass die Leute dumm sind. Dumme gab es schon immer. Der schielende Heinrich von der Schmiede hatte wirklich nicht alle Pfannen auf dem Herd, aber er hatte keinen Interweb. Sie ließen ihn den Hof fegen, und er bekam drei Mahlzeiten am Tag, und so merkte es keiner, dass er neben der Spur läuft. Heute hätte der einen Schmartfon, 10 000 Freunde im Finsterkram und würde im Januar im Fernsehen Kakerlaken essen.

Ich mache drei Kreuze, dass ich meine Scherflein im Trockenen habe. Ich bin 82 Jahre alt und froh, dass ich das nicht mehr alles mitkriege, wenn hier die Bombe platzt. Wenn die merken, dass man nicht davon leben kann, sich gegenseitig mit Weichspüler zu knipsen, bin ich untertage und gucke den Radieschen zu, wie sie mir entgegenwachsen. Wissen Se, es gibt Kinder, bei denen hat es gar keinen Sinn, die zu beschulen. Wenn die Schleife binden und ihren Namen schreiben können, sind die fertig ausgebildet. Kennen Se auch solche Fälle? Da geht die Akte nahtlos vom Schulamt zum Arbeitsamt rüber.

Dass das keiner sieht und was dagegen tut! Man kann sich nur wundern. Jedenfalls freue ich mich über jeden, der einen vernünftigen Handwerksberuf lernt und mit seinen Händen noch was anfangen kann, wenn der Strom mal weg ist und der Computer kaputt.

Kalle und Bogdan waren zwei anständige Gesellen. Die hatten alles im Griff und den Überblick. Sie brachten sich auf ihrem Transporter jeden Tag so viel Material mit, wie sie brauchten, sodass nicht die Gefahr bestand, dass auf dem Bau geklaut wurde, wenn Wilma mal nicht hinter der Gardine saß. Sie kamen zügig voran. Immer, wenn ich

Kontrolle machte, war wieder eine Wand fertig. Da konnte man nicht meckern.

Selbstverständlich hatten wir uns für stabiles Mauerwerk aus Klinkersteinen entschieden und nicht für solche vormontierten Platten. Gucken Se sich doch mal um in den Neubausiedlungen, wie das nach nicht mal 50 Jahren aussieht! Das wäre zwar billiger und ginge schneller, aber schließlich baut man nur einmal im Leben und will es dann auch solide haben. »Ein Stein, ein Kalk, ein Stein, ein Kalk« lautete unsere Devise, und zum Feierabend ein Bier »auf den Weg« für die Maurer. Was nützt es einem, wenn man am falschen Ende spart und hier billige Fertigteile in den Boden setzt? Drei Tage Regen und die Kartoffeln schwimmen im Keller. Nicht mit Renate Bergmann! Wie ließen richtig mauern, wie es sich gehört. Innen, die Zwischenwände, ja, die waren aus modernem Gasbeton, aber das Fundament und die tragenden Wände ließen wir aus festen, guten Klinkern setzen.

Ich dachte mir, dass ich die zwei beiden Maurersleute wohl am besten mit Hackepeterschrippen bei Laune halten würde. Männer, die körperlich schwer arbeiten, müssen doch tüchtig was hinter die Kiemen kriegen! Denen kann man doch nicht mit einem Salat zum Mittag kommen wie so einer dürren Mieze, die den ganzen Tag im Büro auf ihrem knochigen Hintern sitzt und ab und zu auf den Gummiball überwechseln muss, damit es sie nicht so pikst. Als ich das Tablett aus dem Koyota hob, zierte der Kalle sich aber und wand sich wie die Zick am Strick:

»Meine Frau hat mich uff Diät jesetzt«, brummelte er mir entgegen. »Gucken Se mal an hier!« Er streckte mir sein kleines Bäuchlein entgegen. Es war nun wirklich nicht der Rede wert, es war nur ein ganz kleiner Bauchansatz. Ilse könnte ihm einen Keil in den Blaumann einsetzen, dann wäre die Plauze diskret verpackt.

»Meine Frau sacht immer ›Bruno‹ zu ihm«, merkte Kalle mit traurigem Unterton an. Die Dame würde ich ja gern mal kennenlernen. Den armen Kalle so zu ärgern! Die hat doch keine Ahnung. »Ein Mann ohne Bauch ist wie ein Pferd ohne Beine, Herr Kalle«, tröstete ich ihn, »Sagen Se das Ihrer Frau. Und nun diskutieren Se nicht länger, sondern langen Se tüchtig zu. Frischer Hackepeter muss zügig gegessen werden.« Mit Hackepeter muss man vorsichtig sein, sage ich Ihnen, eine Stunde nicht gekühlt und schon wird der grau. Außerdem, wer hätte den sonst essen sollen? Stefan machte lange Zähne, und Ariane durfte nicht. Schwangere dürfen keine Lakritz, keinen guten Käse und kein rohes Fleisch.

»Wir wollen im Oktober zur Silberhochzeit vom Schwager, Frau Bergmann. Da macht meine Elke jetzt schon Stress. Ick soll mit dem Essen uffpassen, damit ick in den Anzuch passe. Sojar dett Bier rationiert se mir. Bundesliga ohne Molle, dett macht alles jar keen Spaß. Dett Schlimmste is aber«, fuhr der Kalle fort, »dett Schlimmste is, dett ick einen Schlips umbinden soll. Die spinnt doch. Ick und 'n Schlips! Als wär ick der Brautvater! Hörn Se mir uff.«

Ich atmete tief durch. Das kannte ich doch alles von meinen Männern! Die können sich aber auch bockbeinig haben wegen des »Kulturstricks«. Otto – also, mein erster Mann – war der Schlimmste. Später war ich als Ehefrau natürlich auch schon erfahrener und wusste, wie ich mich durchzusetzen hatte, aber Otto hat sich noch erfolgreich geweigert, Krawatte zu tragen. Er hatte auch nur eine über den Krieg gebracht, es war ein schwarzes Modell, universal tragbar bei Konfirmationen, Eheschließungen und Beerdigungen. Es geht dabei ja auch immer irgendwie um Abschied, ob nun von der unbeschwerten Kindheit, der Freiheit oder vom Leben. Da passt Schwarz doch prima! Aber immer, wenn Krawattetragen anstand, hat er das Ding versteckt und behauptete, er könne es nicht finden. Sie wissen ja, der Krieg ... Dabei wusste ich genau, dass es den Schlips gab! Er hat sich auch nie getraut, ihn ganz wegzuschmeißen, weil er nämlich ein gottesfürchtiger Mann war, der viel Wert darauf legte, mit Anstand und in Ehren unter die Erde gebracht zu werden. Und in der schweren Zeit hatten wir wahrlich andere Anschaffungen zu machen als einen neuen Binder, ich bitte Sie! Wir hatten keinen Kühlschrank, schliefen auf Matratzen aus Stroh, und ich kochte in einem verbeulten Topf von Oma Strelemann, aus dem *alles* nach Grützwurst schmeckte, egal, was es gab. Die Emaille war nämlich abgeplatzt, und da hatte sich was druntergesetzt. Aber es war nun wirklich kein Geld übrig, um ständig Schlipse zu kaufen, vielleicht noch teure aus England aus Nessereddelsop. Otto ging immer mit offenem Kragen, wenn er eigentlich einen Binder hätte tragen sollen, und behauptete, er würde keine Luft kriegen, wenn er den »Kulturstrick« umhat. Als er starb, fand ich das Ding in seiner Baukammer. Er hatte den Schlips in einer leeren Farbdose versteckt, auf die er »Erst nach meinem Tod zu öffnen« geschrieben hatte. Mit vier Ausrufezeichen, wie so einer beim Fäßbock heutzutage. Ich dachte erst, es wäre ein

Testament, aber nee, er hatte nur den Binder da reingetan und auf einem kleinen Zettel notiert: »Damit ihr mich anständig begraben könnt, aber zieht nicht zu fest. Küsschen, meine liebe Renate, es war eine schöne Zeit. Dein Otto.«

Ich bin ja kein Unmensch, ich habe den Bestatter – das war damals noch der Vater vom jetzigen Rachmeier junior – gebeten, Ottos Krawatte recht lose zu lassen. Fesch sah er aus im offenen Sarg, wie ein richtiger Herr. Dem Himmel sei Dank habe ich kurz vor der Trauerfeier noch alles kontrolliert, herrje, der alte Rachmeier hatte es auf den Augen und doch tatsächlich versäumt, Otto den Hosenschlitz zuzuziehen! Was hätte das für ein Gelächter gegeben in der Aussegnungshalle. So was macht einem doch die ganze schöne Trauerstimmung kaputt. Man muss auf alles achten, auf jede Kleinigkeit.

Männer können ja heute alle keinen Schlips mehr binden. Nun denken Se bestimmt, das ist neu, aber ich sage Ihnen, das war schon immer so. Bei meinem Otto in den 1950ern und sogar noch früher. Schon Opa Strelemann konnte das nicht, Vater sowieso nicht und auch keiner meiner Männer, außer Franz. Das hat nämlich nichts mit der Zeit zu tun, sondern nur damit, ob die Männer es gewohnt sind, Schlips zu tragen. Franz musste es von Berufswegen her als Vertreter, aber die anderen ... hüllen wir lieber den Mantel des Schweigens drüber.

Ilse kann ja Schlipsknoten, aber nich am Mann, sondern nur, wenn sie ihn selbst um den Hals hat. Also nicht spiegelverdreht, wissen Se. Das ist immer ein Gewürge vor der Kirche! Erst schnallt sie Kurt den Strick ab, weil er angeblich nicht richtig ist, hängt ihn sich um und macht den Knoten neu. Wenn er halbwegs sitzt, zieht sie das eine Ende vorsichtig durch die Schleife, bis sie ihn über ihren Kopf abheben kann, ohne sich dabei in den Locken zu verfangen, und versucht, Kurt wieder ins Geschirr zu legen. Der hat aber einen dickeren Schädel, sodass sie noch weiter öffnen muss, und wenn sie zu weit aufzieht, geht das alles wieder von vorne los. Einmal, ich glaube, es war bei der Beisetzung von Reinhard Schussfest, kam der Pfarrer schon rein, als Ilse noch damit beschäftigt war, Kurt einzuschnüren. Sie hat in der Hektik die Schlaufe ruckartig sehr stramm zugezogen, und Kurt ist während der Predigt ganz blau angelaufen. Geröchelt hat er, der arme Mann! Fast hätten die Sargträger noch ein zweites Loch buddeln können an dem Tag, und nur wegen des Schlipses.

Herrn Kalles Sorgen um die Kleiderordnung auf der Silberhochzeit waren mir also wohlvertraut. Ich hoffte insgeheim, dass seine Frau sich durchsetzen würde und auf Anzug bestand. Allerdings sollte der liebe Mann doch auch nicht darben und nun den Sommer über nur Diät essen. Ein tüchtiger Handwerker, der schwer arbeitet, muss auch kräftig was zwischen die Zähne kriegen.

»Herr Kalle, jetzt langen Se erst mal richtig zu. Es schmeckt nur, wenn es kalt ist. Bier gibt es aber nicht dazu, das hole ich erst nach Feierabend«, merkte ich spaßig an, »sonst wird die Wand am Ende noch ganz schief.«

»Sie dürfen mir auch gern sagen, wenn Sie sich mal was zum Mittag wünschen. So ein schöner Erbseneintopf mit Spitzbeinen? Oder Kotelett mit Knochen dran und Mischgemüse, Salzkartoffeln und brauner Soße?«

Dem Kalle und auch dem Gesellen Bogdan lief das Wasser im Munde zusammen, und sie bekamen ganz leuchtende Augen. Eine Renate Bergmann weiß doch, was richtigen Männern schmeckt! Die Sache mit den Maurern lief. Die waren so gut bei der Sache, dass wir dem Zeitplan sogar voraus waren. Aber es war ein Vabanquespiel. Man musste die Herren beaufsichtigen, umgarnen und doch auch ab und an antreiben. Wider den Schlendrian!

Ich habe ja schon berichtet, wie schwierig es heutzutage ist, gute und zuverlässige Handwerker zu bekommen. »Fachkräftemangel« sage ich nur. Die Fachkräfte selbst wissen das nur zu gut und versuchen dann und wann, es auszunutzen. Ein paarmal habe ich sie erwischt, wie sie alles stehen- und liegenließen, sich ins Auto setzten und verschwanden. »Wir machen hier erst mal Schluss, der Chef hat uns nach Fuchsburg geschickt. Da ist morgen Bauabnahme und wir müssen fertig werden. Wir kommen am Freitag wieder«, hieß es und schwups, waren se weg. Ich habe die aber bald durchschaut. Die wussten genau, dass sie sich die Arbeit aussuchen konnten. Wenn die eine Baustelle hatten, zu der sie nicht so weit fahren mussten, wurde die natürlich vorgezogen. Mir ist auch aufgefallen, dass die Maurer dienstags immer schon um eins einpackten und weiterzogen. Nachmittags haben sie nämlich lieber in der Schittbüxstraße auf dem Bau von Löschmeiers gemauert – und zwar nur, weil im Fitnessstudio gerade rüber die Mädchen aus der Oberprima zur Poppgymnastik eingerückt sind. Die jungen Dinger mit ihren Bockwurstepelle-Hosen machen die Kerle ganz wuschig. »Taubstummenhosen«, sagt Kurt immer und grinst ganz schmutzig. »Da kann man von den Lippen lesen.« Ich kann Ihnen beim besten Willen nicht sagen, woher er so was hat.

Ich sage Ihnen, wenn man will, dass es vorangeht auf dem Bau, muss man auch mal erfinderisch sein. Also habe ich mit Fräulein Tanja – die für uns Alte auch in der Wasserdisco vorturnt – besprochen, dass sie die Mädelchen gegen die Herzsportgruppe mit den Fettle... sehr fülligen Turnern tauscht. Das war der letzte Dienstag, an dem die Maurer früher gegangen sind. Ab da haben sie durchgearbeitet.

Ich habe sie aber auch gut verpflegt, da lasse ich mir nichts nachsagen. Das spielt ja auch eine Rolle für die Muttivation. Zum Frühstück brachte ich eben immer Hackepeterbrötchen und eine große Kanne handgebrühten Bohnenkaffee. Und zwar RICHTIGE Schrippen vom Bäcker und RICHTIGEN Hackepeter vom Fleischer. Keine aufgepusteten Teiglinge und Fabrikfleisch aus der Plastebüchse. Dazu frische Zwiebelringe und Gürkchen, ach, herrlich! Die Herren schmausten mit Wonne und packten tüchtig an, es ging gut voran. Die Diät von Herrn Kalle war einstweilen ausgesetzt.

Mittags machte ich meist Eintopf. Herr Bogdan sagte mehr als einmal, dass er einen leckeren Eintopf von einer guten Köchin jedem Schischi-Menü vom Spitzenkoch vorziehen würde. Also hielt ich mich daran. Zu meiner Erbsensuppe merkte er an, so gut hätte er nicht mehr gegessen, seit er als Kind in der Sommerfrische bei seiner Oma war und sie den Eintopf mit frischer Schlachtebrühe angesetzt hat. An dem Tag habe ich ihn überredet, den Türbogen zu mauern. Das ist eine ganz schwierige Arbeit, da braucht man Muße und Ruhe, aber so wohlgespeist ging Herrn Bogdan selbst diese Arbeit flott von der Hand.

»Das Dach muss noch vorm Winter drauf«, mahnte ich jeden Tag zur Eile. Man weiß ja, wie schnell die kalte Jahreszeit ran ist. Eben ist noch Hochsommer und alle schwitzen und stöhnen, dass es eine Jahrhunderthitze ist, und zack, stehen die Lebkuchen in der Kaufhalle, abends wird es wieder früher duster, und ehe man sich's versieht, ist der Winter da. Da muss nur bei einem einzigen Handwerker was schiefgehen – und irgendwas geht immer schief, das sage ich Ihnen! – und schon ist der schöne Plan durcheinander.

Es läuft ja selten alles ganz glatt, irgendwas passiert immer, was einem ein bisschen Sand ins Getriebe streut. Und auch, wenn wir auf der Platte gut vorankamen mit der Bauerei, hatten wir in Spandau eine kleine Panne zu überstehen, und zwar in Gestalt meiner Tochter Kirsten.

Kirsten kam nach Berlin.

Haben Se zwei Sätze Geduld, ich erzähle gleich ein bisschen eingehender über sie und setze Sie ins Bild. Dann können Sie besser einordnen, wie ich das meine.

Wie es immer so ist: Natürlich platzte sie genau an dem Tag auf die Baustelle, als ich nicht da war. Dem Himmel sei Dank hatte ich zum Kalle einen so guten Draht. Wir hatten gleich Händinummern getauscht, und seine Frau Elke hat mich beim Fäßbock als Freundin geführt. Er selbst hat keinen Fäßbock, er hat ein Handwerkertelefon mit Tasten und aus Hartgummi, das auch mal runterfallen und ein paar Spritzer Wasser vertragen kann. Auf dem Ding gibt es auch kein Glasscheibchen, das man jeden Tag mit Fensterreiniger abrubbeln muss, weil man sonst jeden Schmadder sieht. Nee, Kalles Händi hat Tasten, die piepen, und der Strom hält eine Woche durch. Da war ich schon ein bisschen neidisch, aber andererseits hatte der eben keinen Twitter und auch keine Navifrau. Aber es reichte, um mich anzurufen: »Frau Berchmann, hier is so 'ne komische Frau mit 'nem Erpel an der Leine. Die quasselt von Wasseradern und dass ick die Wand wieder abreißen soll, weil ihre Wünschelrute an der Stelle ausjeschlagen hat ...«

Ich wusste sofort Bescheid. Wissen Se, auch wenn es vielleicht nicht sehr schmeichelhaft ist, aber mehr Worte braucht es im Grunde nicht, um Kirsten zu beschreiben.

»Herr Kalle, lassen Se die links liegen und hören Sie bitte ü-ber-haupt nicht hin, was die sagt. Ich komme sofort.«

Ich habe alles stehen- und liegenlassen, mir nur schnell die Hände abgetrocknet – ich war gerade beim Abwasch – und bin mit der Taxe rüber. Auf die zehn Euro kam es in dem Moment nicht an, es ging um jede Minute! Wer weiß, was Kirsten noch alles anrichtete. Kalle und Bogdan standen auf dem Gerüst und mauerten starren Blickes gerade die Zwischenwand von der Schlafstube und einem der Kinderzimmer. Das schafft ja, wenn man große Steine nimmt, am meisten hält es ja auf, die Ecken zuzusägen. Sie kamen gut voran und ignorierten Kirsten, wie ich ihnen geheißen hatte. Die wiederum wuselte aufgeregt unter dem Gerüst rum und wich gerade einem Klecks Kalk aus, als ich ankam. »Mama! Was machst du denn hier?«, guckte se ganz überrascht. »Kirsten, mein Kind, sag mir mal lieber, was *du* hier machst. Lass bitte die Handwerker ihrem Tagwerk nachgehen und bringe hier nichts durcheinander. Wir haben einen straffen Zeitplan einzuhalten, der Winter naht!«

»Das ist alles völlig verkehrt. Hier gehen die Wasseradern lang, und statt die Fruchtbarkeitsecke zu nutzen und dort das Schlafzimmer hinzubauen«, zeigte sie auf die Ecke, wo das Bad hinsollte, »ziehen die hier eine Mauer! Das muss alles weg!« Sie trommelte wie eine Furie gegen die frisch gesetzte Wand aus Gasbetonsteinen. Zu allem Überfluss fiel ihr Blick in dem Moment auf die teure Thermosmix-Kochmaschine, die sie mir geschenkt hatte. Ich hatte sie den Maurern ausgeliehen, um darin den Feinmörtel anzurühren. Das funktionierte so klumpenfrei und wunderbar, dass die Maurer mir das Gerät am liebsten abkaufen wollten. Selten hatten sie so glatten Mörtel wie auf dieser Baustelle gehabt, hatte mich Kalle gelobt. Aber statt dass das Mädel sich freute, dass wir so eine sinnvolle Verwendung für ihren Rührbottich gefunden hatten, fing sie das Zetern an und bekam prompt Schnappatmung.

»Kind, beruhig dich erst mal. Das mit der Fruchtbarkeitsecke hat sich erübrigt, Ariane ist ja nun schwanger, wie du weißt. Lass uns mal zu mir fahren, und ich mache uns einen schönen Detockstee.« Das ist ja das Neuste. In ihrer Esoterikbrangsche wechseln die Moden ganz schnell, da schlackern einem die Ohren. Gerade waren Detockstee, mit dem sie entgiften, und Porridsch aktuell. Porridsch ist im Grunde Haferschleim, den se jetzt alle für drei Euro im Bio-Laden kaufen und der ihnen beim Verdauen hilft. Ich will mich nicht aufregen und Sie nicht langweilen, aber lassen Se sich das mal auf der Zunge zergehen: eine Portion Haferbrei für drei Euro! Da sehen Se doch schon, dass Leute wie Kirsten meschugge sind!

Ich bat bei Kalle und Bogdan um Verständnis und wies sie an, einfach wie geplant weiterzuarbeiten. Ich musste mich Kirsten erst mal annähern, um zu verstehen, wie sie gerade tickte. Oft weiß man das bei ihr nicht so genau, es schlägt immer schnell um. Es ist ein Schwert mit ihr. Aber wir haben uns arrangiert und kommen aus, seit einer dem anderen nicht mehr reinredet in sein Leben. Sie lässt mir meine Blutwurst und ich ihr ihren Hirsebrei – so geht es. Wenn man einander mit Respekt begegnet und sich nicht zu bekehren versucht, schafft man es sogar, sich zu lieben, auch, wenn man ab und an bis zehn zählt und manches Wort nicht sagen darf, sondern runterschlucken muss. Auf der Basis kommen Kirsten und ich gut miteinander zurecht.

»Verwandte können gar nicht weit genug weg wohnen«, heißt die alte Weisheit, und für meine Tochter gilt das ganz besonders. Sie wohnt im Sauerland. Wenn sie nach Berlin anreist, gibt es immer ein Tohuwabohu. Man weiß nie, was für Viecher sie gerade in psychologischer Betreuung hat und mit sich führt. Vorletzten Sommer war es ein Papagei, der immer zu krakeelen anfing, wenn er ein Auto hörte. Da war se ja in Berlin nun mal ganz falsch. Was meinen Se, was hier los war, das Viech schrie, dass es einem durch Mark und Bein ging. Es hörte sich fast an wie das durchdringende Organ der Berber, wenn sie dem Lieferauto vom Pizza nachruft, weil zu wenig Käse auf ihrem Fladen ist. Kirsten bestrahlte den Papagei mit einer Rotlichtlampe und besprühte ihn mit einem besonderen Wasser, das ihr eine »Freundin« aus Rumänien schickte. Dort füllte es ein Waldschrat aus einer Quelle in den Karpaten ab ... hören Se mir auf. Da kann ich dann nur meinen Korn trinken und früh schlafen gehen, sonst rutscht mir doch wieder was raus und es gibt Ärger. Ich wollte gar nicht wissen, was es mit dem Erpel auf sich hatte, den sie an der Leine hatte. Der durfte im Wagen vorne sitzen, während ich mich auf die Rückbank zwängen musste! Frechheit. Andererseits fiel mir in dem Moment wieder ein, dass ich noch Grünkohl im Tiefgefrierer hatte. Grünkohl passt doch prima zu Entenbraten!

Nee, das muss ich Ihnen noch erzählen, so viel Zeit muss sein – passen Se auf. Es ist vielleicht ein paar Monate her, da wand sich Kirsten am Telefon und war ganz komisch. Nun ist »komisch« im Zusammenhang mit ihr kein Wort, das die Situation angemessen beschreibt, nee ... wie soll ich es ausdrücken? Sie war anders. Also, noch anderserer als so schon. Eine Mutter spürt so was! Sie war gar nicht richtig bei der Sache, verstehen Se, was ich meine? Sie kicherte auch so perlend im Gespräch und war verlegen. Ich sagte es ihr auf den Kopf zu: »Kirsten, dir hat doch ein Kerl den Kopf verdreht!«

Mit Männern hatte Kirsten es nie leicht. Dass sie ein bisschen mit einem anderen Takt durchs Leben düst, schreckte die meisten in Frage kommenden Herren ab. Sicher, als Mädchen hatte sie Freunde. Da war sie ja auch noch ... wie soll ich sagen ... sie hat ja was Ordentliches gelernt, nämlich Krankenschwester. Erst später suchte sie nach ihrer Mitte und fand raus, dass die woanders als bei der Mehrheit liegt. Seit sie ins Sauerland gezogen ist und ihre »Praxis« für esoterische Lebensberatung mit dem Schwerpunkt Kleintiere eröffnet hat, habe ich auch nicht mehr so den Einblick in ihr Liebesleben. Sie erzählt einem ja nichts! Da ist man als Mutter außen vor und muss sich auf sein Gespür verlassen und darauf, was andere Leute einem erzählen. Aber die Nachbarn aus ihrem Dorf rufen mich eher an, wenn sie sich mit Hunden im Laub auf der Waldlichtung wälzt (aus therapeutischen Gründen, wie sie behauptet) oder wenn sie die blaue Tonne nicht reinholt, obwohl die Leerung schon zwei Tage her ist.

Einmal war da was mit einem Botaniker, aber der war ganz schnell wieder über alle Berge. Er war wegan wie sie, nur wohl noch eine Stufe höher. Er war Pflanzenforscher, und als Kirsten die Kresseblüten vom Salat aß, weinte er um ihre Seelen. Das war selbst für meine Tochter zu viel.

Aber nun lag was in der Luft.

»Dir hat ein Kerl den Kopf verdreht, mein Mädchen, der Mutti machst du doch nichts vor«, sagte ich noch mal ganz direkt, und sie gab so ein kicherndes »Gnihihihi, na, vielleicht ein bisschen« von sich. Mehr war nicht aus ihr rauszukriegen. Ich fragte die nächsten zwei, drei Wochen immer wieder nach, aber sie erzählte einfach nichts. Nur, dass sie sich kennengelernt haben, als er mit seinem Kater in ihrem Kursus »Kätzchenzumba zu Klangschalentönen« war. Ich kann nicht sagen, dass mich das beruhigte. Wissen Se, eine Mutter will das Beste für ihr Kind, da sind wir uns doch wohl einig. Und auch, wenn ich alt und mein Weltbild vielleicht verkrustet ist: Ein Mann, der mit seinem Kater zum Turnen geht und meiner Tochter Geld dafür bezahlt, dass sie ab und an mit einem Kochlöffel an eine Blechschüssel schlägt, ist einfach nicht das, was man sich als Schwiegersohn wünscht. Auch, wenn das Mädel sein Leben leben muss und es mich nichts anging, ließ mir das keine Ruhe.

Ich heiße Renate Bergmann. Stefan sagt »Tante Renate« zu mir und Kirsten »Mammadenkandeinenzucker«.

Als der nächste Feiertag ran war, setzte ich mich in die Bahn und reiste zu Kirsten. Ich sagte vorher nicht, dass ich komme, nicht, dass die den Kerl noch auf die Seite schaffte und vor der Mutti versteckte. Ich kenne doch Kirsten, die kommt mir mit Sprüchen wie »Das ist jetzt schade, aber der Johannes muss arbeiten. Ich soll dich aber schön grüßen, wie lange bleibst du denn, Mutti?«. Das fragt se immer als Erstes – »Wie lange bleibst du denn, Mutti?«. Das ist ganz wichtig für sie.

Ich bin ja Reichsbahnpensionärin, das wissen Se ja. Da hat man die eine oder andere Vergünstigung, unter anderem kriegt man gewisse Freifahrten. Gott sei Dank musste ich mich nicht durch die Preise bei der Bahn arbeiten. Früher gab es so ein Durcheinander mit Tarifzonen, Sparkuppon und Zuschlag, wenn man einen Sitzplatz wollte, nicht. Da hat der Kilometer acht Pfennige gekostet und fertig war, das wusste jeder und konnte sich ausrechnen, was auf einen zukommt. Wenn heute die Schalterbeamten eine Summe sagen, glauben Se das bloß nicht! Da geht immer noch was rauszuholen. Aber das nur als Tipp beim Rande, ich hatte ja Freifahrt und musste nur einen Platz reservieren. Es war aber auch genug Arbeit, die anderen Reisevorbereitungen zu treffen: Katerle versorgen lassen (das Füttern übernimmt jetzt immer der Herr Alex, die Berber kriegt keinen Schlüssel von mir!), den Koffer packen, das pflegeleichte Reisekostüm aufbügeln, den Kühlschrank abtauen, dran denken, den Hahn für die Waschmaschine abzudrehen ... na ja, was eben alles so anfällt, wenn man verreist. Einen Pass braucht man ja nicht für Sauerland, trotzdem steckte ich ihn ein. Auch Impfungen sind nicht nötig, sagte Schwester Sabine, die ich extra angerufen hatte. Trotzdem habe ich Tetanus und Tollwut spritzen lassen, man weiß nie, was Kirsten wieder für Getier in Pflege hat und ob es einen nicht kratzt, beißt oder sonst wie zu nahe kommt. Ich tat auch Flohpuder in meine Tasche.

Die Fahrt mit der Bahn war keine Freude. Wissen Se, ich schäme mich wirklich für meine früheren Kollegen. Es ist sehr beschwerlich zu reisen, wenn die Züge unpünktlich und so schmutzig sind, dass man Angst hat, sich auf der Toilette was wegzuholen. Ich habe den Fehler begangen, mir kurz hinter Hannover einen Kaffee zu kaufen. Es ging auf das zweite Frühstück zu, und ich hatte so einen Anflug von Müdigkeit, da wurde ich leichtsinnig. Der Mann hinter der Bar reichte mir einen Pappbecher und sagte eine Summe, für die ich bei uns im Edeka ein ganzes Pfund gemahlene Bohnen kriege, wenn er im Angebot ist. Ich war mal mit Gertrud im Adlonhotel einen Kaffee trinken, der kam auf die Hälfte! »Kaffee Krema« nannte der schaffnernde Zugbegleiter das. Na, vielleicht wäre es billiger gewesen, wenn ich ohne Creme genommen hätte? Ich hielt den Mund und ging vorsichtig zu meinem Platz zurück. Die Plörre war nicht etwa brühheiß, sondern bestenfalls badewasserwarm. Es roch wie Würstchenwasser. Vielleicht lag das an dem Schaum, man weiß ja nicht, was die da drauf tun. Pfui Deibel, nee, das konnte man nicht trinken. Eine Frechheit, Leuten so was anzubieten. Für so viel Geld!

Ich will Sie hier nicht mit meiner Reisebeschreibung langweilen. Bahnhöfe und Strecke wechselten sich eben ab. Ich hatte Glück und habe in Heckstadt, meiner Endstation, Frau Schlottmann getroffen. Die wohnt wie Kirsten in Brunskögl. Brunskögl ist wirklich kein schöner Ort. Spaziergänge macht man am besten bei Nebel, dann sieht man das Elend nicht so. Nebel gibt es da oft, im Gegensatz zu Interweb- und Busverbindungen. Hätte ich die Schlottmannsche nicht zufällig getroffen, hätte ich ein Taxi nehmen müssen, wissen Se, da fährt ja kaum ein Bus. Zweimal die Woche geht einer, dienstags und donnerstags. Um halb neun früh geht es los, man fährt gute zwei Stunden bis Heckstadt, weil der Bus über Fliehbach, Brunshagen und sogar bis Duckelbietzbach fährt. Es reisen meist alte Damen, die den Friseur in Heckstadt haben, aber auch jüngere Leute, die mal ins Onlein gucken müssen oder wollen. In Brunskögl gibt es nämlich nur einen Strich Internetz, und der reicht nicht für Fäßbock. Frau Schlottmann fährt mit dem Auto zweimal die Woche nach Heckstadt rein. Sie nimmt die ganzen Händis der Dorfbewohner mit und drückt »aktuell machen«, dann können die zu Hause ihren E-Mehl lesen. Nee, Frau Schlottmann weiß sich zu helfen, und nicht nur sich, sondern auch allen Leuten im Dorf. Sie nimmt gern Bewohner mit, die zum Doktor müssen und die dienstags oder donnerstags keinen Termin kriegen, oder holt auch mal was aus der Reinigung ab. Herrn Lutscher bringt sie auch Zigarren mit, die er laut seiner Frau nicht mehr darf. Am Tante-Emma-Bus, der freitags immer kommt, kriegt er auch keine Zigarren, der Verkäufer hat von Frau Lutscher Verkaufsverbot erteilt bekommen. Jedenfalls gab es letzten Sommer großes Gerede in Brunskögl, an dem einmal nicht meine Kirsten schuld war. Die Schlottmann und der olle Lutscher haben sich im Gartenschuppen heimlich zur Zigarrenübergabe getroffen. Das hat Gerda Maaßmann gesehen, und da hieß es gleich, die beiden haben ein Techtelmechtel. Sie wissen ja, wie das in kleinen Orten so ist ... nur zwei Fernsehsender, bei denen auf einem IMMER Fußball läuft – da haben die Klatschweiber viel Zeit, Gerüchte in die Welt zu setzen. Und wenn *die* regelmäßig gegossen werden, schießen sie ins Kraut. Man soll nicht denken, dass da gar nichts los wäre in einem Dorf wie Brunskögl:

Frau Schlottmann berichtete ganz stolz, dass sie dieses Jahr bei der Wahl zum schönsten Balkonkasten im Landkreis, den der »Heckstädter Bote« veranstaltet, den dritten Platz gemacht hat. Die Jürie der Landfrauen kam mit zwei Autos angereist und prüfte Knospenstand und ob gut gegossen war. Davon spricht Brunskögl bis heute, wobei es langsam weniger wird, seit Kirsten diesen neuen Freund hat. Frau Schlottmann wurde ganz schmallippig und wand sich wie ein Aal, als die Sprache darauf kam. Sie wollte mir partout nichts sagen. Es hatte auch keinen Sinn, noch lange zu bohren, schließlich waren wir da. Sie ließ mich vor der Tür von Kirstens Häuschen raus und brauste von dannen. Mein Blick streifte über die Plakate, die neben Kirstens Eingangstür angeschlagen waren. Yogamatten für Hunde waren im Angebot, und nächste Woche, an Neumond, startete ein neuer Kurs: »Homöopathie im Rinderstall«. Auf dem Plakat trug Kirsten ein Dirndl und streichelte ein Kälbchen. Es sah bald aus wie eine Platte von Stefanie Hertel.

Da stand ich also nun mit meiner Reisetasche – was braucht man denn groß für drei Tage? Korn und Hausschlachtewurst hatte ich dabei, dazu frische Unterwäsche, Waschzeug, Medikamente, Nachthemd, ein gutes Kleid, falls der Pfarrer kommt ... na ja, ich gebe zu, es war doch einiges geworden und ich hatte den großen Koffer genommen. Den guten von Wilhelm, mit dem wir früher mit Kirsten immer an die Ostsee gefahren sind. Da stand ich vor Kirstens Türe, war nur ein paar Stunden mit der Bahn gereist – und doch in einer anderen Welt.

Ich schellte und richtete mir die Frisur. Doch statt Kirsten öffnete mir ein junger ... Mann?

Ich würde eher sagen, Bursche. Er hatte blondes Wuschelhaar und trug eine Brille, so eine dicke mit Horn, wie sie gerade modern sind, wissen Se. Aber wenigstens war die Hose heile, die meisten Jungens rennen ja mit zerrissenen Knien rum, Ich schätzte ihn auf höchstens 25, hoffte aber darauf, dass mir die Weitguckbrille einen Streich spielte und ich mit der Kreuzworträtselbrille vielleicht noch ein paar Krähenfüße um seine Augen entdecken würde.

»Guten Tag«, grüßte er fragend, aber doch freundlich. Ohne es zu sagen, sprach sein Blick: »Wer sind Sie denn, und was wollen Sie hier?«

»Ich wollte eigentlich zu meiner Tochter ...«, brachte ich verdattert hervor und dachte »Nun reiß dich aber mal zusammen, Renate« bei mir, »der Kerl hält dich sonst noch für eine verwirrte olle Tante und denkt, du bist aus dem Heim ausgebüxt«.

»Ach, SIE sind Kirstens Mutter? Ich bin der Johannes«, sprach der Junge und streckte mir die Hand entgegen. »Aber entschuldigen Sie, kommen Sie doch erst mal rein.«

Er schwang die Tür weit auf und hob sich fast einen Bruch an meinem Koffer. Na ja, wenn der bei Kirsten wohnte und ihren Gemüsequatsch essen musste – woher sollte der auch Kraft haben und Muskeln in den Armen? Das waren bestenfalls Mus-Kellen!

Ich wusste gar nicht, was ich zuerst denken sollte. DAS war ...? DAS war ihr Freund? Dieses Kind? Meine Kirsten war letztes Jahr 50 geworden! Ich wusste gar nichts zu sagen. Ich ließ meinen Blick noch mal schätzend über ihn gleiten. Er merkte das sehr genau. Kennen Se das, wenn man sich auf den ersten Blick ohne Worte versteht und weiß, was der andere fragen will? Johannes setzte den Koffer ab, stöhnte erleichtert auf und guckte mir kurz in die Augen. »24, Frau Bergmann. Aber für uns ist das kein Problem, und ich fände es gut, wenn es für Sie auch keins wäre. Machen Sie sich mal keine Sorgen, wir wollen nicht gleich heiraten, und ich werde Sie auch nicht in den nächsten Wochen zur Großmutter machen. Schnäpschen?«

Na, damit hatte er mich! Auf den Schreck brauchte ich wirklich einen Korn, außerdem wollten die anstrengende Reise und der Bahnkaffee verdaut werden. Johannes kam mit einer Flasche »Sauerländer Hofbrand« und zwei Gläsern an den Küchentisch, und wir stießen an. »Sie scheinen ein vernünftiger Junge zu sein, Johannes. Ich wünsche Ihnen viel

Glück und ... na ja. Prost.« Es war wohl nicht der richtige Zeitpunkt, nach wegan und Wünschelrute zu fragen. Das erklärte sich in den nächsten zwei Tagen ganz von allein, wissen Se, er war ein ganz bodenständiger Kerl, der nicht mit seiner eigenen Katze im Kurs war, sondern seine Mutter da abholte, weil die sich mit dem Stubentiger im Hulahupp-Reifen einen Hexenschuss geholt hatte. Er stand Kirstens Humbug ... kritisch gegenüber und war wirklich geschickt darin, sich das Lachen zu verkneifen, viel besser als ich.

Kirsten konnte mir im ersten Moment gar nicht in die Augen schauen, aber als sie merkte, dass ich kein Donnerwetter plante, war sie erleichtert und machte uns zum Abendbrot einen schönen Salat mit Lupinenkeimlingen, Advokados und komischen braunen Flocken. Wer bin ich denn, dass ich mir anmaße, darüber zu urteilen? Es ist nämlich genau so, wie Helene Fischer singt: »Wohin sie fällt, ist der Liebe egal.« Was soll man machen? Man sucht es sich doch nicht aus! Das passiert einfach. Und heutzutage ... Erstens erwartet wirklich keiner, dass man sofort heiratet und für den Rest seines Lebens zusammenbleibt. Die jungschen Leute legen es von vornherein auf einen Lebensabschnitt an. Deshalb nennen sie es auch »Lebensabschnittsgefährte«. Für mich klingt Abschnitt ja immer nach Aufschnitt und was abschneiden, aber gut. Die Zeiten sind eben so. Und zweitens hat sich da ja auch viel getan, was ältere Frauen und jüngere Männer betrifft. Wenn die Heidi Klump mit ihrem trommelnden Jüngling nackig posiert, finde ich das zwar unpassend, aber sie hat ein Recht drauf. Was dickbäuchige alte Männer nämlich dürfen, das dürfen wir Frauen auch. So, das musste mal gesagt werden!

Hatte ich wohl schon erwähnt, dass ich mit Aufschnittdose angereist war? Na, jetzt wissen Se es ja. Ich bin Diabetiker und muss auf meine Ernährung achten, damit der Zuckerspiegel nicht Achterbahn fährt. Dafür brauche ich regelmäßig was Kräftiges zwischen die Zähne und kann mich nicht mit »Katzpatscho von roter Bete« aufhalten. Ich machte mir zu Kirstens Blumensalat meine Stullen mit Hausschlachtewurst. Als Johannes fragte, ob er mal von meiner Blutwurst kosten darf, wurde Kirstens Blick ganz frostig. Bei ihr kriegt er so was ja nicht. Letzten Muttertag hat sie mir per Boten veganes Konfekt geschickt. Veganes Konfekt! Ich kam da gar nicht drüber hinweg. Als ob in normaler Schokolade nun Kalbsgulasch drin wäre.

Als Johannes die Blutwurst auch noch schmeckte, donnerte Kirsten die Tür hinter sich zu und ging meditieren. Johannes und ich machten zu Frau Schlottmann rüber und droschen mit ihr Skat. Bis nach um elf! Die Schlottmannsche betritt Kirstens Haus nicht, sie nennt es »die Hütte, wo die Irre wohnt«. Außerdem verträgt sie das Gequieme der ganzen Räucherstäbchen nicht gut. Deshalb mussten wir rüber zu ihr. Ach, was hatten wir einen schönen Abend! Da habe ich den Johannes ein bisschen besser kennengelernt und wusste gleich: Das mit ihm und Kirsten hält nicht lang. Eine Mutter spürt so was. Aber ich tat, was Mütter seit Generationen tun: Ich lächelte, trank einen Korn, dachte mir meinen Teil und hielt den Rand.

Es würde schiefgehen, und ich würde denken »Ich habe es doch vorher gewusst«, aber ich durfte es nicht sagen, weil ich eine kluge Mutter bin, die ihre Tochter ihre Fehler machen lässt. Da hat sie nämlich ein Recht drauf! Und hinterher werde ich die Kirsten (oder den Johannes) trösten, für sie da sein, wenn sie weinen, und auf gar keinen Fall sagen: »Kind, das habe ich doch vorher gewusst.«

Johannes war dann auch wirklich nicht lange Kirstens Freund. Wie heißt es immer so schön? »Auf alten Schiffen lernt man segeln.« Schon bald hatte er offenbar alle Segeltricks gelernt und war auf einer Jolle jüngeren Baujahrs unterwegs. Ich wünschte ihm im Stillen alles Gute, während mein Mutterherz pflichtbewusst der gut erhaltenen, verlassenen Fregatte beistand.

Das war im Grunde aber unnötig, denn meine Kirsten tröstete sich selbst. Zu der Zeit hat sie indianische Sternzeichen für sich entdeckt und erklärte in Kursen, dass ein Zwergkarnickel, das im Sommer geboren wird, ein Lachs ist. (Aszendent Sahnesoße, das passt zu beidem, hihi!)

Na ja. Nu jedenfalls war Kirsten für ein paar Tage in Berlin. Sie hatte ein Seminar mit fragwürdigen Menschen gebucht, bei denen sie für viel Geld auf heißen Steinen saß und ihr »Pauerhaus« bei Wasserfallgeräuschen trainierte. Sie übernachtete in meinem Gästezimmer, und wir kamen überein, dass die Wände im neuen Haus wie geplant hochgemauert würden, Wasseradern hin und Fruchtbarkeitsecke her.

Am Donnerstag musste ich zum TUFF. Also, zur Doktern. »Wir machen mal wieder Labor«, sagt die alle paar Monate, wenn ich eigentlich nur die Tabletten neu aufschreiben lassen will. Dann muss ich zwei Tage später zu Schwester Sabine, die nimmt Blut ab und kontrolliert den Urin. Ja, es ist fast wie beim TUFF, nich wahr, sie messen alle möglichen Werte, und es gibt eine Mängelliste und einen neuen Termin, an dem man sich wieder vorstellen muss. Jedenfalls konnte ich den Maurern kein Frühstück bringen.

Da habe ich selten einfältige Person einen schlimmen Fehler begangen. Statt Gertrud oder Ilse anzurufen und sie zu bitten, die Frühstücksversorgung für die Männer zu übernehmen, dachte ich bei mir: »Renate, wenn Kirsten schon da ist, kann sich das Mädchen auch mal nützlich zeigen und das Bauarbeiterfrühstück machen.« Ja. Na ja. Wie gesagt: »Ich selten einfältige Person«! Da können Se sich schon denken, dass nicht alles glattging. Ich hätte es wissen müssen, dass Kirsten keinen Hackepeter anfasst. Aber statt den Maurern einen schönen Salat zu machen oder Käsestullen – das wäre ja noch gegangen! –, wollte sie schummeln und machte veganes Mett aus Reiswaffeln, Tomatenmark und Tabaksoße und kaufte glutenfreie Brötchen. Nee, warten Se, ich frage noch mal nach ...

Es klingelt. Sie geht bestimmt gleich ran. Einen Augenblick noch.

Ich soll Sie schön grüßen, und es heißt Tabaskosoße.

Wo war ich? Ach ja.

Richtig Mühe hat sie sich gegeben und sogar Tofuklopse und Entgiftungstee gemacht. Es war eben nur so, dass das nicht ganz den Geschmack der Männer traf. Als ich auf der Baustelle ankam, waren die Maurer gerade dabei, das Auto zu beladen. »Frau Bergmann, wir fahren erst mal frühstücken. Wir kommen wieder, wenn die Tante mit dem Fliedertee weg ist.«

Ich habe mit Engelszungen auf sie einreden müssen, dass sie nach dem richtigen Frühstück auch ja weitermachen. Kirsten habe ich einen Vortrag gehalten, der es in sich gehabt hat. »Du bist doch wohl meschugge, Mädchen. Denkst du denn überhaupt nicht nach? Du verscheuchst noch die Männer mit deinem Kokolores, und was passiert dann? Ich bekoche die und gebe ihnen sogar ein Feierabendbier mit auf den Weg, und du machst alles kaputt. Ich sehe es schon kommen, die werden mit dem Rohbau nicht rechtzeitig fertig, und der Zimmermann kann nicht mit dem Dachstuhl anfangen. Der Termin mit dem Dachdecker ist fest vereinbart, Kirsten! Das Dach muss vor dem Winter drauf! Das Haus muss einmal Frost kriegen und richtig trocknen, sonst hat man ein Leben lang Schimmel auf dem Eingeweckten!«

Ganz kleinlaut war se, meine Kirsten. Ich machte zur Sicherheit noch einen Rundgang durch den Rohbau und kontrollierte die angefangenen Mauern. Vorsicht ist die Mutter der Porzellankiste. Ich kenne Kirsten, wenn die einen Windhauch spürt, murmelt die was von Energiefluss und lässt die Wände versetzen, und man kommt ohne Hausflur in die Schlafstube, und die Wohnstube ist im Keller.

Kirsten kann Energie nämlich fühlen und umleiten. Als ich zu ihr sagte: »Dann fass mal an die Wand, und wir kochen Kaffee mit Nachbars Strom« murrte sie aber, dass sie es anders meint und mir »der Zugang zu solchen Dingen« fehlte. Das ist auch gut so, wenn Se mich fragen. Und überhaupt, »stockender Energiefluss«. Was die da immer für einen Stuss erzählt, ich habe seit JAHRZEHNTEN Wattenfall, und die Energie fließt einwandfrei, sogar, wenn ich den Staubsauger und die Waschmaschine zusammen anhabe.

Ich habe der Frau Schiode den Postboten vorgestellt, aber sie will nicht mit ihm ausgehen. Dabei würde es von der Größe her passen.

Je mehr der Steinhaufen als Haus zu erkennen war, umso deutlicher musste man es sagen: Die Lage war wirklich herrlich. Nicht weit zum Bus, aber trotzdem ist die Straße ruhig, und hintenraus beginnt auch schon das Grüne. Es will gut überlegt sein, ob man sich ein eigenes Haus mit Garten ans Bein bindet! So ein Grundstück macht viel Arbeit, man darf das nicht unterschätzen. Als Mieter hat man gut reden, man macht die Hausordnung, putzt die Fenster und guckt, dass es um die Aschkübel auf dem Hof halbwegs ordentlich aussieht. Höchstens, dass man im Winter noch Schnee schippen muss, aber ich frage Sie: Wann hatten wir denn das letzte Mal Schnee? Wenn der Wasserhahn leckt, die Heizung stottert oder die Toilette verstopft ist, ruft man den Hausmeister. Das können Se alles nicht machen, wenn Se selbst ein Haus haben. Da heißt es »Ärmel hochkrempeln«. Auf einem großen Grundstück muss man schnell sein, um die Nase vorn zu haben. Unkraut und Verfall sind schneller als die 100-m-Läufer beim Olympia, das sage ich Ihnen! Aber was rede ich schon von Verfall, noch stand das Haus ja nicht einmal. Dennoch musste man alles mit bedenken. Wir hatten alles offen und ehrlich angesprochen, diskutiert und uns zum Neubau entschlossen.

Es gibt nur einen wirklich bösen Haken: Das Grundstück

liegt nur 300 Meter vom Kindergarten weg, in dem die Schiode Dienst tut. Sie kennen Frau Schlode? Falls nicht, kann ich rasch ein paar Worte zu ihr sagen, es macht gar keine Mühe! Nur wenige Sätze und Sie sind im Bilde, passen Se auf:

Cornelia Schiode ist Kindergärtnerin und singt für ihr Leben gern. Nun heißt es ja: »Wo man singt, da lass dich nieder, böse Menschen kennen keine Lieder«, aber im Falle von Frau Schlode muss ich da warnen. Sie ist kein böser Mensch, nein, aber sie kennt viele Lieder, und vor allem zu jedem Lied ganz, ganz viel Strophen. Vormittags singt sie mit den Kindergartenkindern, und da sie das wohl nicht auslastet, leitet sie nach Feierabend die Blöckflötengruppe, die Kindertanzgruppe und sogar den Männerchor. Ich bin für Gesang und Kultur, dass Se mich da nicht falsch verstehen, aber es ist alles eine Frage der Dosis. Bei mir muss Abwechslung dabei sein! Ich kaufe auch nicht nur eine Sorte Wurst, sondern von jeder zwei Scheiben. Genauso müssen zwei Strophen von »Ein Männlein steht im Walde« reichen. Aber Frau Schlode findet nur schwer ein Ende.

Wie gesagt, der Kindergarten war gleich ums Eck von unserem Bau, und da die kleinen Geister jeden Tag an die frische Luft müssen ... Kaum hatten wir die Baugrube ausgehoben, lungerte die Dame schon auf der Baustelle rum. Erst scharwenzelte die Schiode alleine umher, um auszuspähen, was es zu sehen gab, aber am nächsten Tag kam sie mit den Blagen. Ich sah das Unheil schon am Horizont aufziehen, und jawoll, ich sollte recht behalten – kaum, dass der erste Maurer erschien, stand eine Stunde später Cornelia Schlode mit dem Kindergartenchor da und trällerte »Wer will fleißige Handwerker sehen«.

Das Lied hat ja sehr viele Strophen, und es ist für jeden was dabei: Die Maurer werden besungen, die Glaser und auch die Dachdecker. Nur Elektriker, Gas-Wasser-Installateure und Teppichleger haben keinen eigenen Text.
Eigentlich.
Kindergesang hin oder her, das geht ja alles von der Zeit ab, und Zeit ist knapp und kostbar! Eine Handwerkerstunde kostet bald so viel wie einmal Tanken, da können die nicht strophenlang den Engelchen beim Trällern zuhören, jedenfalls nicht auf Rechnung von Renate Bergmann. Man muss so aufpassen! Es war schon richtig, dass immer mindestens zwei von uns Alten vor Ort waren. Nicht nur, dass vielleicht sonst noch Diebe unsere Steine auf den Hänger verladen hätten, nee, den größeren finanzielle Schaden hätte die Schlode angerichtet mit ihrem Singsang. Die lenkte bloß die Handwerker ab, und die vernachlässigten die Arbeit. Irgendwann, nach einer knappen halben Stunde, wenn se mit allen Gewerken durch war und die kleine Sarah-Dschehn weinte, weil sie kalte Füße hatte, dirigierte die Schlode noch mal die erste Strophe an, die mit den Handwerkern, die gerade zuhörten. Damit kratzte sie sich noch mal richtig bei denen ein. Eine furchtbare Person! Die war ganz versessen darauf, mir die Leute für den einen oder anderen kleinen »freiwilligen« Arbeitseinsatz im Kindergarten abspenstig zu machen. Ich kann sie ja verstehen, wissen Se, da regnete es durch, auf der Toilette bröselte der Putz, na, und wenn wegen der Heizung mal jemand guckte, war denen auch schon geholfen. Der Hausmeister war nämlich ein Hallodri, der nichts taugte. Der wischte den lieben langen Tag auf seinem Scheibchentelefon Frauen nach links

oder rechts, je nachdem, ob sie ihm gefielen oder nicht. Ansonsten brüllte er nur, die Kinder sollten nicht auf den Rasen latschen und still sein. Ich kann es der Schlode nicht mal verdenken, dass sie hier ihre Schangse ergriff. Sie versuchte ihr Glück auch bei der Stadt und bei ihren Kindergartenträgern, aber selbst, wenn die mal das Geld für eine Reparatur beisammenhatten, mangelte es an Fachleuten, die zupacken konnten. Jedoch hier bei uns auf dem Bau die Handwerker abzuwerben, das war unanständig. Ich nehme auch nicht bei LIDL das letzte Päckchen Persil aus einem fremden Einkaufswagen!

Jedenfalls nicht, wenn einer guckt.

»Frau Schlode« sagte ich klar und entschlossen, »Frau Schiode, so geht das nicht. Wir sind hier eine Baustelle und müssen vorankommen. Sie können die Männer nicht jeden Tag von der Arbeit abhalten.« Es war mittlerweile zu einer Gewohnheit geworden, dass die, nachdem die Kinder gefrühstückt hatten, an unserem Bau vorbeikamen. Das ist ja auch schön und gut, so können die Kleinen was über Handwerker lernen und was ein Glaser macht. Ich bin da sehr dafür. So wird der Nachwuchs an die guten, alten, ehrlichen Handwerksberufe herangeführt, daran, dass es Freude macht, mit seiner Hände Arbeit was zu schaffen. Wenn man nicht aufpasst, wollen die sonst alle Popmodel werden oder Topstar. Aber es musste doch nicht so ausarten. Wie zufällig hatte die Cornelia Schlode auf einmal eine Triangel in der Hand, und ich sage es Ihnen, so wahr ich hier sitze: Ich war richtiggehend froh, dass wir kein Klavier auf der Baustelle hatten. Nee, mit der Schiode muss man

Klartext reden, mit durch die Blume wohlplatzierten Worten erreicht man bei der nichts. Zum Glück hatten die hinten raus immer Zeitdruck, im Kindergarten essen sie ja immer schon sehr früh. Meist schon vor um elf. Schlimmer als im Altenheim. Die kriegen, soweit ich weiß, ihre Asiletten auch von der gleichen Räderessenfirma, bloß mit rohem Gemüse statt gedünstetem. Wegen der Verdauung, wenn Se verstehen, was ich meine. Die Firma kocht sogar fürs Krankenhaus, was mich wundert: Da geben se Millionen aus für die Kliniken und kaufen teure Beatmungsmaschinen, und dann füttern se einen mit Essen, von dem man eingeht.

Als ich so darüber nachsann, fiel mir Elfie Hecht ein. Elfie kenne ich aus Reichsbahnzeiten, ach, was haben wir zusammen gefeiert! Da wurden Feste ja noch ganz anders begangen. Ob nun Frauentag, Tag des Eisenbahners oder Betriebsfest, das war bei uns immer im großen »Saal des Bahnarbeiters«. Erst gab es Reden und Orden, später Sekt und Buffet, und die Musik hat zum Tanz aufgespielt. Wenn Elfie Hecht dabei war, ging es bei der Polonaise über Tische und Bänke. Die hat auch den Männern gleich eins auf die Finger gegeben, wenn die unverschämt wurden und beim Tanzen an den BH fassten. Oder so.

Elfie war früher Bauingenieurin bei der Bahn und hat Brücken geplant und den Bau überwacht, die Frau ist vom Fach, sach ich Ihnen! Die kann auch mit Technik und weiß, wie man mit Handwerkern umspringen muss. Sie war den Umgang mit Bauarbeitern gewohnt und hatte einen Ton an sich, Sie, ich sage Ihnen, vor der haben se alle gekuscht! Im Grunde war so ein Häuslebau geradezu lächerlich im Vergleich zur großen Bahnbrücke – viergleisig! – bei Bad Brammbach, und eigentlich hatten wir hier auch alles im Griff.

Aber es konnte nun auch nicht schaden, wenn sie als Fachfrau noch mal einen Blick auf alles warf.

Ich bin also hin ins »Haus Abendsonne«, um mich nach Elfie zu erkundigen. Erst mal ganz unverbindlich, wissen Se. Es hätte ja auch sein können, dass sie mittlerweile an die Schnabeltasse gefesselt ist, dann hätte ich natürlich davon abgesehen. Aber denkste, die Hecht war noch gut beieinander, sie braucht zwar ihr Gehwägelchen, aber sie weiß noch den Weg allein und ist auch im Oberstübchen klar wie ein Gebirgsfluss. Die kennt sogar »27 senkrecht, 14 Buchstaben: Fluss in Südamerika«.

Ich machte mit ihr aus, dass sie die Baustelle begeht. Man verwurschtelt sich oft in seinem Schlendrian und pusselt sich fest, erst recht, wenn sich alle nett finden. Erfolg hat man aber nur mit Zuckerbrot UND Peitsche, also in unserem Fall mit Hackepeterbrötchen UND Elfie Hecht.

Die haben da im »Haus Abendsonne« ja ganz offenen Vollzug, nur manche, die ein bisschen durcheinander sind, dürfen bloß mit Begleitung raus. Elfie hingegen muss nur sagen, wo sie hingeht, sie kriegt ohne Probleme Ausgang. Die Schwester am Empfang schreibt es auf, wann Elfie ungefähr wieder zurück sein will, damit se nach ihr suchen können, wenn sie abgängig ist. Trotzdem gab Elfie lieber an, dass sie zur Massage trollert mit ihrem Rollator. Die Wahrheit – »Ich mache die Bauaufsicht bei Renate Bergmann« – hätte doch nur dusselige Nachfragen verursacht. Also büxte Elfie sozusagen aus dem Heim aus, um uns zu helfen, hihi.

Sie machte tüchtig Eindruck auf die Bauarbeiter, das kann ich Ihnen sagen! Erst dachte der Maurer-Kalle, Elfie wäre bloß eine alte Tante und würde noch mehr trockenen Rührkuchen zum Vespern bringen, wie sie ihn schon von meiner Ilse reichlich hatten, aber als Elfie das Schlaglot rausholte und mit der Wasserwaage kontrollierte, ob seine Wand auch wirklich ganz grade war, kratzte der sich mit dem Zimmermannsbleistift am Ohr und wurde hellwach. Als Elfie ihn anfuhr, weil sie auf drei Meter Mauerlänge eine Abweichung von vier Millimeter rausgekriegt hatte, nahm der aber Haltung an.

Das wollte der nicht auf seiner Maurerehre sitzen lassen, und sie fachsimpelten lange mit Wörtern wie »Keilschalzwinge« und »Schalungsklemme«, von denen ich nichts verstand, aber das ist ja nun auch egal. Wichtig war nur, dass hier alles zügig und gut voranging und dass die Hütte vernünftig stand und nicht beim ersten kleinen Sturm in sich zusammenfiel, nich wahr?

Nee, Elfie war Gold wert. Sie verscheuchte auch die Schiode, und schon dafür hatte es sich gelohnt, sie »ins Boot zu holen«, wie man heute sagt. Elfie raunzte die in einem Ton an, den ich beim besten Willen nicht anschlagen kann. Meine Mutter hat mich zu einem anständigen Menschen erzogen, aber wie ich Ihnen schon sagte, auf dem Bau spricht man eine deutliche Sprache, die nicht sehr blumig ist. Dass sie auf der Baustelle nichts zu suchen hätte, fuhr sie die Schiode an und verfügte, dass der Kinderchor vor der Grundstücksgrenze stehen zu bleiben hatte. Außerdem mussten alle einen Bauhelm tragen. Das war an sich kein Problem, weil der Kindergarten die vorrätig hatte. Als allerdings durch das Helmgetausche nach einer Woche die Läuse rumgingen, verboten die ersten Eltern, dass ihre Kinder mitsingen durften, Mutter Strohmeier vorneweg. Nun wurde nicht mehr getanzt und nur mit halber Kraft gesungen, das war schon ein Fortschritt. Elfie war Kindergesang gegenüber genauso verhalten begeistert wie ich. Die Schlode stand mit ihrem Restchor vor dem gelben Absperrband, das Elfie gespannt hatte, und sang schon wieder ein Aufbaulied, als es der Hecht reichte. Sie schaltete den Betonmischer an und ließ den Lehrling zwei Schippen Kieselsteine einwerfen. Wir hatten zwar nicht sofort Ruhe, im Gegenteil, der Mischer lärmte schrecklich. Die Maurer brüllten, die Kinder sangen und jeder wollte lauter sein als der andere. Aber dann ...! Die Schlode verlor schon nach ein paar Minuten die Geduld und zog mit den Kindlein von dannen. Bis zum Richtfest ließ die sich nicht mehr blicken. Es war eine Wohltat, sage ich Ihnen. Und nicht nur das, auch der Bau ging viel zügiger voran, seit die Männer nicht mehr mitzuklatschen hatten.

Ich lese so oft von Maschinen mit künstlicher Intelligenz. Aber dann stehe ich vor so einem Fahrkartenautomaten und denke, es dauert vielleicht noch ein bisschen.

Stefan war uns recht dankbar, dass wir ein Auge auf den Baufortschritt hatten und ein bisschen mit anpackten, das können Se glauben. Der Junge war doch total überfordert! Er hat ja schon so im Büro genug zu tun mit seinem Computergeklopfe. Was meinen Se, was der für Überstunden machen muss, wenn wieder mal Updät ist oder so was. Oder sie stellen die Software um. Seit der da arbeitet, stellen die die Software um. Die werden nie fertig. Ich weiß gar nicht, was die da herstellen, aber auf jeden Fall stellen sie Software um. Der arme Stefan. Der ist auch immer an allem schuld, selbst, wenn die dusselige Sekretärin das falsche Papier in den Drucker gelegt hat oder ein Kabel von ihrem Computer ab ist. Dann muss Stefan sofort seine Arbeit stehen- und liegenlassen, weil die ein Geschrei macht, als würde die Welt stehenbleiben, »weil nichts in diesem Hause funktioniert«, und er muss es richten. Der Junge kommt kaum zu seinen Aufgaben, und ihm bleibt nichts anderes übrig, als Überstunden zu machen.

Wissen Se, auf dem Bau braucht man jede Hand, die mit anpacken kann. Wie oft habe ich auf Stefan eingeredet, dass er seine Kollegen auch mal einen Sonnabend ranholen soll. Auch, wenn diese Computerfritzen alle nicht mauern können – es gibt immer was zu tun! Es muss aufgeräumt werden, olle Pappe oder das Holz von den Paletten gehören beräumt und weggefahren, Sand und Kies wollen gekarrt werden ... ach, wer ein bisschen ein Auge für solche Sachen hat, der sieht doch die Arbeit und packt von sich aus mit an! Ich habe nach dem Krieg Steine geklopft, ich weiß doch, was los ist. Damals haben alle mit zugepackt, vom jungschen Backfisch bis zur alten Frau. Jede hat geholfen, wie sie konnte, und keine von uns hatte das als Beruf gelernt. Wir Trümmerfrauen haben Schutt geschippt und Steine geklopft, wir haben sie geschleppt und gestapelt, bis wir Blutblasen unter den Schwielen an den Händen hatten. Die alten Frauen, die es so im Rücken hatten, dass sie nicht mehr mit zupacken konnten, haben Tee und Suppe gebracht – was anderes gab es ja nicht! Für ein Pfund Kartoffeln sind wir mit bloßen Füßen durch ganz Berlin gelaufen. Die ollen Weiber haben die Pferde gefüttert, mit denen die Steine abgekarrt wurden. Die Männer waren ja alle im Krieg geblieben, und die wenigen, die noch da waren, waren zu nichts zu gebrauchen. Das hatte schon seinen Grund, dass die nicht eingezogen worden waren. Die lahmten, waren alt oder lala im Kopp. Die wenigen, die den Krieg überlebt hatten und nach Hause kamen, mussten erst mal wieder aufgepäppelt werden, die waren ja völlig entkräftet und klapperdürr!

Ach, es war eine schwere Zeit, aber zusammen haben wir angepackt und das Beste aus dem gemacht, was die Bomben uns gelassen hatten. Natürlich hatten Se da auch schon welche dabei, die, statt Steine zu kloppen, lieber ihre Blasen bejammerten. Aber es gab zum Glück noch kein Händi.

Hätten wir das schon gehabt, ich sage Ihnen, Mechthild Blesshuhn hätte den halben Tag mit gerafftem Rock für Fotos posiert und die im Internetz hochgezeigt. Die wäre Influenza geworden, das ist so sicher wie das Amen in der Kirche. So bändelte sie nur mit den amerikanischen Soldaten an. Ein ganz liederliches Ding war das. Die musste jeden Abend untenrum Spülungen machen, weil es ihr brannte. So was gab es damals auch schon, das kann ich Ihnen sagen!

An einem Wochenende brachte Stefan dann tatsächlich drei Kollegen an, die helfen wollten. Ich hatte schon nicht mehr dran geglaubt. Die Uhr ging auf halb elf, als ein Auto hielt und drei schmächtige Herren mit fahler Haut ausstiegen. Ich traute meinen Augen kaum und musste mir ein Lachen verkneifen – die hatten nicht mal festes Schuhwerk an! Denken Se nur, einer kam mit Sandaletten und zwei trugen Turnschuhe. »Halt den Mund, Renate, die Jungens sind freiwillig und als Helfer hier, denen darfst du nicht gleich mit Belehrungen kommen«, dachte ich bei mir, aber Gunter Herbst nahm die Herren gleich Maß. Er ließ sie bei sich im Bauschuppen antreten und wies sie an, Stahlkappenschuhe anzuziehen. Ilse sprühte die jeden Abend mit Fußspray aus wie auf der Kegelbahn, da können Se ganz beruhigt sein. Gunter wäre das egal gewesen, der ist nicht der reinlichste Mensch, müssen Se wissen. Jedenfalls guckten die drei Kollegen vom Stefan nicht schlecht. Einer war so ein spacker Hering, für den waren die Stahlkappenschuhe bald schon Last genug, viel mehr konnte der gar nicht tragen. Diese Computermenschen! Die sitzen tagelang in ihren Büros und klimpern manchmal auch Nächte durch auf ihren Tastaturen rum, essen zwischendurch Pizza aus Pappkartons und trinken Cola aus 2-Liter-Flaschen. Davon kriegt man doch Magengeschwür! Licht können die auch nicht ab, die sind alle ganz blass und kriegen sofort rote Pusteln, wenn sie fünf Minuten Sonnenstrahlen ertragen müssen.

Kennen Sie diese Blumen aus dem Schwedenmarkt? Die, die in der Halle bei Kunstlicht ganz prächtig aussehen, aber sobald man damit hinter der Kasse ist, lassen se die ersten Blätter fallen. Zu Hause gehen die trotz bester Pflege nach ein paar Wochen ein, weil sie nämlich außerhalb ihrer Gewächshaustemperaturen gar nicht klarkommen. So waren die Kollegen von Stefan auch. Einer sollte Kies vom großen Haufen an den Mischer ranfahren. Gunter schippte ihm die erste Fuhre noch tüchtig voll, und der Hannes – so hieß er, glaube ich – biss die Zähne zusammen und schaffte es mit letzter Kraft mit der Karre bis zum Kieshaufen. Beim Auskippen vergaß er jedoch, sie loszulassen, flog hinter der Last hinterher und schlug bäuchlings auf dem Sand auf. Von da an durfte Gunter die Karre nur noch halbvoll schippen, damit der Hannes es schaffte. Es ging leidlich gut, aber die Kräfte schwanden von Fuhre zu Fuhre. Er schwitzte und musste sich alle naselang die Suppe von der Stirn wischen, da half auch kein Körperspray.

Derweil hatte der andere, der blasse Blonde, schon damit zu tun, nicht aus den Stahlkappenschuhen zu klappen. Er sollte mit Kurt Terrazzoplatten umstapeln, aber die meiste Zeit saß er im Schneidersitz da, kippte sich den Sand aus den Schuhen und guckte, während Kurt allein stoisch eine Platte nach der anderen trug.

Der Dritte – den Namen habe ich mir nicht gemerkt, diese jungen Leute heißen doch alle gleich – fasste erst gar nicht zu, sondern faselte die ganze Zeit, man müsste erst einen Projektplan machen. Er würde Excelschiet programmieren, wo dann Meilensteine, Verantwortlichkeiten und Termine abzulesen wären. Wir wären alle eine Ressource und sollten ihm ansagen, welche Qualifikation wir hätten, wann wir wie lange auf dem Bau zur Verfügung stehen würden und so einen Quatsch. Nachdem Ilse ihre Arzttermine angesagt hatte und wann sie zum Friseur muss, meinte er, das würde die Dimension von seinem Schiet überschreiten und er müsste noch mal neu nachdenken. Spätestens da hatte ich verstanden, weshalb die den Flughafen nicht fertig kriegen hier in Berlin: zu viele Leute mit zu viel Schiet!

Gegen eins, als es auf Mittag ging, musste Ilse Blasenpflaster verkleben, und wenig später fiel den Herren auch schon ein, dass sie noch wichtige Termine hatten. Sie bekamen einen Teller Erbsensuppe und verschwanden so schnell, wie sie gekommen waren.

Nee, der Stefan war nicht zu beneiden. Auf der Arbeit stand er, nach allem, was wir gesehen hatten, wohl fast alleine da, auf dem Bau hatte er die Herren Kalle, Bogdan und eine Rentner-Brigade, na, und daheim ein kleines Mädchen im Fragealter und die schwangere Ariane auf dem Kanapee, der er jeden Abend besonderes Essen zu besorgen hatte. Es war eine sehr spezielle Schwangerschaft, wenn Se mich fragen. Ariane überwandt weder die Übelkeit noch die merkwürdigen Gelüste. Es gibt ja heutzutage schon viele Lieferdienste, die einem alles Mögliche ins Haus bringen, wenn man zu faul zum Kochen ist (was meinen Se, was allein die Berber hier alles vorfahren lässt!), aber Ariane hatte einen Tag Appetit auf Gänsebraten mit Schokoladensoße und am nächsten Tag auf Schmalzstullen mit Pastinakenpüree, das Kirsten im Thermomischer auf Vorrat fabriziert und von dem ich so sauer aufstoßen muss. So was liefert einem ja kein Chinese und kein Pizzamann, da hatte Stefan sein Tun.

Ich kenne das so, dass man nur in den ersten zwei, drei Monaten Heißhunger hat. Aber Ariane futterte die ganze Schwangerschaft über alles durcheinander wie eine Raupe auf dem Komposthaufen. Morgens Schlachteplatte und dazu Gummibärchen und Schaumküsse. Mittags konnte sie das nicht mal angucken, bestritt, es je angerührt zu haben und würgte, sobald man es nur erwähnte.

Nur eins blieb die ganze Zeit über – ihr Appetit auf Himbeereis. Stefan kaufte das Zeug im Großhandel im 5-Liter-Eimer. Er nascht das auch gern, wissen Se. Da wurde Ariane aber zur Furie, als sie das mitbekam. Es ist ja unglaublich, was die Hormone mit der Frau machten. Sie fragte mich nach Tupperbüchsen, was mein Hausfrauenherz freudig zur Kenntnis nahm – und füllte das Himbeereis darin ab. Sie beklebte es mit Pflaster und schrieb Sachen drauf, die Stefan nicht isst: Porreegemüse, Pilze und Kopfsülze. Da macht er lange Zähne, da geht der nicht dran. Und auf eine eiserne Reservebüchse schrieb sie sogar »PLAZENTA« und versteckte sie ganz, ganz unten in der Gefriertruhe, noch unter den Forellen. Auch davon ließe er ganz sicher ab. Hihi.

Ja, und dazu die kleine Lisbeth, die versorgt werden musste, und der Bau obendrein. Der Junge war ganz blass und nahm bereitwillig jede Hilfe an, die es von uns Alten gab. Sei es, dass eine von uns Omas die Lisbeth vom Kindergarten abholte und beschäftigte oder dass wir einen Blick auf die Bauarbeiten hatten. Vertrauen ist gut, Renate ist besser. So weit kommt es noch, dass wir die da vor sich hin wurschteln ließen! Nee, nee, es hat noch nie geschadet, einen Blick auf alle Finger zu haben. Unsere wirklich große Stunde würde natürlich kommen, wenn es darum ging, eine ordentliche Standuhr auszusuchen und den Garten anlegen zu lassen. Aber bis dahin war noch viel zu machen.

Wir waren noch schnell im Baumarkt

Eigentlich feiert man ein Richtfest, wenn der Dachstuhl drauf ist, aber wir hatten erst den Maurern und gleich danach den Zimmerleuten so Feuer unter dem Hintern gemacht, dass die schon früher fertig geworden waren. Und wie das Leben so spielt, die Dachdecker hatten kurzfristig eine Lücke und konnten gleich im Anschluss loslegen. Die waren eigentlich ausgebucht, aber da dem Löschmeier, dem sie in der Zeit eigentlich hatten aufs Dach steigen wollen, die Frau durchgebrannt war, hatte der nicht mehr recht Lust, weiterzubauen. Diese Schangse musste man doch ergreifen und die Herren aufs eigene Dach steigen lassen! Wir hatten gar keine Zeit, das Richtfest gleich nach dem Dachstuhl zu feiern, und vertagten das einfach. Es wäre auch schöner, wenn Ariane als Bauherrin dabei sein konnte, schon deshalb machte das Sinn, alte Sitte hin oder her.

Die Dachdecker waren so fix, das glauben Se nicht. Ich konnte ja gar nicht hinschauen. Die warfen sich die Dachziegel zu und turnten ohne Seil in luftiger Höhe rum! Wenn den Jungens was passiert wäre, nee, ich wäre ja meinen Lebtag nicht mehr froh geworden. Soweit man das von unten sehen konnte, verkeilten die sich mit den Füßen an den Dachlatten und balancierten wie die Hochseilartisten von einer Ecke zur anderen. Da wurde einem schon allein vom Hingucken ganz schwindelig! Mir düselt es sowieso immer im Kopp, wenn ich zu lange nach oben gucke. Das hat die Natur schon richtig eingerichtet, es ist nämlich nicht gut, die Nase zu hoch zu tragen. Jedenfalls nahmen Gertrud und ich beim Kochen einen kleinen Korn für den Kreislauf, dann ging es wieder. Der Meister meinte ja, ich soll mich von der Baustelle entfernen und seine Jungs nicht mit meinem Mittagessen vom Arbeiten abhalten. Er sagte es aber mit einem Schmunzeln, und da ja wohl jedem Arbeiter eine halbe Stunde Mittag zusteht, ließ ich den plappern und rief um zwölf zu Kotelett mit brauner Soße, Salzkartoffeln und Mischgemüse. Was meinen Se, wie die zugelangt haben! Der Ronny in seiner feschen Zimmermannsuniform knabberte die Knochen so sauber, dass Norbert ganz traurig guckte. Norbert ist der Doberschnauzer meiner Freundin Gertrud, ich glaube, von dem habe ich noch gar nicht erzählt. Doch? Na, doppelt hält besser. Da blieb nicht mal Knorpel am Knochen! Das gute Essen spornte die Jungs nur noch mehr an, und so war nach nicht mal zwei Tagen das Dach drauf. Ja, sicher, die Kleinigkeiten zogen sich noch ein bisschen hin, das ist ja immer so. Auch beim Stricken! Wenn man denkt, man hat den Rücken, die Ärmel und die Brustseite beisammen, geht es erst richtig los und es kommen die Arbeiten, die aufhalten. Es muss vernäht werden, und dann ist die Frage, ob Plattstich, gewebte Naht oder Matratzenstich, die Bündchen müssen angepasst werden ... das dauert meist länger als das Stricken der großen Flächen. So ist das beim Dachdecken auch. Wenn es von unten schon fertig aussieht, muss man noch die Firste verlegen, die Kanten schön sauber abschließen, darauf achten, dass der Schornstein auch richtig passt, damit da kein Wasser reinläuft – ich bin mir sicher, Sie wissen das (genauer als ich).

Wir wollten einen zweischlotigen Schornstein, dreischalig. Da staunen Se doch, was ich von den Jungs alles gelernt habe, nicht wahr? Ich ließ mir das alles ganz genau erklären, schließlich baut man nur einmal im Leben und dann will man auch wissen, was die einem da auf den Kopf setzen. Auf die Firste hoch und selber gucken konnte ich ja nicht, deshalb befragte ich den Meister. Dreischaliger Schornstein heißt, dass es Mantelgestein aus Leichtbeton gibt, der ein Innenrohr umhüllt, und alles wird ausgestopft mit Dämmung aus Mineralfaser. Das war das Beste, was gerade so verbaut wurde, versicherte mir der Joachim. Ja, eine Renate Bergmann geht den Dingen auf den Grund! Auch Elfie Hecht nickte beipflichtend. Zu meiner Zeit wurde die Dämmung ja noch mit Schafwolle gemacht. Kann man machen, riecht aber manchmal.

Die Nacht vor dem Dachdecken war noch mal kritisch. Wir hatten die Dachziegel anliefern lassen – Frankfurter Pfanne, schiefergrau matt. Sie machen sich ja kein Bild, was die Dinger kosten. Selbst mit dem Blaublüterabatt von Arianes Eltern, die zwar im Sanitärhandel tätig sind, aber trotzdem anderweitig Beziehungen haben und die auch spielen ließen, war das eine Menge Geld. Und Dachziegel sind klein und handlich, die kann man gut verladen ... nicht, dass Se nun denken, ich hätte so böse Gedanken. Nein! Ich bin ein gebranntes Kind. Was meinen Se, wie oft uns nach 45, als wir Steine in den Trümmerbergen von Berlin geklopft haben, des Nachts unser Tagwerk geklaut worden ist. Ab auf den Pferdehänger und zack!, weg waren se. Nee, das war zu kritisch, das Material über Nacht unbeaufsichtigt zu lassen. Sie ahnen ja nicht, was in Berlin eingebrochen und geklaut wird! Die Kriminalpolizei warnt allenthalben und rät dazu, die Wohnungen einbruchssicher zu machen. Deshalb klebt Frau Meiser auch immer einen aktuellen Kontoauszug an den Briefkasten. Sie sagt, dann sehen die schon, dass bei ihr nichts zu holen ist, und sparen sich das Einsteigen.

Allein auf das Auge von Wilma Kuckert zu vertrauen war uns auch zu unsicher. Die erzählt zwar immer, dass sie bei jedem Mucks wach wird, aber Gertrud warnte: Wilma erzählt auch, dass sie Ramipril für den Blutdruck einnimmt, und da Gertrud die Nebenwirkungen von allen gängigen Tabletten auswendig kennt, gab sie zu bedenken, dass man davon schläft wie ein Stein. Das passte auch eher zu den anderen Berichten von Wilma, dass sie nämlich meist schon vor Filmende auf der Couch wegschnobbelt und morgens manchmal erst nach sieben wach wird. Nach sieben!

Nee, das Risiko war zu groß! Wir mussten eine Nachtwache organisieren. Ilse war erst entschieden dagegen, dass Kurt über Nacht wegblieb. Sie hatte aber weniger Angst um ihn als vielmehr davor, dass er des Nachts so nah bei Wilma war, die sich doch sogar schon bei ihm untergehakt hatte. Eifersüchtig isse, nach über 60 Jahren Ehe! Als sie eines Abends unter dem Koyota-Sitz ein fremdes Haarnetz fand, musste der arme Kurt wieder auf dem Holzwolle-Schäselong in der guten Stube schlafen, und sie weinte auf dem Friedhof am Grab ihrer Mutter. Erst, als ich mir das Haarnetz beguckte und es sich eindeutig als Zwiebelnetz herausstellte, ließ sich die arme Ilse beruhigen. Kurt bekam als Entschuldigung sein Lieblingsessen: Kartoffelbällchen. Selbstgemacht, natürlich! Ilse versprach, ein für alle Mal Frieden mit Wilma zu halten. Sie behielt Kurt jedoch trotzdem unter strengster Beobachtung. Außerdem graut sie sich immer davor, alleine zu Hause zu schlafen. Als Kurt bis vor ein paar Jahren noch ab und an zum Nachtangeln fuhr, war das für Ilse schlimmer als Hallowien und Schießfilmkrimi im Fernsehen zusammen.

Aber Kurt sprach mit den Resten der Würde, die Ilse ihm noch gelassen hat, ein Machtwort und sagte, es gäbe keine Diskussion, er und Gunter Herbst würden mit Norbert die

Ziegel bewachen. Kurt musste nur versprechen, dass er das Händi mitnimmt. Das kann er zwar nicht bedienen, aber es beruhigte Ilse, und das ist es, was zählt.

Der olle Zausel mit seinen 87 Jahren hatte derweil nämlich mit Herrn Bogdan, dem polnischen Maurergesellen von Kalle, Freundschaft geschlossen. Ilse schwante schon, dass die beiden Geschäfte ausheckten. Der würde nur wieder Böller kaufen, die mehr Lärm machten als der Russe, als er 45 Berlin einnahm.

Ich habe zwar hier und da schon von ihnen erzählt, aber an dieser Stelle muss ich wohl mal ein paar Worte mehr zu Kurt und Ilse sagen. Die Gläsers sind meine allerengsten Freunde, und ich kann auf sie zählen, wann immer es nötig ist. Sie sind immer mit dabei! Ilse hatte mehr Glück als ich bei Männerauswahl, Kurt ist bis heute an ihrer Seite. Und rüstig für sein Alter! Doch, das muss man sagen. Ein paar Macken hat jeder in unseren Jahren, wissen Se, da ist der Lack ab. Bei mir ist es die Hüfte, bei Ilse ist es das Knie und bei Kurt eben die Augen. Früher haben wir im Bad alle nur zur blauen Dose gegriffen und uns damit eingeschmiert, heute ist es die orange Tube. Voltaren statt Nivea.

Seit über 60 Jahren sind Gläsers nun verehelicht und unter dem Strich ein glückliches Paar. Sie sind noch gut in Schuss für ihre Lenze. Ilse kocht und wäscht alles selbst und Kurt fährt noch Auto. Sie sind viel unterwegs. Bis nach Wittenberg waren Gläsers letztes Jahr. Das ist nicht weit von Berlin, nicht mal hundert Kilometer. Das kann man gut schaffen an einem Tag, jedenfalls, wenn man beizeiten losfährt. Kennen Se Wittenberg? Da hat der olle Luther seinerzeit seine Prothese an die Kirchentür geschlagen.

Seit Anbeginn der Ehe versucht Ilse nun, Kurt davon abzuhalten, was in der Küche anzufassen. Aber er meint es gut, gibt sich Mühe und besteht darauf, ihr hier und da zur Hand zu gehen, erst recht, seit er Rentner ist und mit sich und seiner Zeit nicht immer etwas anzufangen weiß.

Wenn Ilse beispielsweise mit mir telefoniert, wird Kurt ganz unruhig. Da hat er Angst, dass er was nicht mitkriegt. Er ist neugierig wie ein olles Waschweib. Dass sich seine Ilse mal für ein Viertelstündchen nicht ihm, sondern mir widmet, macht ihn zusätzlich rasend. Da sind Männer ja nicht anders als Hunde, und sie können es genauso wenig verbergen. Kurt springt auf und wuselt unbeaufsichtigt in der Küche rum. Er ruft ständig in das Telefonat rein, wie lange denn die Kartoffeln noch müssen und dass gleich was anbrennt, er würde es schon kommen sehen. Da wird er gnaddelig. Als ob Ilse nicht alles im Griff hätte, wissen Se, die war mit mir in der Haushaltsklasse auf Fräulein Keilers Bräuteschule. Ilse weiß doch, wie man kocht! Letzthin hatte sie Hühnerbrust in der Pfanne; Gläsers achten ein bisschen auf den Schollesserinspiegel und essen auch mal ohne Fleisch, da gibt es dann nur Hühnchen. Als ich angeläutet habe, hat sie sofort auf ganz kleine Flamme gedreht. Trotzdem ist Kurt an den Herd gegangen und fing an, in der Pfanne rumzurühren. »Warte mal, Renate, ich muss hier mal kurz ...«, sie legte mich auf die Seite, aber ich konnte doch alles hören: »... Kurt! Was machst du denn da? Du weißt doch gar nicht, wann das Hühnchen gut ist!« Davon hat Kurt sich nicht abhalten lassen: »Es ist eine Brust, Ilse. Ich weiß doch, wie sich eine Brust anfühlt, die gut ist!«

Ilse hat dann ganz schnell in den Hörer gesagt, dass sie mich später zurückruft, und aufgelegt. Solche Themen sind ihr immer sehr unangenehm. Da wird sie rot und nestelt sich am Kragen rum, wenn die Sprache drauf kommt. Sie hat an dem Tag auch nicht zurückgerufen und niemals auch nur ein Wort über diese Geschichte verloren.

Einmal im Jahr, nämlich am Hochzeitstag, kocht Kurt. Da lässt er sich nicht von abbringen, er hält das für Romantik. Männer haben da ja nicht immer eine Ader für. Das ist kein Festtag für Ilse, wenn Kurt in der Küche rumfuhrwerkt, das kann ich Ihnen sagen. Sie kennen bestimmt noch Onkel Alfred? Nee, Ekel. Ekel Alfred. Der hat im Fernsehen mal Rotkohl gemacht, da war die gute Else Tetzlaff hinterher auch ganz fertig mit den Nerven und hat geweint. So ähnlich geht es Ilse, wenn der Kurt sich an den Herd stellt.

Kurt macht jedes Jahr zum Hochzeitstag Buletten mit Mischgemüse und Salzkartoffeln, das kann er, nachdem er mehr als 60 Jahre Übung darin hat, halbwegs. Wenn er Hackepeter knetet, werden die Fingernägel auch mal sauber, sagt er, schon deshalb muss das einmal im Jahr sein. Das Mischgemüse hat Ilse ja eingeweckt da, das muss er nur warm machen und Butterschwitze dran, und Kartoffeln schält er sowieso jeden Tag.

Wissen Se, das ist auch so ein Drama. Er und Ilse essen IMMER je drei halbe, aber trotzdem fragt er Ilse jeden Morgen, wie viele sie essen will. Er schält also sechs halbe und noch zwei als Reserve, »für den Topf«, die Ilse die Woche über sammelt und von denen sie am Sonnabend – wie jede gute Hausfrau – Bratskartoffeln macht. Kurt schält die Erdäpfel ja immer schon früh und lässt sie eingewässert stehen, damit sich die Stärke setzen kann. Wenn Ilse vormittags mal bei mir ist, weil wir zum Beispiel Pfirsiche einwecken oder Kirschmarmelade kochen, ruft Kurt hier an und fragt, wie viele Kartoffeln Ilse isst. Ilse sagt, das macht sie wahnsinnig, aber nach so vielen Jahren kann sie ihn eben nicht mehr ändern.

Männer! Ach, es ist doch auch köstlich, wir lachen dann immer, und Ilse ist dankbar und glücklich, dass sie ihren Mann noch hat. Auch, wenn sie jedes Jahr nach dem Hochzeitstag den Maler kommen lassen müssen, damit der die Küche neu streicht, nachdem Kurt gekocht hat.

Ach, der Kurt ist ein Schlingel. Er büxt so oft aus, und alle machen sich Sorgen, weil se denken, der Opa ist tüddelig und weiß den Weg nicht. Dabei macht der das mit Absicht, um mal ein paar Stunden von Ilse wegzukommen. Sie plappert gern und umsorgt ihn mit Liebe, aber manchmal ist Liebe auch erdrückend und einfach zu viel. Ilse hat auch den Weihnachtsstern zu doll gegossen, und er ist eingegangen. Im Gegensatz zu Kurt konnte das Gewächs nämlich nicht ausbüxen. Verstehen Se, was ich meine?

Kurt sagt ja nicht viel. Manche Tage könnte man meinen, der gehört zu den Möbeln. Aber wenn er den Mund aufmacht, sitzt es. Nur ein Wort gibt er von sich, aber mit dem ist alles gesagt. Wenn er gar nichts sagt, hat er was, und es gibt noch Ärger an dem Tag. *Dann* sagt er manchmal einen ganzen Satz, aber den hat er sich gut überlegt.

Da reichen ihm ein paar Worte, und alle wissen genau, was er meint und dass eine Diskussion mit ihm keinen Sinn hat. Das Schweigsame liegt bei den Männern in Kurts Familie im Blut; wissen Se, sein Großvater war Leuchtturmwärter auf Fietjesmünde. Der war oft ganze Winter über für sich und hat keinen zum Reden gehabt, und wenn das Fräulein von der Post einmal in der Woche mit dem Boot rübersetzte, na, da haben die auch nicht viel geredet, sondern ... als Kurts Vater unterwegs war, haben sie aber geheiratet, mit Kirche und Blumenkindern und allem Drum und Dran. Er kam dann auch zu ihr aufs Festland.

Und Ilse ist auch nicht ohne Macken. Sie kauft wie ich sehr gern im Angebot. Man kann kräftig sparen, wenn man die Augen offen hält! Und seit dem Euro ist ja die Mark nur noch die Hälfte wert. Die Rente bleibt schmal, wie sie ist, aber die Preise schnellen hoch. Nee, man muss gucken, wie man zurechtkommt. Im Winter, wenn die Zeit ran ist, dass auf den Dörfern hausgeschlachtet wird, fährt Kurt immer mit uns raus zu seinem Karnickelzüchterfreund Hellmut, und wir holen uns da auf Vorrat, was wir so brauchen. Hellmut schlachtet nicht nur Karnickel, sondern auch Schweine und wurstet selbst, ach, das schmeckt doch ganz anders als die Abfälle mit Chemie drin, die se uns in der Kaufhalle als Wurst verkaufen! Na ja. Jedenfalls sind das immer tüchtige Berge von Fleisch, die wir zum Einfrosten fertig machen und in unseren Kühltruhen verstauen. Jeder hat da sein eigenes System, ich schreibe zum Beispiel immer drauf, wann ich es eingefroren habe und was es ist, also zum Beispiel »Gulasch Februar 2019«. So finde ich mich am besten zurecht.

Ilse hingegen denkt auch an die Kinder und Enkel und kauft für sie mit. Sie schreibt auf die Gefrierbeutelchen, für wen es sein soll. So weit ist das alles kein Problem, wissen Se, ich würde mich da nicht zurechtfinden, aber Ilse hat alles im Griff. Nur: Letztes Frühjahr gab es den Fall, dass der Wolfgang Geigenzupfer verschwunden ist. Über Wochen suchten sie ihn, überall waren Aushänge, die Zeitung hat berichtet und Fäßbock zeigte ein Foto von ihm hoch, wie er Weihnachten mit einer Flasche Bier unterm Baum dem Fotoknipser zuprostete.

Nun stellen Se sich mal Kurts Gesicht vor, als Ilse ihn zur Gefriertruhe schickte und er mit einer Tüte Rippchen, beschriftet mit »Wolfgang«, zurückkam. Eiskalt sei es ihm den Rücken runtergelaufen, hat er erzählt. Seitdem ist das Holzbeil immer im Schuppen verschlossen und er guckt Ilse bis heute skeptisch an, selbst, als der Geigenzupfer wieder von der Busreise nach Karlsbad zurück war und die Rippchen längst an den Wolfgang – so heißt nämlich der Schwiegersohn von den Gläsers – übergeben waren.

Ja, ja, die Gläsers ... in unserem Alter hat man ja immer sein Tun, aber oft sucht man sich auch Aufgaben, damit man nicht komplett rammdösig im Kopp wird. Man kann schließlich nicht den ganzen Tag Kreuzworträtsel machen oder aus dem Fenster gucken, das gibt Druckstellen auf den Unterarmen, und die Nachbarn halten einen für neugierig. Da ist so ein Hausbau eine willkommene Abwechslung! Und eins muss man Kurt lassen: Auch, wenn er vorsichtig fährt und seine Zeit braucht – er ist immer rechtzeitig da. Und patent, ich kann Ihnen sagen! Kurt hat eine Taschenuhr mit Handaufzucht, und da die auf die Sekunde richtig geht, ist er immer pünktlich.

Einmal, als Kurt von der Leiter rief: »Ilse, mein Mäuschen« – Kurt nennt Ilse immer Mäuschen, niemals Mama! – »Bring mir doch mal die alte Beißzange«, drehte Ilse sich um und rief über den Zaun: »Wilma! Kannst du mal kommen? Kurt braucht dich!«, und ging weg. Ach, da haben wir gelacht!

Ich schlief also in der bewussten Dachstein-Nacht bei Ilse. Sie war sehr unruhig und rief im Halbschlaf dreimal nach Kurt. Ich kann für den Mann nur hoffen, dass sie das sonst nicht tut, sonst kommt der ja gar nicht zur Ruhe!

Auch auf dem Bau ging es wohl die ganze Nacht über lebhaft zu: Kurt und Gunter erzählten sich die Heldengeschichten ihrer Väter aus dem Schützengraben. Wilma wurmte, dass ich ihr die Nebenwirkungen ihrer Blutdrucker vorgehalten hatte, und sie hat sich eine große Kanne Bohnenkaffee gebrüht. Sie saß bis zum Morgengrauen hinter ihrer Küchengardine und belauschte die beiden.

Auch Gertrud hat die Nacht kaum ein Auge zugemacht, weil es ohne Norbert »so komisch« war. Sie war schon um sieben raus, das ist ganz ungewöhnlich für sie. Ganz traurig war sie und naschte eine Scheibe Fleischwurst nach der anderen. Als die alle war, rief sie Ilse und mich an.

Fleischwurst heilt ja fast alles. Aber es muss die billige sein, fragen Se mich nicht, warum. Die schmeckt am besten. Ich kaufe die immer für Katerle. Der kriegt abends eine Stulle mit der billigen Fleischwurst, die verträgt er gut und mäkelt nicht rum. Als ich mal verreist war und Herr

Alex ihn gefüttert hat, hat er ganz dünn gemacht. Also, Katerle, auf sein Katzenklo. Ich habe ihm nach der Busreise Kamille in seinen Wassernapf getropft und ein bisschen das Bäuchlein massiert, und dann haben wir beide ein Scheibchen Fleischwurst genascht, und schon ging es wieder. Katerle hatte wieder ... es war wieder ganz normal fest.

Sonst sagt Gertrud immer: »Ich hab doch keine Böcke zu melken, was soll ich so früh aus den Federn kriechen?«, und steht erst auf, wenn Norbert nach Gassi kläfft. Denken Sie nur, manchmal geht sie unfrisiert und im Morgenmantel mit ihm raus! Sie macht ihre Morgentoilette erst, wenn der Hund pieschern war. Es ist wahrlich eine Schande. Aber die Frau ist erwachsen und muss wissen, was sie tut. Sie soll aber nicht erwarten, dass ich sie im Heim besuche, wenn sie sie mal als verwahrloste alte Dame aufgreifen und einsperren. Genug ist genug!

Ja, jedenfalls war sogar Gertrud früh wach an dem Morgen. Dass sie Angst hatte, würde sie ja nie zugeben. Kurzum, als die Dachdecker um sieben auf die Baustelle kamen, fanden sie die bestbewachten Dachziegel in der Geschichte von Berlin vor. Wir Alten waren zwar alle hundemüde, aber wir konnten uns ja mittags eine Stunde hinlegen.

Und wo verlegen wir das Inlein?

Die Maler haben ihr Baugerüst direkt bis zum Balkon hoch aufgestellt. Das ist unverantwortlich! Einbrecher könnten da schwuppdiwupp rein. Das reibe ich heute Abend alles mit Schmierseife ein, das sage ich Ihnen!

Wir konnten uns nun um die Planung des Innenausbaus kümmern und genau überlegen, wie es im Haus aussehen sollte.

Wissen Se, nicht, dass wir bisher untätig waren, aber die Arbeiten am Rohbau waren doch beschwerlich, und wir konnten nur hier und da unterstützend zu Hilfe springen. Nun schlug unsere Stunde, wir Alten hatten einiges zu geben und konnten viel mehr machen.

Man hat so seine Beziehungen und kann die eine oder andere davon ruhig mal spielen lassen, wenn es um Baumaterial geht. Eine Hand wäscht die andere! Ich habe durch meine vier Männer Scharen angeheirateter Verwandtschaft, das können Se mir glauben. Das sind so viele, manchmal ruft einer an, und ich muss erst mal zwei Minuten höfliche Konversation machen, bevor ich ein ungefähres Bild vor Augen habe, wer das überhaupt ist.

Der Werner zum Beispiel ist ein Neffe von Franz selig und ein Handelsvertreter für Seife und Kopfwäsche und so Kosmetikzeuch, wissen Se. Der bringt immer Pröbchen mit, die mir aber zu streng riechen. Die Handseife ist auch sehr scharf, die vertrage ich gar nicht. Davon kriege ich

Schrunden und ganz trockene Haut. Ich nehme sie, wenn ich die Algen von den Grabsteinen schrubbe. Damit geht der Dreck wie im Nu runter, und ich sage Franz dann immer: »Guck, Franz, das ist ein Gruß von Werner.« Werner ist das ganze Jahr über unterwegs und nächtigt jeden Tag in anderen Hotels. Dafür kommt ja der Betrieb auf, nicht er selbst. Der würde eher im Auto schlafen, als ein Hotel zu bezahlen. Werner ist knauserig, man glaubt es kaum! Er wird nicht schlecht bezahlt, wenn man ihm glauben darf, aber er verlängert sein Salär durch allen möglichen Sparkrams, der schon in Geiz ausartet und worüber man nur den Kopf schütteln kann. Ich bin auch keine, die das Geld zum Fenster rausschmeißt, aber Werner geht mit einem Topf in die Dusche, in dem er den halben Liter Kaltes auffängt, der als Erstes kommt. Damit gießt er die Blumen. Er schraubt in der Gaststätte die Pfefferstreuer auf und stibitzt sogar diesen muffigen Staub und pumpt sich beim IKEA den Mostrich in ein mitgebrachtes Gläschen. Werner trocknet gebrauchte Filtertüten auch und nimmt die mehrmals. Na, man muss bei seinem Geiz wohl froh sein, dass er überhaupt welche kauft und sich nicht mit Toilettenpapier behilft.

Einmal hatte er auch einen kleinen Unfall, bei dem zum Glück nichts Schlimmes passiert ist. Nur Blechschaden, und dafür kam ja auch seine Seifenblasenfirma auf.

Weil er so oft in Hotels ist, tauscht er da die heilen Glühbirnen gegen kaputte aus. Es fehlen einem die Worte und ich möchte damit im Grunde auch nichts zu tun haben, aber andererseits schicke ich dem nun seit bald 40 Jahren zu jedem Geburtstag und Weihnachtsfest Topflappen.

Über Topflappen freut sich ja jeder! Da kann man im Gegenzug auch ruhig mal auf sein Angebot eingehen, dass er nämlich den Kindern statt eines Einweihungsgeschenks 80 Energiesparlämpchen spendiert. Ich habe nicht weiter nachgefragt und Stefan und Ariane auch nicht erzählt, woher die Leuchten stammen. Man muss den Dingen manchmal auch ihren Lauf lassen und darf nicht alles hinterfragen. Stefan packte das Sammelsurium der Lämpchen stirnrunzelnd aus den Eierkartons, in die Werner die Leuchten verpackt hatte, und fragte mich verwundert: »Wo hat Onkel Werner *die* denn her?«, aber ich zuckte nur mit den Schultern und dachte bei mir: »Junge, du kannst zwar alles essen, aber du musst nicht alles wissen!«

Was Bad und Küche betraf, hatte ich selbstverständlich Arianes Eltern im Kopf. Die Fürstenbergs – genauer gesagt, *von* Fürstenbergs, wissen Se, sind nur verarmter Adel. Nicht, dass Se denken, es gäbe noch eine Verbindung zu Prinzessin Kät nach England oder so. Nee, nee. Die Fürstenbergs handeln mit Sanitärkeramik, da geht es um ganz andere Throne. Ich sage immer »Mit dem Adel ist es wie mit den Kartoffeln – das Beste ist unter der Erde«.

Unsereins hat ja nicht groß Kontakt zu den Leuten. Sie wohnen in Leipzig, Ariane fährt hin und wieder mit Stefan und Lisbeth hin, und zwei-, dreimal im Jahr kommen die von Fürstenbergs auch im Auto nach Berlin gebraust. Da ist man als alte Tante natürlich nicht immer dabei. Nur an Lisbeths Geburtstag, da sehen wir uns selbstverständlich. Sollten Se mal sehen, was die Monika da an Geschenken anschleppt! Letztes Jahr kamen sie mit einem Puppenwagen, einem Kaufmannsladen (in dem man mit Schipskarte bezahlen kann!) und einem Plüschtier an, das doppelt so groß war wie Lisbeth selbst und vor dem sie Angst hatte. Die ganze Nacht hat sie geweint. Stefan musste das rosa Trumm raussetzen. Das war ihr nur auch nicht recht, aber als er es »Außengehege« nannte, ging es. Das will man doch auch nicht, ich bitte Sie! An all das Gedöns hatten Monika und Manfred Schleifen und Luftballons mit Flimmer dran gebunden. Der erste Ballon knallte schon im Hausflur, wo sie Bimbambutzemann sangen. Lisbeth ist schon da weinend in ihr Kinderzimmer gerannt. So würde ich es am liebsten auch machen, wenn die Schiode mit dem Chor zum Geburtstag kommt, aber ... ab einem gewissen Alter geht das nicht mehr, da muss man es lächelnd und tapfer ertragen. Ich sage Ihnen, das war ein Theater! Während Ariane die Kleine beruhigte und Stefan den Besuch mit Kaffee und Kuchen (selbstverständlich hatte ich meine berühmte Buttercremetorte gebacken!) versorgte, wischte ich im Flur gründlich durch. Dieses Konfetti kriegen Se ja drei kalte Winter lang nicht aus dem Teppichflor, wenn es erst mal eingetreten ist. Das ist fast so schlimm wie der Flimmer von den Weihnachtskugeln. Kennen Se das? Man schmückt die Tanne und ist ganz vorsichtig mit den guten Kugeln, und trotzdem findet man bis ins Frühjahr hinein beim Staubsaugen noch Glitzer, und der Kater glänzt noch im Mai wie eine Discokugel.

Nee, ich muss mich an so einem Tag nicht wichtigtun mit dem auffälligsten und teuersten Geschenk. Viel entscheidender ist doch, was für die Kleine das Beste ist. Und an einen schönen Nachmittag mit »Oma Nate«, wie se immer sagt, erinnert sie sich noch lange Zeit. Deshalb schenke ich gerne einen Puppentheater-Gutschein oder so was. Sie ist aber auch in einem niedlichen Plapperalter, sage ich Ihnen, ach, es ist zu putzig: Einmal haben wir einen Fallschirmspringer vom Himmel gleiten sehen, von dem berichtet sie noch immer als »der Fallstromspringer«. Sie bringt die Worte ein bisschen durcheinander und sagt sie falsch. Neulich hat sie erzählt, dass die Kindergärtnerin ein Märchen vorgelesen hat. Das hieß »Die prima Stadtmusikanten«. Ariane, die besorgte Hubschraubermutti, wollte schon zur Legotherapeutin mit dem Kind, aber da sie ans Bett gefesselt war, wurde aus dem Quatsch zum Glück nichts. Das ist doch auch so liebenswert!

Auch von unserem Theaterbesuch schwärmt Lisbeth noch immer. Jedem erzählt sie davon, dass ihr der Magier einen Euro aus der Nase gezaubert hat, den sie sogar behalten durfte. Monikas rosa Plüschpony hingegen hat sie nicht einmal angeguckt. Ich habe aus den Ponybeinen übrigens schöne Zugluftstopper genäht, weil es bei den jungen Leuten immer so fußkalt war. Den verbliebenen Ponykopf hat Ariane nicht als Kuschelkissen für Lisbeth erlaubt, sie sagte, das Kind kriegt ein Trauma, wenn es mit einem abgeschnittenen Pferdekopf im Bett schläft. Nun gut, sie ist die Mutter, und ich rede ihr nicht in die Erziehung rein. Da weiß eine Renate Bergmann, wo ihre Grenzen sind. Für Katerle macht er sich aber gut, wissen Se, wenn er mit dem Pferd kuschelt, haart er mir nicht die Paradekissen voll.

Jedenfalls habe ich zu Monika sonst nicht groß Kontakt. Nun wurde es jedoch Zeit, da mal anzuläuten. Bestimmt haben auch die Waschbecken eine lange Lieferzeit. Da gab es keine Zeit mehr zu verlieren.

»Renate!«, flötete se mir am Telefon entgegen. »Wie schön, von dir zu hören. Geht es dir gut? Was macht die Hüfte? Ist bei den Kindern alles in Ordnung?«

Freundlich isse ja, da kann man nichts sagen. Nur eben ein bisschen überdreht, und das geht einem auf Dauer ganz schön auf den Frankfurter Kranz. Nee, nur Kranz. Auf den Kranz. Na ja.

Ich sage es Ihnen rundheraus, wir wurden uns rasch handelseinig. Selbstverständlich würden die Eltern beisteuern, was die jungen Leute brauchten, und zwar nicht nur Badewanne, Waschbecken und Toilettenbecken, sondern auch noch die Wasserhähne und die Brause für die Dusche dazu. Wenn Se mal gucken, was das Zeug kostet, wissen Se, was das für eine Hilfe war!

»Renate, wir haben oft mal zweite Wahl dabei, da ist dann eine kleine Luftblase in der Keramik. Aber wer guckt sich denn die Kloschüssel schon von innen an?«

Mir fiel da ja spontan der Manfred ein, Arianes Vater. Also, bei der Taufe von Lisbeth hat der sich nach sechs Glas von meiner Bowle noch mal alles durch den Kopf gehen lassen, wenn Se verstehen, wie ich das meine, und Monika musste ihm ins Bad nachlaufen und die Haare halten, besser gesagt das verbliebene Resthaar. Der hatte sich die Blasen in der Keramik ganz genau angeguckt. Ich sprach das Thema aber nicht am Telefon an. Das will man ja nicht wieder aufwärmen, gerade in der Familie ist man doch darauf bedacht, dass der Frieden erhalten bleibt.

»Ihr schickt mir mal die Pläne vom Architekten und die vom Installateur, und der Manfred stellt euch alles zusammen, was ihr braucht. Da helfen wir gerne. Es müssen ja schließlich keine goldenen Wasserhähne sein.« Das stimmte wohl, was ich allerdings schade fand. Da sieht doch nobel und gediegen aus! Also, für meine Einliegerwohnung würde ich goldfarbene Armaturen nehmen, und wenn ich zuzahlen müsste. Das war mir egal. Jedenfalls für die Badestube, in der Küche nicht. Der Geschmack von Stefan und Ariane war da ja eher schlicht, und man will den jungen Leuten da nicht reinfunken. Sollen sie es ruhig neutral einrichten, so ist man unabhängig und kann es mit schönen Gestecken aus Seidenblumen, mit hübschen Türkränzen aus Salzgebäck und Handtüchern mit Rosenmuster gemütlich einrichten. Ich habe auf den Friedhöfen auch bei allen Männern Sträuße aus Seidenblumen stehen, was meinen Se, wie hinreißend die aussehen. Und was das spart! Alle zwei Wochen nehme ich sie mit nach Hause, wasche sie bei 30 Grad im Schonprogramm durch und tausche sie reihum. Das merkt kein Mensch, und so ist immer Abwechslung auf den Gräbern. Wissen Se, die alten Damen, die da ein Auge drauf haben, wer wem was für ein Bouquet auf das Grab stellt, die können meist sowieso nicht mehr so gut gucken.

»Also, wie gesagt, Renate, du schickst mir die Pläne, wir stellen euch alles zusammen und geben Bescheid. Könnt ihr das von einer Spedition abholen lassen?«, fragte Monika.

Ich bitte Sie! Was das kostet! Wozu hatte Kurt denn schließlich eine Anhängerkupplung am Koyota? Wir würden die Throne und goldenen Wasserhähne selber holen!

Sie wissen ja, Kurt sieht nur noch zu 40 %. Heute hat er den neuen Toilettenpapierhalter angebaut. Wir sind dankbar, dass alle gesund sind.

Wissen Se, sobald die Wände stehen, geht es eigentlich erst richtig los auf dem Bau. Da muss dann ständig was geklebt, gebohrt und angedübelt werden. Da kann man noch so gut planen, es fehlt doch immer gerade die Schraube oder der Mörtel, den man in dem Moment braucht! Da kam es gerade recht, dass Gunter und Kurt gleich zu Beginn den kleinen Bauschuppen errichtet hatten.

In einem sind die Handwerker ja alle gleich: Sie können nichts wegschmeißen. Jeder Streifen Teppich, jede Schraube, jedes übriggebliebene Brett muss aufgehoben werden. Das macht Kurt genauso wie Gunter. Kurt hat seine Gartenlaube, die eigentlich eher ein Gerümpelschuppen ist, und Gunter ... Gunter ist überall nur als Schuppen-Gunter bekannt. Er hebt jeden Mist auf! Die meisten seiner Schuppen kann er gar nicht mehr betreten, weil sie voll sind wie ein Matrose nach vier Stunden Landgang. Wenn Gunter mal heimgerufen wird und dort aufgeräumt werden muss, na, ich will gar nicht wissen, was *da* alles ans Tageslicht kommt. Immer, wenn er wieder einen Haufen Schraps beieinanderhat, schlägt er vier Pfähle in die Erde, nagelt Platten drauf, schalt ein paar Bretter rundrum und hat flugs schon wieder einen neuen Schuppen. Deshalb nennen ihn die Leute Schuppen-Gunter.

Ilse hält Kurt bei dem Thema an der langen Leine und lässt ihn ausnahmsweise gewähren. Er darf ja nur unter Aufsicht an Strom, deshalb lässt sie ihn wenigstens Teppichreste und Nägel horten und sortieren – jedenfalls so lange, wie man die Gartenlaube noch betreten kann. Wenn das eng wird, ordnet Ilse Aufräumen an, und Kurt muss sich von ein paar Sachen trennen. Meist gibt er viel Plunder aus Metall in den Schrott und sägt ein paar olle Kisten zu Brennholz. Da ist schon viel gewonnen, auch finanziell, wissen Se. Schrott wird doch gut bezahlt heutzutage! Mir haben sie auf dem Friedhof sogar meine Zinkkanne geklaut, und obwohl Stefan meint, es war bestimmt nicht wegen des Schrottwertes, bin ich mir da nicht sicher. Wer auf dem Friedhof klaut, dem sollten die Hände abfallen! Kurt fährt jedenfalls ab und an zwei Hänger Schuppenschrott zum Wertstoffhof. Ilse fährt immer mit, damit Kurt nichts damit anstellt. Ihr geht es aber nicht ums Geld, sie steckt davon dem Enkel was zu, da isse nich so. Ihr liegt vor allem daran, dass wieder Luft im Schuppen ist. Dann ist Ilse zufrieden.

Ja, so sind Männer eben. Aber wir Frauen haben ganz ähnliche Macken. Ilse zum Beispiel schneidert gern. Die hat eine Knopfkiste, so was haben Se noch nicht gesehen! Wenn sie eine Bluse oder einen Mantel näht und Knöpfe dafür einkauft, nimmt sie natürlich immer zwei mehr, als Reserve, falls mal einer verlorengeht. Tut aber keiner. Nie! Stattdessen wirft sie die Reserve-Knöpfe in die Kiste zu den vielen, vielen anderen, die da schon drinliegen. Es werden immer mehr. Bevor sie nämlich ein abgetragenes Teil weggibt, schneidet sie die Knöpfe ab und tut sie in ihre

Knopfkiste. Ilse kann die nicht mehr anheben, so schwer ist die. Sie hat den Karton vom ersten Buntfernseher dafür aufgehoben. Der ist so groß wie eine Waschmaschine. Schon zu Mauerzeiten hat Kurt mal das Fernsehen angeschrieben, und sie kamen und haben einen Bericht über Ilses Knopfkiste gemacht. Sie wurde bei »Außenseiter, Spitzenreiter« als Frau mit der größten Knöppesammlung zwischen Kap Arkona und Erzgebirge vorgestellt, und ich sage Ihnen, das war *vor* der Wende. Das ist ja nun auch schon wieder 30 Jahre her. Seitdem kamen noch mal gut doppelt so viele hinzu.

Ilse ist auch 82, und wenn wir Glück haben, schenkt uns der Herrgott noch ein paar schöne Jahre. Aber selbst, wenn Ilse von heute an nichts anderes in ihrem Leben mehr tun würde als Knöpfe annähen, würde sie nicht die Hälfte von den Dingern wegschaffen. Trotzdem kann sie sich von keinem einzigen trennen. »Wer weiß, wo der noch mal dranpasst!«, sagt sie, wenn das Thema aufkommt. Sie kann zu jedem einzelnen Knopf berichten, wem sie den vom Hosenbund gerissen hat oder wer eine Jacke dazu trägt. (Als ob das wichtig wäre!)

Jedenfalls haben Gunter und Kurt als Allererstes, gleich nachdem die Baugrube ausgebuddelt war und noch bevor die Maurer loslegten, einen Bauschuppen gezimmert, in den sie einen Teil ihrer Schätze einlagerten. Erst haben alle gelacht und über »die alten Opas« sogar die Augen so verdreht, dass man das Weiße sah, aber wie oft griffen die Maurer, die Zimmerleute und alle möglichen anderen Handwerker später auf die Hilfe der beiden zurück. Ob nun einer »Ich brauche mal schnell einen Kabelbinder!«, »Wenn ich jetzt ein Stückchen Holzlatte hätte, so 5 cm dick, das würde helfen« oder »Habt ihr vielleicht auch einen halben Stein? Und einen Seitenschneider?« rief – Kurt oder Gunter hatten alles griffbereit!

Am liebsten sprühen se ja beide mit WD-40. Das im so was wie Öl aus der Flasche, das man ü-ber-all drauf – tun kann. Kurt sagt immer, WD-40 ist das Maggie für Handwerker. Ob die Tür quietscht, das Schloss schwer aufgeht oder die Fahrradkette grintelig ist: Kurt hat sein WD-40 immer griffbereit in der Kitteltasche. So wie Ilse ihr Fenstersprüh. Sie hat ein kleines Fläschchen, da geht nicht mal ein viertel Liter rein. In das füllt sie sich das Fenstersprüh ab und trägt es immer mit sich herum. Wenn sie dann einen Fleck sieht, runzelt sie nur kurz die Stirn, greift in die Schürzentasche, und ZACK, wird dem Dreck der Garaus gemacht. Oft wischt sie auch einfach Kurt hinterher, dessen WD-40 ölige Spuren hinterlassen hat, aber so halten se sich beide gegenseitig auf Trab und haben immer was zu tun.

Aber auch, wenn die Schatzkammer der Männer Gold wert war, so hatten sie natürlich nicht ALLES parat. Wie oft haben wir zum Baumarkt kutschen müssen, der dem Himmel sei Dank nicht weit weg war.

Das ging meist so los, dass einer der Maurer nach etwas schrie: »So'n Ding. So breit, so tief, fünfer Durchmesser, aber nicht länger als siebzich. Vermessingt, aber Edelstahl geht auch. Abgeflacht und mit Spreizmutter. Das haben die bei BAUMEISTER neben den Flanschen, bei Bohrprofi 2000 steht es hinterm Abbinder«. Männer, nee! Können die sich nicht klar ausdrücken? Aber untereinander verstanden die sich so! Man musste staunen. Wie oft trieb Gunter Herbst das Gesuchte wider Erwarten doch in seinem Schuppen auf und überreichte es dem Kalle freudestrahlend. Nur ab und an mussten wir doch los.

Eine von uns Frauen fuhr immer mit. Nicht nur, dass es beim Autofahren sicherer ist, wenn eine ein bisschen mit auf den Verkehr guckt, nee, wenn man Männer allein im Baumarkt lässt, sind die oft stundenlang weg und kommen mit Sachen wieder, die man im Leben nicht braucht. Kurt hat tatsächlich einen elektrischen Kompressor gekauft, denken Se sich nur. Einen Kompressor! Ihm fiel selbst nicht ein, was er damit anfangen könnte. Er hat Lisbeth zwanzig Luftballons damit aufgeblasen, aber dann hat Ilse ihn einkassiert, zurückgebracht und mit dem Filialleiter besprochen, dass sie sofort bei ihr anrufen, wenn Kurt für mehr als fünfzig Euro einkaufen will.

Einen Kompressor, der spinnt doch!

Im Baumarkt hat man es ja auch nicht leicht. Einen Verkäufer zu finden, zum Beispiel, ist schon eine schwierige Aufgabe. Die verstecken sich besser als Steinpilze im halbhohen Moos, sage ich Ihnen. Man läuft an den Bohrmaschinen vorbei, die Schrauben entlang bis zu den Abflussrohren, und es ist weit und breit niemand zu sehen, der einen Kittel trägt. Wenn man Glück hat, findet man bei den Lampen eine Frau, die aber meist für Geranien zuständig ist und sich an den Ölradiatoren nur mal kurz die Finger wärmt, weil ihr das Rumgepansche im maikühlen Wasser draußen so auf die Gicht geht. Die verspricht einem dann, dass sie einen Kollegen schickt, und macht sich aus dem

Staub. Da dürfen Se nie den Fehler machen und glauben, dass einer kommt. Im Leben nicht! Eher friert die Spree zu, und das geschieht schon deshalb nicht, weil die Meiser, diese verschwenderische Lebedame, bei aufgedrehter Heizung lüftet. Na ja. Jedenfalls dürfen Se bloß nicht hoffen, dass ein Mitarbeiter am »Info-Peunt« zu finden wäre. Da kommen ja Kunden hin, und Kontakt mit denen gilt es auf jeden Fall zu vermeiden.

Ich habe drei Geheimtipps für Sie:

Erstens: Gucken Se alle halbe Stunde mal am Info-Peunt vorbei. Manchmal trifft man da verzweifelte Kunden, die zwar keine Lackfarbe »taubengrau matt« finden, aber bei ihrer Suche gewisse Kenntnisse über den Warenbestand erworben haben und Ihnen unter Umständen helfen können.

Zweitens: Suchen Se mal beim biologischen Dünger. Da müffelt es immer so, dass sich nur selten ein Kunde dahin verirrt. Genau deshalb lungern die Verkäufer da besonders gerne rum.

Und *drittens*, wenn das alles nichts bringt: Fummeln Se einfach mal an den allerteuersten Badezimmerarmaturen rum. Man glaubt es ja kaum, aber man kann über tausend Euro für einen Wasserhahn ausgeben. Wussten Sie das? Gott sei Dank hatten wir ja, was Sanitär betraf, wegen der Fürstenbergschen Blaublütererbeziehungen keinen Bedarf. Aber wenn Se so einen Wasserhahn auch nur mit einem flüchtigen Blick streifen, steht sofort mindestens einer der Verkäufer wie aus dem Boden gewachsen vor Ihnen und ist sehr, sehr freundlich. Wenn der Ihnen so was nämlich anzudrehen schafft, kriegt der eine dicke Provision, das kann ich Ihnen aber sagen. Da sind die dann doch hinterher, dass ihnen bloß kein Kunde durch die Lappen geht. So einen müssen Se im Glauben lassen, dass Sie sich für seine massiv güldenen Armaturen interessieren, dann macht der ALLES für Sie. Der beim Bastlerhof hat mir sogar aus den 14 Sorten Studentenblumensamen die rausgesucht, die Walter so gern mochte. Die Gelben mit den kleinen schwarzen Tupfen in der Mitte der Blüte, wissen Se? Sehr traurig war er, als ich sagte: »Ich überlege mir das mit dem Duschkopf noch mal. Wir kommen die Tage wieder lang.« Das stimmte im Grunde auch. Nur haben wir eben bloß zwei Säcke Katzenfutter mitgenommen.

Nee, diesen Trick müssen Se sich merken. Auch im Elektromarkt. Wenn man da was will, ist kompetentes und auskunftsbereites Personal (Entschuldigung, da muss ich beim Schreiben schon lachen!) so selten wie ein vernünftiges Fernsehprogramm am Sonnabendabend. Wie oft kommt denn »Ohnsorgtheater«, frage ich sie? Nee, da im Elektromarkt suche ich gar nicht erst lange, da habe ich einen anderen Kniff: Wenn ich wegen meiner die neue Platte von Felix Silbersee möchte, krame ich nicht lange rum in den Bergen von Bumsmusik. Ich bitte Sie, wozu haben die denn den Personal? Da möchte ich auch bedient werden! Nur – finden Se mal einen. Ich verrate Ihnen, wie es geht:

Die haben meist gleich hinter dem Eingang so einen riiiiiesigen Fernsehapparat, der in keine Wohnstube passt und mehr kostet als unser Wartburg damals. So ein Blödsinn, wissen Se, besseres Programm läuft auf den Dingern auch nicht, man hat nur mehr Fläche zum Staubwischen. Aber sei's drum, auf den Kasten gehe ich so forschen Schrittes, wie es die Hüfte eben erlaubt, zu und drücke auf der Rückseite ein paar Knöpfe. Da haben Se dann auch ganz schnell jemanden, der zu Hilfe eilt. Wenn die eine Oma an ihrer Luxuskiste rumfummeln sehen, kriegen die kalten Schweiß. Wenn Sie jünger sind, machen Se sich nichts draus. Schicken Se gern ein Kind vor. Das bewirkt das Gleiche.

Irgendwann stand das Haus also und sah von außen schon recht manierlich aus. Es musste noch verputzt werden, sicher. Aber es konnte nicht mehr reinregnen.

Kleinigkeiten sind ja immer zu machen, was ist schon jemals richtig fertig? Gucken Se sich den Kölner Dom an! Es war jedoch sicher, dass keiner mehr eine Wand verschob, ein Fensterloch falsch mauerte oder Kirsten mit der Wünschelrute durch den Rohbau stob und den womöglich noch verhexte. Das eine ist ja die Zeichnung – der Grundriss – aber danach können Se keine Gardinen kaufen. Da muss man aufmessen, wenn die Wände stehen, da beißt die Maus keinen Faden ab.

Ilse und ich nahmen also für die Stores Maß und suchten auch wunderhübsche Vorhänge bei »Wohnwelten Bachmann« aus, ach, wir waren wie verzaubert, das kann ich Ihnen sagen! Für uns alte Damen ist Gardinen kaufen fast so schön wie Brautkleider aussuchen. Wir kamen uns vor wie im Paradies. Man rechnet ja immer die zweieinhalbfache Breite, damit die Stores schön üppig fallen. Wer knauserig ist, nimmt nur doppelt, aber das sieht man dann auch. Und Gardinen sind ja das Gesicht des Hauses nach außen. Wenn sich eine Familie neue Gardinen kauft, spricht doch die ganze Straße darüber. Neue Gardinen waren früher das, was heute ein neues Auto ist. Wer was auf sich hielt, hatte die guten mit eingenähter Bleikante. Goldkante war ja nur im Westen, die durften wir nur im Werbefernsehen angucken, wenn Marianne Koch die anpries. Ilse hat uns aber kleine bleierne Schrotkügelchen in die Vorhänge genäht, damit sich die schön aushingen. Gläsers sammelten sie immer aus dem Rehbraten, den sie von Willy Grubbert kriegten. Jedenfalls so lange, bis se den wegen Wilderei drangekriegt haben und er einsaß. Da hingen die Vorhänge zum Glück schon. Nee, gute Gardinen sind die Visitenkarte des Hauses, das war schon immer so, und das hat sich bis heute nicht geändert, Punkt.

Da will man doch keinen ärmlichen Eindruck hinterlassen! Nee, das wäre am falschen Ende gespart. Zweieinhalbfache Breite und sonst gar nichts. So liegen die Stores gut in der Falte, und es sieht sehr gediegen aus. Dreifache Breite geht auch, aber das wirkt schon fast angeberisch. Es ist eine Frage des Maßes und ob man Stil und Geschmack hat. Schließlich sind wir keine Neureichen, die mit ihren Gardinen protzen. Man darf nicht sparen, aber zu viel ist auch nicht gut.

Wir suchten sehr schöne Vorhänge aus, mit reizender gestickter Biese als Sichtblende und Voulons an der Seite. Wun-der-hübsch! Wir waren so in Stimmung, dass wir auch für die Wohnstube der jungen Leute gleich alles ausrechnen und zusammenstellen ließen, nicht nur für meine kleine Einliegerwohnung. Schließlich musste sich der Ausflug lohnen, nicht wahr?

Stefan hatte zwar gedroht, wir sollten es ja nicht wagen, diesen »aufgedonnerten plüschigen Kitsch mit Schleifchen und Rüschen« zu kaufen, ohne Ariane zu fragen, als ich ihm unsere Wahl auf dem Scheibchentelefon zeigte. Ich hatte Ilse geknipst, wie sie die Pracht in Händen hielt wie eine Prinzessin ihr Ballkleid. Aber der Junge meinte es vielleicht gar nicht so? Ariane mag es zwar eher schlicht, jawoll, das weiß ich auch. Deshalb hatten wir die Zuziehvorhänge schließlich auch Ton in Ton genommen, wir denken doch mit! Das eingewebte Rosenmuster war das gleiche wie auf den Gardinen, und das Rosa passte prima zu den Paradekissen für die Couch, die Ilse schon im Auge hatte. »Schopping Queen mit der Goldkante«, murmelte Stefan und rollte die Augen ein bisschen. Ich wusste nicht, worauf er anspielte, aber es war bestimmt nichts Nettes. Dieser Lauser!

Das Donnerwetter mussten aber doch wir ausbaden: Natürlich war Ariane das mit den Gardinen nicht genehm. Sie regte sich so auf, dass Stefan einen kalten Lappen bringen und ihr auf die Stirn legen musste. Traumhaft schön waren die Vorhänge, aber nein, der Dame waren sie nicht modern genug. Nun gut, ich hatte versprochen, den Geschmack der Kinder zu respektieren, und ich werde mich in ihre Einrichtung nicht einmischen, wenn Undank der Lohn ist! Trotzdem war es schade. Ihre Wahl fiel dann auf einfach graue Schals, ich bitte Sie! Kein Brokat, keine Rüsche, nichts. Zum Glück hatten wir den Stoff noch nicht zuschneiden lassen, sonst hätten wir das am Ende noch von unserer kleinen Rente zahlen müssen. So musste ich Traudl Drubizek von Bachmanns Wohnwelten nur anrufen und freundlich absagen. Gepasst hat ihr das nicht, sie klang recht enttäuscht. Auch Ilse hatte die Singer in ihrem

Nähstübchen schon aufgebaut, wie gern hätte sie die Stores und Vorhänge zurechtgestichelt!

Nicht mal die messingfarbene Gardinenstange, die Gunter bereits mit viel Mühen angedübelt hatte, durfte hängen bleiben. Ariane schimpfte so sehr, dass Stefan sich nicht mal traute zuzugeben, beim Anschrauben geholfen zu haben. Ich sage Ihnen, wenn schwangere Frauen wütend sind, ist ein Vulkanausbruch ein lauer Sommerregen dagegen. Wie auch immer, das Ding musste wieder ab. Und das haben sie jetzt davon: eine Wohnstube, die trist und kalt aussieht wie die Aussegnungshalle im Krematorium. Also mein Geschmack ist das nicht. Aber bitte, *sie* müssen sich da wohl fühlen, nicht ich. Hauptsache, ein weißes Sofa mitten im Raum!

Und da es *ihr* Haus ist, sollen se da auch an die Wände pinnen, was ihnen gefällt. Dabei war das ein Staatsakt, die Gardinenstange an die Wand zu bekommen, ich ... ach, passen Se auf, ich berichte Ihnen. Es war so:

Die Gardinenstange stand im künftigen Wohnzimmer und sollte ran. Weil Kurt an dem Tag mit Ilse zum Zuckerdoktor nach Schöneberg musste, blieb Gunter nichts anderes übrig, als Stefan zu Hilfe zu rufen. Kurt hatte am Tag vorher schon probehalber ein paar Löcher gebohrt. Wenn der eine Bohrmaschine in die Finger kriegt, können Se den nicht mehr mit dem Lasso einfangen. Und weil er ja nun mal nicht mehr so gut gucken kann und nicht alles hochprozentig passte ..., war die Wand schon löchrig wie die Netzstrumpfhose von der Meiser. Gunter und Stefan meinten aber, das wäre nicht weiter schlimm, sie bekämen das schon ausgemerzt.

Na, die beiden waren ein Pärchen! Gunter hört sehr schlecht, was aber beim Bohren eher von Vorteil ist, weil er nicht die Ohren zuhalten muss und beide Hände frei hat, um kräftig auf die Bohrmaschine zu drücken. Stefan ist handwerklich jetzt wahrlich keine Leuchte. Aber zum Messen, Halten und was Anreichen sollte es wohl langen.

Gunter ist ein Praktiker. Der macht nicht viele Pläne und keine großen Worte, der *macht* einfach. Meist geht das auch gut, aber manchmal steht man nur daneben und runzelt die Stirn. Weil er aber eben vorher nicht erklärt, was er überhaupt will, denkt man eine ganze Zeit, dass das alles so sein soll, und merkt gar nicht, dass er auch keine Ahnung von dem hat, was er da gerade tut, und dass die ganze Schose den Bach runterläuft.

Stefan und Gunter zeichneten mit einem alten Zimmermannsbleistift, den Gunter immer hinter dem Ohr trägt, das Maß an. IMMER! Den hatte der sogar beim Adventssingen in der Kirche hinter dem Ohr, ich glaube fast, er friert an der Stelle, wenn er den Bleistift da nicht klemmen hat. Der Stummel wird zweimal im Jahr mit einem groben Messer angespitzt, nämlich Neujahr, wenn Gunter mit dem Stift notiert, wer am Silvesterabend wie viele Bier geschafft hat, und an seinem Geburtstag. Da schreibt er auf, wer ihm Weinbrand geschenkt hat und wer nicht. Mit diesem Bleistift malten die beiden einen dicken, schiefen Strich an die Wand. Stefan stöpselte die Bohrmaschine ein, und dann ging die Sache los. Erst bohrte Gunter an, ungefähr zwei, drei Zentimeter von seinem Strich entfernt. Ich fragte mich, wozu er den überhaupt angezeichnet hatte. Nach einer Minute setzte er den Bohrer ab und schimpfte:

»Is dett Stahlbeton? Dett kann doch nich sein. Ick werd noch verrückt.« Kein Stück war er vorangekommen. Stefan kratzte sich über die Bartstoppeln. Nicht mal zum Rasieren kam der Junge bei der vielen Arbeit und der ganzen Aufregung! Er spitze den Mund. Genau wie mein Otto! Kennen Se das, wenn solche kleinen Gesten in der Familie liegen? Die Winklers haben alle diese fürchterlich große Nase und kratzen sich beim Nachdenken am Kinn. Otto hat oft so dagesessen, wenn wir überlegten, wie wir wohl mit den Lebensmittelzuteilungen über die Woche kommen ... ach, es waren schwere Zeiten.

Stefan war ja nun, wie ich schon sagte, kein geborener Handwerker. Ratlos murmelte er: »Vielleicht ist es kein Betonbohrer, sondern einer für Holz?« Gunter grunzte nur, aber ganz dumm schien Stefans Einwand nicht zu sein. Immerhin prüfte Gunter den Bohrer – und wechselte ihn. Er schaltete die Höllenmaschine wieder ein und warf sich mit aller Kraft dahinter. Er drückte und fluchte, Sie haben ja keine Vorstellung! Stefan drückte ebenfalls noch mit, und nach zwei, drei Minuten begann es fürchterlich nach Gummi und verschmortem Elektro zu riechen. Sodann begann die Bohrmaschine Funken zu sprühen, und da war es allerhöchste Zeit für mich, einzuschreiten. Wenn Feuer ausbricht, hört der Spaß auf. Denken Se nur, wir hätten alle in Flammen aufgehen und abbrennen können! Ich zog den Stromstecker und sprach ein Machtwort: »Gunter! Stefan! Schluss! Da kann doch was nicht in Ordnung sein, das müsst ihr doch einsehen!«

Gunter wischte sich den reichlich fließenden Schweiß von der Stirn und guckte das Ergebnis seiner Arbeit traurig an: Wohl knapp eineinhalb Zentimeter waren sie vorangekommen. Stefan murmelte die ganze Zeit »Das verstehe ich nicht. Ich verstehe das nicht! Das kann doch nicht sein.«

Ich habe nun bestimmt nicht viel Ahnung von solchen Dingen, aber manchmal hat eben auch eine Renate Bergmann einen Einfall, der den Krimi aufklärt. Hatten die beiden mit der Maschine nicht vorhin noch Schrauben losegedreht? Aber da hatten die den Rückwärtsgang gebraucht, also gegen den Uhrzeigersinn. Wenn sie nun bohren wollten, wäre es da nicht richtig, auf Vorwärtsgang zurückzudrehen? Ich fasste die Bohrmaschine vorsichtig an. Der Stecker war ja raus, und sie war auch schon ein bisschen abgekühlt und qualmte nicht mehr. »Klack«, schob ich den Schalter nach rechts und gab dem verblüfften Gunter die Bohrmaschine wieder in die Hand.

»Probier mal jetzt«, sagte ich in dem sicheren Gefühl, das Problem gelöst zu haben. Ich stecke den Strom wieder an, Gunter setzte den Bohrer auf die Wand und ZACK, was soll ich Ihnen sagen? Das Ding ging durch den Gasbeton wie mein Frühstücksmesser durch zimmerwarme Butter. Gunter sagte gar nichts und schüttelte nur den Kopf. Er war sehr beeindruckt. So ein stieseliger Zausel wie er kann das nicht so zeigen. Nicht zu meckern war seine Art von Anerkennung.

Die Gardinenstange war also dran. Nicht ganz gerade zwar, aber Gunter sagte: »Wenn da erst mal Vorhänge dran sind, sieht dett keener mehr.« Stefan guckte zweifelnd. Ganz überzeugt war der nicht. »Dett jeht nich anders, dett is, weil die Decke schief is. Der Maurer war doch nur besoffen und hat jeschlampt!«, versuchte Gunter seinen Pfusch schönzureden. Da musste ich Einspruch einlegen, auf die Herren Kalle und Bogdan ließ ich nichts kommen. Die haben immer erst zum Feierabend ihr Heimwegbier bekommen, und die zwei, drei Korn, die wir zur Verdauung nach meiner Bohnensuppe ausnahmsweise genommen hatten, die machen doch einen Maurer nicht »besoffen«!

Das Messinggestänge war auch nicht ganz fest, wissen Se, das eine Bohrloch war ungefähr doppelt so groß geworden wie die anderen, weil Gunter abgerutscht war. Genau genommen war es nicht nur doppelt so groß, sondern ein Loch, in das man gut und gerne zwei Finger hätte schieben können, klaffte in der Wand. Ich wollte nicht schon wieder neunmalklug erscheinen und was sagen, aber im Grunde kann man sich den Einbau von teuren Thermofenstern ja sparen, wenn man faustgroße Löcher in der Mauer hat. Die Gardinenstange hing windschief und halb lose an der Wand. Wenn man die nur unvorsichtig angeguckt hätte, wäre das Ding runtergebumst. Gunter störte das alles überhaupt nicht, der brummte: »Wenn die Jardine erst mal hängt, hängt se. Da guckt keen Mensch mehr hin. Da darf eben nich doll dran rumjeruppt werden!«

Ich werde einfach nicht schlau aus Gunter. Er ist ein stets hilfsbereiter, aber mir bis heute undurchsichtiger Mensch. Ich betrachte ihn immer mit ein bisschen Misstrauen und mahne Gertrud zur Vorsicht. Man darf *nichts* glauben, was er sagt! Als Gertrud ihn damals auf dem Friedhof aufgelesen hat – er war Sargträger bei Hedi Kiefers Beisetzung – und er sie nach vier Wodka beim Fellversaufen nach Hause gebracht hat, fand ich das nett von ihm. Gertrud wäre im

Bus sonst nur wieder auffällig geworden. Sie witterte von Anfang an Geld, weil Gunter im Taxi nämlich einen 50-Euro-Schein aus der Tasche seiner Manchesterhose zog und dem Fahrer so ungerührt reichte, dass sie glaubte: »Da ist mehr zu holen.«

Jahrelang hat Gunter uns weismachen wollen, dass er sein Leben lang Landwirt gewesen war. Sein Gehöft spricht auch dafür, keine Frage. Aber letzthin – wir saßen beim Silvesterkarpfen beisammen – erzählte er frei von der Leber weg, dass er früher zur See gefahren wäre. »Das kann doch einen Seemann nicht erschüttern«, stimmte er schief und laut an. Der sagt sonst nie was, aber meine Bowle – je 1/3 Korn, Früchte und Zucker – hatte ihn locker gemacht, und er plauderte, dass es richtig nett mit ihm war! Den ganzen Abend über hat er wilde Geschichten erzählt, dass er seinen Sold in Dollar gekriegt hat, und als ich so einen Dollarschein mal sehen wollte, weil ich ihm nämlich kein Wort glaubte, behauptete er, dass ihm die Mädchen in den Städtchen um seine ganzen schönen Dollars erleichtert hatten. Er hätte aber noch ein paar Rubel von der Brigadefahrt mit den Kollegen nach Leningrad, die könnte er mir zeigen. Nach der Handelsmarine war er nämlich als Kumpel bei der Wismut und hat Uran ausgebuddelt. Gertrud saß staunend neben ihm und himmelte ihn an, nee, Sie machen sich kein Bild! Jedes Wort guckte sie aus seinen Lippen raus! So verliebt habe ich sie nicht mehr gesehen, seit wir damals bei der Autogrammstunde der Flippers waren. Dem Olaf ist sie ja bis ins Hotel nach ...

Nee, kein Wort darf man Gunter glauben, der spinnt Seemannsgarn und Bergmannsgarn in einem. »Gunterwolle«

nannte ich das, was der uns auftischte. Aber wissen Se, es war ein lustiger Abend, und wir hatten unseren Spaß. Was hat man als alter Mensch denn groß vom Leben, wenn man eine schmale Rente bekommt und finanziell keine großen Sprünge machen kann? Gunters Spinnereien gab es gratis. Mal erzählte er davon, wie er das mit Apfelsinen aus Kuba beladene Schiff durch Hurrikans über den Atlantik gesteuert hatte, damit wir zum Weihnachtsfest etwas auf die bunten Teller kriegten. Früher galt ja noch die alte Regel: »Wenn es Apfelsinen gibt, ist in drei Wochen Weihnachten.« Danach können Se heute ja auch nicht mehr gehen, da muss es eher heißen: »Wenn es Lebkuchen gibt, ist der Sommer fast rum.«

So ein Spinner, der Gunter. Kein Wort von dem war wahr! Nicht mal Ilse glaubte ihm, und die nimmt sonst alles für bare Münze. Unsere Tageszeitung, der »Spandauer Bote«, macht am 1. April immer einen kleinen Scherz. Letztes Jahr haben sie geschrieben, dass sie bei der Renovierung des Theaters das Bernsteinzimmer im Keller gefunden haben. Sogar das hat Ilse geglaubt! Aber Gunters Spinnerei verfing nur bei Gertrud, die ihn anguckte, als wäre er Marco Polo.

Aber wissen Se, Gunter tut ihr gut. Soll se! Soll se ihm den Quatsch glauben, wenn es ihr Spaß macht. Was bleibt uns denn noch mit über 80? Fernsehen können Se vergessen. Ein schöner Tanzfilm mit Marika Rökk kommt nur zweimal im Jahr und kein Peter Frankenfeld weit und breit, dafür Schießfilme und Rateshows mit dem Pflaume jeden Abend. Da muss man sich selber kleine Freuden suchen, und wenn Gunter ihre Freude ist, sei sie ihr gegönnt. Kleine Lügen, die keinem weh tun, sind nicht schlimm.

Ich muss nur aufpassen, dass sie ihn nicht heiratet. Ja, gucken Se ruhig erstaunt, ich wäre eigentlich auch dafür, dass man die Verhältnisse ordnet und sie sich zumindest auf dem Standesamt zusammenschreiben lassen, wie es sich gehört. Aber es ist doch so: Gertrud bezieht durch ihren ersten Mann Gustav die große Witwenrente. Wenn sie jetzt Gunter ehelichen würde, fiele die weg, und sie säße da! Gertrud ist nicht die Sparsamste und kommt jetzt schon kaum hin mit dem Büdschee. Wenn die dann noch ohne die Witwenrente dastände – nee. Sie machen aber auch gar keine Anstalten. Als Gunter mal mit einem Strauß in der Hand vor der Wohnungstüre stand, hat sie durch den Spion geguckt und einfach nicht aufgemacht. Regelrecht Angst hatte sie vor einem Antrag, hihi! Dabei hatte er die Blumen auf der Karnickelausstellung für den zweiten Preis bekommen, den seine Häsin Angela gemacht hat, und wollte ihn nur freundschaftlich überreichen.

Sei's drum, ich komme schon wieder ins Schwatzen. Ariane sagte »Gardinenstange ab«, und das hieß »Gardinenstange ab«, da gab es keine Diskussionen. Ich stellte mich dem nicht in den Weg, wissen Se, auch wenn es viel Mühe gemacht hatte, das Trumm anzuschrauben, war es nicht im Lot und es sah auch nicht danach aus, als ob es halten würde. Also, Kommando zurück.

Die Schiene war ganz schnell wieder abgeschraubt, das war gar kein Problem. Jetzt hatten die Männer das mit dem Rückwärtsgang bei der Bohrmaschine ja verstanden, und es lief wie am Schnürchen. Stefan bekam Betonstaub ins Auge. Das war allein seiner Ungeschicklichkeit zuzuschreiben, da konnte Gunter nichts dafür. Der Junge hätte eben besser aufpassen müssen. Er jammerte ein Weilchen und rubbelte, bis das Auge tatsächlich rot wurde. Gottchen, nee. Was der sich anstellte! Ich tropfte ihm mit einer Pipette kaltes Wasser ins Auge, damit er sich beruhigte. »Das ist Ginkorexapharin, Stefan, das hilft!«, erfand ich einen wichtig klingenden Namen. Hihi. Stefan ist auch so einer, den Se mit Globussi gesund machen können!

Die Wand sah nun allerdings wirklich aus wie ein Schweizer Käse. Vorher hatte man das nicht so genau gesehen, weil Gunter geschickt geschraubt und einiges mit der Gardinenstange verdeckt hatte, aber nun war nichts mehr zu beschönigen. Selbst Kurt mit seinen Augen hätte das gesehen. Es sah aus wie auf der Toilette, wo sich Kurt damals ... Aber das tut hier nichts zur Sache. Die haben das bis heute nicht repariert, wenn Se da mal austreten müssen, ziehen Se sich warm an, da pfeift der Wind durch die Wände!

Gunter rührte Gips an, den Stefan in die Löcher zu schmieren versuchte. Immer, wenn er mit dem Spachtel die Masse glatt streichen wollte, rollte sich der Brei am Rand hoch und fiel wieder raus. Es war ein Bild des Jammers, sage ich Ihnen. Stefan wurde richtiggehend wutig. Gunter suchte im Baucontainer nach irgendwas und winkte nach ein paar Minuten mit einer angerosteten Tube: »Det Zeuch ist Jold wert. Damit hab ick uffm Appelsinendampfer die Turbine im Maschinenraum jeflickt, als wir im Sturm zu sinken drohten.« Ach herrje, Seemannsgarn in der Tube sollte uns nun retten? Stefan guckte durch seine rot gerubbelten Augen genauso zweifelnd wie ich. Gunter drückte eine kleine Wurst raus, vielleicht einen halben Finger lang. Es sah aus wie das, was Katerle in die Katzentoilette ... das rührte er unter den Gips und sagte »Versuch et jetzt ma« zu Stefan. Der schmierte die Wundermischung in die Löcher, und zu unserer großen Überraschung klebte der Pamps so gut, dass nichts mehr herausbröckelte. Es trocknete fix, so fix, dass Stefan seine Finger gar nicht schnell genug von der Wand bekam. Er schimpfte wie ein Rohrspatz und schrie, dass er total bekloppt sein müsse, sich auf Bauarbeiten mit zwei ollen Leuten einzulassen, dass er noch wahnsinnig würde und noch mehr lautes, unanständiges Zeug, das ich hier aber nicht auftippen will. Es ist nicht meine Wortwahl, eine Renate Bergmann achtet auf ihren guten Ruf. Stefan hing mit dem Mittelfinger der linken Hand fest, den er mit einem wilden Ruck löste. Der Großteil des Fingers war zwar wieder lose, aber die Haut der Fingerkuppe blieb an der Baustelle kleben. DAS Theater können Se sich gar nicht vorstellen. Männer! Er machte mehr Geschrei als manche Frau in den Wehen, die einen Dammbeinschnitt ohne Narkose kriegt. Ich band dem Jungen erst mal mit meinem sauberen Taschentuch den blutenden Mittelfinger ab. Sie können sich ja denken, dass bei mir Leibwäsche und Taschentücher wegen der Hügjiene immer ordentlich gekocht und nicht nur einmal bei 40 Grad durch Duftspüler gezogen werden. Bei mir ist alles steril, wie es sich für eine ordentliche Hausfrau gehört. Stefan selbst hat erst vor ein paar Wochen, als er mich besuchte, als ich gerade die Kochwäsche im Kessel hatte, gesagt »Bei dir kann man auch Herzverpflanzungen auf dem Küchentisch machen, wenn die Charité mal keinen OP frei hat«. Nun ist ein bisschen abgerissene Haut vom Finger keine Herzverpflanzung, trotzdem gab ich zur Sicherheit einen kleinen Spritzer Kölnischwasser auf die Wunde. Das dessifiziert auch! Stefan krakeelte nun noch lauter, fast schlimmer als Ilse, wenn sie eine klitzekleine, niedliche Maus sieht. Er konnte sich aber nicht groß wehren, wissen Se, die linke Hand war zwar frei, aber mit der Rechten hing er noch immer am Kleber. Gunter war auch im Fall der rechten Hand für »ruck und ab«, aber Stefan wimmerte bei dem Gedanken an diesen Vorschlag, und auch ich war entschieden dagegen. Zwar hatte ich noch ein Ersatztaschentuch, aber der Junge tat mir auch ein bisschen leid. Teigarm hin oder her, man musste ihn nun auch nicht unnötig quälen. Kurzum: Gunter stemmte ein Stückchen Wand um Stefans Hand herum raus, und wir fuhren mit ihm und dem Klumpen Putz zu Frau Doktor Bürgel. Wir hatte auch die Notaufnahme erwogen, aber wissen Se, da sitzt man am Ende vier Stunden, und der Kleber zieht noch fester an, das bringt ja keinem was. Bei der Bürgel kam ich immer vor, jedenfalls wenn Schwester Sabine keinen Dienst versah. Die mag mich nicht, warum auch immer. Vielleicht sollte sie mit Kirsten mal nach ihrer Mitte suchen. Schwester Jennifer jedenfalls halte ich mir mit einem Päckchen Bohnenkaffee dann und wann warm und komme ohne Probleme zügig dran.

Frau Doktor war ... überrascht. »WIE das passiert ist, will ich gar nicht wissen, Frau Bergmann. Ich kenne Sie und kann mir schon denken, dass Sie wieder Dummheiten gemacht haben ... sagen Sie mir nur, was das für ein Kleber war, den Sie da ... ach, danke, Herr Herbst.« Sie rückte die Brille auf die Nase, nahm Gunter die Tube ab, die er ihr reichte, und ...

»Danke ... das ist ja nun wohl Arabisch. Oder Kyrillisch?«

»Keene Ahnung, watt dett fürn Zeuch ist. Aber et hält dicht.«

»Schwester Jennifer, wir versuchen es erst mal mit H_2O lauwarm und einem Spritzer Fit«, ordnete Frau Doktor an. Stefan musste seine Hand mit dem Klumpen Putz an der Fingerspitze in ein Nierenschälchen stippen und darin baden. »Wie Frau Tilly damals in der Werbung«, schoss es mir durch den Kopf, und ich wollte gerade fragen, ob da auch natürliches Protein drin ist, was die Hände schon beim Spülen pflegt, aber die Doktorsche unterbrach meine Gedanken: »Wenn Sie schon mal da sind, können wir auch Blutdruck messen, Frau Bergmann. Kommen Se mal mit.« Dem Himmel sei Dank hatte ich die gute Unterwäsche an. Deshalb bin ich auch immer so hinterher, dass die Leute in meinem Umfeld sauber gekleidet gehen. Wie schnell passiert was! Bei der Frau Berber ist wohl Hopfen und Malz verloren, ich weiß nicht mal, ob die überhaupt ein Bügeleisen besitzt. Sie ist ja recht mollig und kauft alles so knapp, dass sie es von innen glatt drückt. Besonders ihre Leckings und die ... die ... Oberteile. Oberteile sagt se immer, Blusen trägt se ja nicht. Das sind solche Nickis aus weichem Stoff, durch den man jedes Röllchen sieht. Aber soll se, jedem Tierchen sein Plessierchen. Es hat jedenfalls noch nie nach Bügeln gerochen aus ihrer Wohnung. Eine richtige Hausfrau hat da doch eine Nase für! Aber es muss jeder selbst wissen, wie er unter die Leute geht. Ich würde nie in ungeplätteter Garderobe aus dem Haus treten. Die Meiser ist auch so ein faules Ding, sie bügelt nur die Kragen ihrer Blusen, denken Se sich das mal. NUR DIE KRAGEN! »Ich ziehe doch einen Pulli drüber, das sieht doch keiner«, sagt sie. Nun stellen Sie sich mal vor, die verunglückt auf dem Weg zur Arbeit. So, wie die mit ihren Pfennigabsätzen schwankt, bleibt die eines Tages noch mal in den Schienen hängen und wird von der Straßenbahn mitgeschleift ... Und dann? Also, wenn man beim Notarzt auf dem Tisch liegt, sollte doch wohl wenigstens die ganze Bluse gebügelt sein und nicht nur der Kragen. Ich komme da gar nicht drüber weg, wissen Se, wenn wirklich mal was passiert – und es passiert so schnell was! –, fällt das ja auf das ganze Haus zurück! Die im Krankenhaus denken doch, wir sind alles Wilde und hausen wie die Tiere. Da steht schließlich auch mein guter Ruf auf dem Spiel. Und man muss ja man nicht mal von der Straßenbahn angefahren werden, es reicht schon, dass der eigene Neffe seine Finger nicht von der Wand kriegt.

Mein Blutdruck war ein kleines bisschen zu hoch, was ich aber auf die Aufregung um Stefan schob. Und überhaupt ist man ja beim Doktor immer ein bisschen nervös, da ist der Blutdruck schon von Natur aus zehn Grad höher. Wenn man so einer Kapazität, die studiert hat, gegenübersitzt, kann man schon mal unruhig werden! Einmal hat mir die Doktorsche ein Röhrchen gegeben und gesagt, ich solle damit ins Bad und ... Na ja. Als ich es ihr leer zurückgegeben und gesagt habe: »Das brauchte ich nicht, da ist ja eine Toilette drinnen«, war das auch nicht richtig. Ich hätte wohl in das Röhrchen ... weil sie einen Test machen wollte.

Herrje, war mir das unangenehm. Noch mal konnte ich so schnell nicht, Schwester Sabine musste mir einen Kaffee brühen (einen ärztlich verordneten Bohnenkaffee, denken Se sich das mal!), und nach einem kleinen Weilchen ging es dann.

Frau Doktor meckerte nicht groß über die Werte und wollte nicht mal abhorchen. Ich musste gar nicht freimachen. Eigentlich schade. Wissen Se, sie hätte ruhig sehen können, dass mein Hemdchen reine und frisch gestärkt war!

Als wir wieder ins Schwesternzimmer kamen, waren die mit dem Fingerbaden schon gut vorangekommen. Schwester Jennifer hatte alle möglichen Mittelchen in die Nierenschale nachgegossen, und Millimeter für Millimeter löste sich der Finger vom Mauerstück. Gunter hatte derweil Arzthandschuhe übergezogen (auch er lernt dazu!) und schmierte ein weiteres katzenwurstgroßes Stückchen von seiner Paste an den Sterilisator. »Die Tür klappert nicht mehr, Frau Doktor«, sprach Schwester Jennifer strahlend, »Herr Herbst hat auch das EKG-Gerät schon repariert, die Nadel springt jetzt nicht mehr bei Durchzug.«

Die Doktorn schüttelte nur den Kopf. Stefan bekam noch eine Heilsalbe auf seine Finger und ein Pflaster drauf, Gunter kriegte ein Dankeschön nachgerufen und ich mahnende Worte mit auf den Weg, doch ja die Finger vom Cognac zu lassen.

Himmel herrje, was für eine Aufregung! Und alles nur, weil Ariane die Gardinen nicht gefielen!

Für Kalle war es am nächsten Tag übrigens eine Arbeit

von fünf Minuten, die Löcher in der Wand mit der Mauerkelle neu zu verfüllen. Eine Kelle Mörtel, zweimal mit dem Reibebrett drübergestrichen, zack, war die Wand glatt. »Hatten Se hier zwei Buntspechte über Nacht drin, die in Nistlaune waren? Dett sieht ja aus wie der antifaschistische Schutzwall 'ne Woche nach dem Mauerfall«, wunderte er sich.

AB HEUTE HEISST ES: SCHUHE AUS!

Die kleine Lisbeth rennt mit der Mehltüte durch die Küche und ruft »Es schneit, es schneit«.

Es wird wohl Zeit für einen Beruhigungskorn.

Ariane war mit ihrer Schwangerschaft derweil schon gut vorangekommen. Sie trug eine dicke Murmel vor sich her und watschelte, wenn sie denn mal kurz hochmachte und zur Toilette ging, wie ein Pinguin. Man konnte nun wirklich nicht erwarten, dass sie sich in dem Zustand um das Haus kümmerte. Ja gut, schwanger ist nicht krank, aber man will das Mädelchen ja nicht leiden sehen. Sicher, früher haben wir die Kinder nebenher bei der Feldarbeit bekommen und nicht so ein Gewese gemacht, aber ich hackte nicht auf ihr rum, sondern ließ sie gewähren. Schließlich spielte mir das in die Karten. So konnte ich wenigstens meine Ideen und Erfahrungen ohne jeden Widerspruch einbringen. Ha!

Wenn es darum ging, dass ich mich in ihrem Haus mit der Einrichterei rauszurückhalten, ja, da war se laut voneweg. Aber selber? Als ich nur leise darüber nachdachte, dass man ja mal einen Kostenvoranschlag für einen Treppenlift in meiner Wohnung machen lassen könnte, war ihr das gar nicht recht. Stefan musste einschreiten und ihr deutlich sagen, dass es mein Geld war und ich damit machen konnte, was ich wollte. »Und wenn Tante Renate einen Lift mit fünf Gängen und rotem Ledersitz will, geht uns das gar nichts an!« Ariane hat geflucht und eine große Portion Himbeereis aus ihrer Plazenta-Reservedose weggenascht, aber nichts weiter gesagt.

Das Mädelchen hatte es ja schon nicht leicht, als sie mit der kleinen Lisbeth schwanger ging, aber es war kein Vergleich zu jetzt. Da sagt man immer: »Beim zweiten Kind wird alles leichter«, aber es ist eben nicht immer wahr. Was hatte sie zu leiden! Kaum, dass se vom Speien mit dem Kopf hoch war, wurde sie schon wieder grün im Gesicht und musste sich hinlegen. Kein Doktor wusste Rat. Ihre Werte waren alle tipptopp, da gab es nichts zu meckern. Es war unerklärlich. Man hatte ihr sogar angeboten, ins Krankenhaus zu gehen und dort unter Beobachtung zu warten, bis das Baby kommt, aber das wollte se nicht. Das kann ich auch gut verstehen, wissen Se, da hätte se so einen Kittel mit »hinten auf« tragen und auf dem Schieber pullern müssen. Wer will denn so was?!

Man muss es hier mal ganz deutlich sagen: Es bestand die Gefahr, dass mit einer verfrühten Niederkunft zu rechnen war. So was ist nicht schön, wäre aber nun, wo Ariane über den siebten Monat hinaus war, machbar. In der heutigen Zeit ist die Medizin doch schon so weit, man kann nur staunen. Die Doktors hatten untersucht und gemessen, dass die Kleine – man war sich derweil sicher, dass es ein Mädchen war – propere sechs Pfund wog und auch sonst so weit entwickelt war, dass man der Natur nun ihren Lauf lassen würde, ginge es los.

Am zweiten Sonntag im September hatte ich »baufrei«. Nicht »bauchfrei«, lesen Se bitte richtig! Also wirklich! Bin ich die Berber, die sich ihre Leibchen immer so knapp kauft, dass im Flur jeden Morgen Wellfleischparade ist? Ich muss doch sehr bitten. Nee, ich hatte bau-frei. An diesem Sonntag ruhte die Baustelle. Das hatte jetzt weniger damit zu tun, dass der Herr Pfarrer immer nörgelt und mahnt: »Am siebten Tag sollst du ruhen«, sondern weil schlechtes Wetter war. Es nützt einem ja nichts, wenn der Mörtel ganz dünne ist und aus den Fugen schlabbert, weil es so doll regnet.

Ich machte mir Gulasch, der ganz sachte auf dem Herd vor sich hinsimmerte. Mir muss keiner was von »al dente« und »innen noch zartrosa« erzählen, ich bin nicht der Lafer und auch nicht der Lichter. Bei mir wird das Fleisch durchgebraten und ist auch weich, basta! Das Telefon hatte ich ausgestellt, wissen Se, seit der Pfarrer weiß, dass ich einen Schmartfon habe, und meine Nummer kennt, ruft der am Sonntagmorgen hier an und erinnert mich an den Gottesdienst. Schöner Murks, sage ich Ihnen! Ich richte es nach Möglichkeit so ein, dass ich mich alle drei Wochen in der Kirche blickenlasse. Das weckt den Eindruck von regelmäßigem Erscheinen, lässt sich aber auch mit meinen Pflichten vereinbaren. So fällt man beim Pfarrer nicht negativ auf und hat doch noch genug Zeit, auch mal beim Witwenclub vorbeizuschauen. Wissen Se, in meinem Alter, da darf einem schon mal duselig sein, oder die Hüfte will nicht so. Aber nun rief der dann und wann an, wenn ich nicht in der Kirche war, und fragte, wo ich bleibe!

Deshalb hatte ich das Telefon gleich ausgeknipst. Ich mache so was nur im Ausnahmefall. Wirklich! Sie wissen ja, der da oben sieht *alles*, und das kommt auf meinen Deckel. Ich komme da schon als vierfach verwitwet an, wenn es mal so weit ist. Das allein wirft bestimmt viele Fragen auf. Und wenn auch noch »Pfarrer beschwindeln« in meinem Strafregister steht ...

Der Pfarrer findet aber auch immer kein Ende am Sonntag. Um zehn Uhr geht es los, und er freut sich so, dass er alles erzählt, was er im Theologismusstudium gelernt hat. Unsereins hat den Schmorbraten oder die Rouladen oder eben den Gulasch auf ganz kleiner Flamme köcheln, während man in der Kirche ist. Auch, wenn das die kleinste Stufe ist, habe ich keine Ruhe. Wie schnell setzt das in der Pfanne an! Der Kampfert redet und redet und ich seh vor meinem inneren Auge meist schon die Rauchschwaden aus der Küche steigen. Der ist aber nicht aus der Ruhe zu bringen und verteilt auch noch Scheibletten an alle. Nee, Oblaten.

Entschuldigen Se, das bringe ich immer durcheinander.

Wie auch immer, ich komme schon wieder ins Schwatzen, aber da sind Se mir doch wohl nicht böse? An diesem Sonntag bin ich also nicht zur Kirche gegangen und hatte den Händi aus. Ach, das Gulasch zerging auf der Zunge! Als ich den Abwasch fertig hatte, stellte ich das Wischtelefon wieder an. »Sie haben 22 Anrufe in Abwesenheit« stand auf dem Glasscheibchen. »Nanu?«, erschrak ich! Zweimal hatte der Herr Pfarrer angerufen, na, das konnte ich mir ja denken. Gut, dass ich den Apparat stillgestellt hatte! Neunzehn mal Monika Haufstein von Fürstenberg und einmal Stefan. Das konnte doch nur bedeuten ... Mein Herz schlug gleich höher, aber es hatte gar keine Schangse, sich zwischen Sorge und Freude zu entscheiden, denn da schellte das Ding all wieder. Monika war dran:

»Renaaaaate! Meine Liebe! Da erreiche ich dich ja endlich.« Sie ließ mich nicht mal ein »Guten Tag« oder »Hallo« antworten. »Wir sind wieder Großmütter geworden! Ariane hat vor einer Stunde die kleine Agentin geboren. 3070 Gramm, 49 Zentimeter und ganz die Mutter! Ariane und die Kleine sind wohlauf, und Stefan ... wenn der Tropf durch ist, wird es ihm wohl auch wieder gutgehen. Du, ich muss Schluss machen ... Tschüüühüüüsss.«

Legt die einfach auf?! Na ja, was will man erwarten. Die hatte jetzt damit zu tun, aller Welt die Botschaft vom Kind zu verkünden. Selbstverständlich bin ich gleich, nachdem ich einen Korn auf die Kleine genommen hatte, zum Krankenhaus gefahren, das ist ja wohl Ehrensache. Mit der Taxe, die kam auf bald 20 Euro, aber an so einem Tag musste das mal drin sein. Ich sagte dem Fahrer, dass er ruhig zügig fahren soll, was der auch gern machte. Es war Sonntag, da waren die Straßen frei, und er gab Gummi. Mich schleuderte es auf dem Rücksitz hin und her, schließlich hatte ich mein Keilkissen nicht mit. Das lag im Koyota. Während der Fahrt wurde mir erst mal gewahr, dass da mit dem Namen doch was schiefgelaufen sein musste. Wissen Se, Ariane war bestimmt fürs Moderne, aber wer nennt denn sein Kind »Agentin«? Vielleicht musste man es französisch aussprechen: »Arsch-entien«, murmelte ich vor mich hin, und der Fahrer guckte mich böse im Rückspiegel an. Das konnte nicht stimmen, das hatte Monika bestimmt verdreht. Die mit ihrem sächsischen Akzent! Aber ich würde es ja gleich erfahren.

Stefan kann kein Blut sehen, der ist schon bei der Geburt von Lisbeth auf die Fliesen geklatscht und musste sich erst mal berappeln. Dieses Mal ist er erst gar nicht mit rein in den Kreißsaal, wohl wissend um seinen Hang zum Abklappen. Er hat mit Lisbeth im Wartezimmer gesessen und ist ebenda kollabiert. Das Kind hat aber prima reagiert und eine Schwester gerufen, die ihn gleich erstversorgt hat. Er musste die Beine hochlegen und bekam einen kräftigenden Tropf. So eine Milchsemmel, also man muss sich wirklich fast schämen! Männer! Wehe, wenn se Schnupfen haben! Ich betüddelte den auch nicht groß, sondern gratulierte nur knapp und ließ mir die Maße und den Namen der Kleinen bestätigen. Bei der aufgedrehten Monika weiß man nie, ob sie nicht was durcheinanderbringt. Es stimmte aber fast alles, sie hatten sie nur Agneta genannt und nicht Agentin. Stefan kicherte übertrieben leidend und sagte, da hätte wohl sein Händi im Auto Korrektur gemacht oder so. Und so mahnte ich den jungschen Kerl, sich mal ein bisschen zusammenzureißen, schließlich musste er die kleine Lisbeth für ein paar Tage allein versorgen, solange Ariane auf der Wöchnerinnenstation lag. Man glaubt es ja nicht, die Frau kommt nieder mit dem Baby, und Stefan beschäftigt mit seinen Mätzchen mehr Schwestern als die junge Mutter!

Die ganz Kleine war wirklich liebreizend und zauberhaft. Von einer Ähnlichkeit mit Ariane sah ich zwar nichts, aber das wollte ich der Monika nicht zum Vorwurf machen. Das ist ja immer so, dass die Familie der Mutter meint, das Baby käme nach ihr, während die väterliche Linie Stein und Bein behauptet: »Dem Vater wie aus dem Gesicht geschnitten«. Ich mochte mich da noch nicht festlegen, wissen Se, solange da noch angetrocknetes Fruchtwasser auf dem Köpfchen klebt und die kleine Agneta noch nicht mal die Augen aufhatte, konnte man das beim besten Willen nicht sagen.

Ich redete noch mal mit Engelszungen auf Ariane ein, es mit dem Stillen zu probieren. Das hat ja doch seine Vorteile. Muttermilch ist billig, die brennt nicht an und kocht nicht über, wenn man mitten in der Nacht das Fläschchen machen muss. Die Katze kommt nicht dran, und sie ist auch immer richtig temperiert und man braucht nicht schütteln. Das kennen Se doch bestimmt auch, oder? Wenn das kleine Engelchen um halb zwei des Nachts zum ersten Mal ein bisschen gnäckelt und Appetit anmeldet, springt man gleich auf und kocht die Flasche. Während die Milch gerade heiß wird, schreit sich das kleine Mäuselmäuschen so richtig in Hochform, und zack, steht man da: Im einen Arm das brüllende Baby, in der anderen Hand die brühheiße Flasche. Dann heißt es so schütteln, dass das Kind sich beruhigt und die Flasche langsam abkühlt. Es ist eine Krux, sage ich Ihnen. Kirsten war als kleines Mädchen ja ein Fresssack vor dem Herrn. Meine Milch reichte der schon nach vier Wochen nicht mehr. Die biss mich wund und wurde wütend, weil nichts mehr kam. Da habe ich aufgegeben und ihr Babysan gemacht. Mit Lacktose drin und Zucker, und gucken Se sich an, was für ein Prachtmädel das geworden ist!

Nun ja, zumindest äußerlich.

So ein unwirtliches Wetter. Ich ziehe schon den ganzen Nachmittag neue Schlüpfergummis in meine Unterwäsche. Eine ordentliche Hausfrau macht das einmal pro Jahr.

Es kam natürlich, wie es kommen musste – das Wetter schlug um. Was hatten wir für einen schönen Herbst gehabt! Erst war es ein zauberhafter Altweibersommer mit Sonne und noch mal bald 30 Grad auf dem Quecksilber, dass sogar die Freibäder die Saisong verlängerten und im September noch mal aufmachten, und dann ging das Wetter über in einen goldenen Oktober. Das bunte Laub fiel und duftete herrlich. Es roch nach Sommererinnerungen, Gemütlichkeit und Morgennebel. In der Sonne schillerten die Blätter in so vielen schönen Farben, wie kein Malkasten hergibt. Ich machte lange Spaziergänge mit der kleinen Lisbeth, schließlich hatte Ariane mit Agneta zu tun. Die beiden mussten sich ja erst mal aneinander gewöhnen. Ariane sollte entlastet werden, und da war ich gern zur Stelle. Ich wusch auch die geborgten Schockingbuxen von Frau Berber, legte einen schönen Kasten Mongscherie dazu und gab sie dankend zurück. Das war sehr nett von ihr, und ich sagte ihr das auch so.

Wer ein Kleinkind im Fragealter hat, wird besonders gut verstehen, dass Ariane mir die Lisbeth gern mitgab. Sie hatte eine Phase, wo auf jede Antwort wieder ein »Und waruuuum?« kam. Das kann einen ja rasend machen, wenn es in die vierte Stunde geht, und Ariane musste ihre Nerven ja auch mal ausruhen.

Lisbeth und ich sammelten Eicheln und Kastanien, beobachteten Eichhörnchen, wie sie das Gleiche taten, und bastelten einen ganzen Bauernhof voller Tiere aus den Baumfrüchten. Ach, der Wandel der Natur zeigt einem immer, wie doch die Zeit vergeht, wie alles kommt und geht, wie es immer wieder von vorn beginnt und dass nichts für ewig ist. Ich frage mich jeden Herbst, wie oft ich das wohl noch erleben darf? Ich bin 82, da macht man sich seine Gedanken. Aber wissen Se – das Schöne ist ja, dass es keiner so genau weiß! Deshalb atmete ich die wunderbar duftende Herbstluft ein, genoss die letzten wärmenden Sonnenstrahlen und schimpfte Lisbeth, die mit ihren Sommerschuhen in den Pfützen herumhüpfte. Man muss den Moment genießen. Was vorbei ist, kann man nicht mehr wiederholen, und was morgen kommt, weiß keiner. Nur das Jetzt und das Heute zählt. Das muss man auskosten. Aber auch nicht zu lange, sonst wird man träge, und schließlich war auch viel zu tun, nich wahr?

Im Haus pusselten die Elektriker vor sich hin, da musste ich gucken, dass alles im Zeitplan blieb und Kurt sie in Ruhe machen ließ. Kurt war ja früher Elektriker gewesen, bis er in Rente ging, und konnte es kaum abwarten, den Kollegen zur Hand zu gehen. Das wollten aber weder die Leute von der Elektrofirma noch Ilse, und auch Ariane ließ über Stefan ausrichten, wir sollen »Tatter-Kutte« um Himmels willen von der Baustelle fernhalten. Das war zwar nicht sehr nett, aber im Grunde hatte se recht, auch, wenn Kurt selbst sich gern als »Elektro-Gott« bezeichnete. Sogar Gunter räusperte sich da nur trocken. Erfahrung hin oder her, aber zu Kurts Zeiten wurden Kabel noch auf Putz verlegt, und sie waren mit Stoff umhäkelt. Das will ja heute niemand mehr. Ilse arrangierte also eine kleine Tournee zu den Doktors für Kurt und sich. Sie ließen alle Werte messen und in alle Körperöffnungen reingucken. Da ist Ilse ja geschickt, sie plante die Termine so, dass Gläsers fast zwei Wochen lang jeden Tag mit dem Koyota quer durch Berlin unterwegs waren. Nur den Augenarzt mied Kurt, da verweigert er sich ja seit Jahren. Als die Lampen im Haus funktionierten und Gläsers wieder frischen Doktor-Tuff von allen Seiten hatten, machte Kurt Baubegehung und nickte traurig, aber zustimmend. Wie gern wäre er den »Kollegen« zur Hand gegangen.

Auch für mich gab es ein bisschen Luft in diesen Tagen – wissen Se, man steht da ja nur im Weg und stolpert am Ende noch über die ganzen Strippen, die die da verlegen. Eine zweite Hüftoperation war nun das Letzte, was ich gebrauchen konnte. Da passte es ganz gut, dass ich Kapazität hatte, denn Lisbeth brauchte unbedingt stabile, gefütterte Winterstiefel. Da muss man genau überlegen, was man anschafft, die kleinen Geister wachsen ja so schnell raus! Es ist gar nicht so leicht: Wenn man im Oktober Winterstiefel in Größe 23 kauft, stößt das Mädel im Dezember, wenn der erste Schnee fällt, vorne doch schon mit dem großen Zeh an. Das geht nicht. Außerdem gibt es im Dezember ja nur noch ausgesuchten Kram, weil se da das Angebot schon wieder auf Badelatschen und Sandaletten umstellen. Da kann man Glück haben und ein Restpaar in einer Größe, die sonst keiner wollte, erwischen, aber darauf sollte man nicht spekulieren. Diese Pantinen sind dann meist auch unpraktisch und voller Flimmer und nicht schick. Und wenn man Pech hat, gibt es gar keine mehr, weil die Saisong dafür vorbei ist.

Also muss man vorausschauend kaufen. Aber was meinen Se, was die Verkäuferin mir für einen Vortrag hielt, dass das Kind passende Schuhe braucht und keine, die eine Nummer zu groß sind! Die war offenbar gerade auf einer Schulung gewesen, wo sie gelernt hat, den Kunden ein schlechtes Gewissen zu machen. So, wie es Helikoptereltern gibt, gibt es auch Helikopterverkäuferinnen. Die hier tat so, als würde ich Lisbeth die Schuhe mit Reißzwecken auslegen, wenn ich sie eine halbe Nummer größer kaufte. Sie malte mir in wolkigen Worten aus, welche Verantwortung ich hätte und dass ich die Schuld tragen würde, wenn das Mädel das Hinken anfängt. Ich bitte Sie, die hat doch keine Ahnung. Das Paar kostete 90 Euro! Ein guter Schuh ist das auch wert, dass wir uns da nicht falsch verstehen. Die billigen sind aus Plaste und die Sohle ist mit Pappe beklebt. Wenn Se es damit tatsächlich ohne Blasen einmal in den Regen geschafft haben, sind die Dinger spätestens danach hinüber. Nach dem Trocknen wellen sich die Sohlen, und es ist vorbei mit der Herrlichkeit. Nee, schon Oma Strelemann hat immer gesagt: »Wir sind zu arm, um billig zu kaufen.« Bis heute hat das seine Richtigkeit, glauben Se mir!

Aber so teures Schuhwerk muss man auch so kaufen, dass es dann den ganzen Winter über passt. Wir sind ja alle nicht Onassis' Töchter, nicht wahr? Und man kann eine Einlegesohle reintun oder Lisbeth zwei Paar Strümpfe tragen lassen, dann ginge das schon. Die wächst doch da noch rein! In dem Punkt war sogar Ariane auf meiner Seite. Das

Mädel ist nämlich mit Vernunft gesegnet und auch eine Praktische. Nee, von der Belehrerverkäuferin wollte ich nichts kaufen. Wir sind in einen anderen Laden gegangen, wo wir freundlicher und kompetent bedient wurden. Lisbeth bekam einen schönen, stabilen Schuh mit einem Häschen am Schaft. Die nette Verkäuferin empfahl noch ein Pflegespray, aber ich schwindelte ein bisschen und sagte, wir hätten schon eins.

Ich glaube, da schwindelt jeder, oder? Da, und wenn der Händi wieder was Neues einspielt und man bestätigen muss: »Ich habe die Bedingungen gelesen«. Die Bedingungen sind 200 Seiten lang und Anwaltskauderwelsch, kein Mensch außer Ilse hat das je studiert. So viel Zeit hat doch niemand! Und ich habe unterm Spülschrank auch nicht Platz für ein Dutzend verschiedene Sprays für die Mauken. Bei mir werden die Schuhe mit Lederfett eingerieben und ordentlich poliert, dann sind sie sauber und glänzen. Ich brauch Schuhsprays genauso dringend wie eine Warze am Zeh. Aber bevor ich mit den Verkaufstanten da lange Diskussionen anfange, sage ich einfach »Danke, ich habe ein Pflegespray« und lächele. Das erspart allen eine Menge Zeit.

Mir tun ja die Männer in Schuhläden immer ein bisschen leid. Wenn sie sich durch 200 laufende Meter Pömps mit Schischi, blinkenden Schmetterlingen und rosa Schnürsenkeln gekämpft haben, stehen sie letztlich vor den Herrenschuhen. Da gibt es im Grunde nur drei Modelle: erstens so schwarze Lackschuhe, die für Hochzeiten und Beerdigungen geeignet sind oder wenn se mal Kai Pflaume in einer Rateshow vertreten müssen, Sportschuhe, die auch atmen können, und drittens solche Altherrenmodelle, zu denen aber sogar Ilse sagt: »Nee, komm, Kurt, wir gucken woanders, das ist ja nur was für ganz Alte.« Es gibt so gar nichts Flottes! Ilse hatte letzthin Glück und hat beim Teleschopping zwei Paar gute Schuhe für Kurt erwischt (taubenblaue Slipper aus Hirschleder, und gleich noch ein zweites Paar in gedecktem Braun. Aus Elch, denken Se nur!). Die sind butterweich, und Kurt läuft damit wippend wie ein junger Kerl auf Freiersfüßen. Die sind nicht so fein und eher für den Winter, aber trotzdem federleicht und ganz, ganz schöne Qualität. Da haben Gläsers gut gekauft.

Zu Hause zeigte die Lisbeth ganz stolz die neuen Schuhe vor. Ach, es war ein schöner Nachmittag!

Eins habe ich gelernt in meinem langen Leben: Wenn etwas zu leicht geht, ist es nicht richtig. Dann hat die Sache einen Haken.

Ich musste es mir langsam abgewöhnen, immer vom »Bau« oder von der »Baustelle« zu reden. Es war ja längst ein Haus geworden! Alles ging derweil sehr zügig voran, trotz kleiner Pannen hier und da.

Da heißt es dann eben die Nerven zu behalten. Man lernt ja viel in einem langen Leben, und jeden Tag kommt noch was hinzu, egal, wie alt man ist. Aber das Wichtigste, was ich gelernt habe, kann ich mit drei Worten sagen: Es geht weiter. Es geht immer irgendwie weiter! Wenn eine Tür zuschlägt, öffnet sich woanders zumindest ein Fensterchen.

Jawoll, es wäre vielleicht bequemer, über die Schwelle zu gehen, und es ist ein bisschen mühsam, sich zu strecken (oder Räuberleiter zu machen, hihi) und sich durch das kleine Fensterlein zu zwängen, aber es lohnt sich. Man darf keine Angst vor dem haben, was kommt, muss immer neugierig bleiben auf das Neue und mit Anstand das Beste aus dem machen, was möglich ist. So kommt man ganz gut zurecht. Glauben Se mir: Vertrauen Se auf sich selbst!

Wissen Se, wenn ich sehe, an was die Leute alles glauben, da schüttele ich so oft den Kopf. Die glauben an Horoskope, die glauben, wenn ihnen einer eine Erbschaft aus Nigeria verspricht und dass sie mit Hackrezepten vier Kilo in drei Tagen abnehmen können, aber sie glauben nicht an sich und an das, was sie können. Das ist sehr traurig!

Das Dach war drauf und die Fenster drin, im Grund war nun alles dicht, und es konnte uns nichts Schlimmes mehr passieren. Die Trockenbauer und die Elektriker arbeiteten gleichzeitig und zogen Kabel, klebten Gipskarton und schmierten mit Spachtelmasse alles zu. Sogar die ersten Maler waren schon da. Das war ja auch ein Streitpunkt, sage ich Ihnen. Die jungen Leute mit ihrem Hang zum Kahlen ließen ja alles nur weiß pinseln. Es sah aus wie eine Lagerhalle, kein bisschen gemütlich. Ich habe mit Engelszungen auf Ariane eingeredet und war sogar mit Ilse mit schönen Tapetenmustern bei ihr, aber es führte kein Weg hin. »Kitschigen Plünz« nannte sie die schönsten Muster, die ich für sie ausgesucht hatte. Es ist ja ein Traum, was es da heutzutage alles gibt. Früher, da konnten wir nur aus vier Mustern wählen und standen selbst dafür noch stundenlang Schlange. Und heute? Es gibt so hübsche geblümte Tapeten! Mit Brokatkante, mit Seide drin und sogar Landschaften mit Gebirge und Hirsch kann man sich ankleben lassen. Selbst eine Tapete, die aussieht, als wäre die Wand gar nicht verputzt, kann man sich anpinnen, denken Se nur! Da frage ich jedoch nach dem Sinn. Natürlich war das die einzige, bei der Ariane kurz überlegte, aber sie entschied letztlich doch: Alles muss weiß. Na, sie wird es schon sehen, wie schnell sie Patschehändchen von den Mädels dran hat.

Es war ein einziges Gewusel, ich kam gar nicht mehr nach, mir zu merken, welcher Herr wie hieß und ob er nun eine oder zwei Bockwurst zur Kartoffelsuppe bestellt hatte.

Denken Se sich nur, sogar die ersten Möbel wurden schon angeliefert! Der richtige Umzug sollte erst im Frühjahr losgehen, aber Ariane hat, modern wie se is, vom Sofa aus Schränke bestellt. Mir wäre das ja nicht, wissen Se, man muss doch mal probieren, wie die Schubladen gleiten, ob die Türen richtig schließen und ob sie auch stabil und solide sind. Diese jungen Leute!

Stefan erlaubte Gunter, schon mal mit dem Aufbau der Schränke anzufangen. Er verbot ihm jedoch zu bohren, zu sägen oder sonst irgendein Gerät mit Elektro zu benutzen, und er bestand darauf, dass ich die Angelegenheit beaufsichtige, und ihn sofort anzurufen, wenn Gunter »wesentliche Veränderungen am Möbel vornehme«.

Gunter ist ganz prima im Schränkeaufbauen, da kann man nicht meckern. Also, das Grobe kriegt er gut hin. Er weigert sich ja, in eine Bedienungsanleitung zu gucken. Wenn Se mich fragen, ich bin mir nicht mal sicher, ob Gunter überhaupt lesen kann. Der packt die Bretter aus und schmeißt erst mal die ganze Pappe weg, dass man nicht mal im Notfall was umtauschen oder zurückgeben kann. Unmöglich, der Mann! Gunter meint, er lässt sich nicht von Studierten vorschreiben, wie er einen Schrank aufbaut, und legt immer einfach los. Sogar bei den guten neuen Sachen für die jungen Leute! Mir war ein bisschen mulmig. Er nahm einen Hammer und einen Schraubenzieher, drehte hier und da was rein, klopfte mit einem entschlossenen Ruck zu und kam gut voran. Da hat er schon recht, der Gunter, genau, wie eine richtige Hausfrau im Gefühl hat, wie man einen Eintopf abschmeckt und dafür kein Rezept braucht, so braucht ein richtiger Handwerker auch keine

Anleitung, um einen Schrank zusammenzufrickeln. Meist behält er eine Handvoll Schrauben über. Ab und zu vielleicht noch eine Leiste. Viel mehr aber nicht. »Die lejen werksseitig immer ein bisschen mehr bei, als Reserve«, erklärte Gunter die Angelegenheit. Ich kann mir das zwar nicht denken, wo die doch heute an allen Ecken und Enden sparen, aber bitte. Bisher ist alles stehen geblieben, was er aufgebaut hat, und wenn nicht, lag es am Material. »Allet nur Pressspan und billije Pappe.« Manchmal zieht er zur Verstärkung auch massive Holzbretter ein, von denen er auch einige im Bauschuppen vorrätig hat. Das ist zwar rohes, unbehandeltes Holz, aber der Schrank steht mit der Einlage viel stabiler, das muss man schon sagen. Andererseits ist es möglich, dass er vielleicht auch sicher stehen würde, hätte Gunter wenigstens versucht, die übriggebliebenen Schrauben einzudrehen. Na ja. Wie auch immer. Ein paarmal war ich versucht, Stefan anzuwählen, aber irgendwie kriegte Gunter doch die Kurve und ließ mich ab und an was festhalten. Ich wäre gar nicht zum Telefonieren gekommen!

Als der große Schlafstubenschrank vor uns stand, war Gunter mächtig beeindruckt und meinte, darin könnte man auch einen Ochsen einsperren. Ich glaube zwar nicht, dass Ariane das vorhatte, aber es wäre ihr doch wohl so oder so ganz recht gewesen, wenn die Bretter, die Gunter zusätzlich eingezogen hatte, gehobelt gewesen wären. Man fängt sich doch nicht so gern einen Splitter in die guten Kleider! Auch waren die Böden so ... schräg, dass einem alles entgegenrollte. »Da müsst ihr hinten watt Schweres hinstellen, dann zieht sich das vorne janz automatisch hoch und is grade«, entschied Gunter zufrieden. Nach einem letzten stolzen Blick auf sein Werk machte er sich auf den Weg nach Hause, schließlich musste er noch das Vieh versorgen.

Als er weg war, kam Stefan. Der Junge schimpfte nicht, sondern baute nur wortlos das splittrige Brett aus, hobelte es glatt und schraubte es wieder ein. Er musste nur zwei Pübbel versetzen, und schon passte das Regal wasserwaagengerade. Der Schrank war nun perfekt! Ich war ganz begeistert, was der Bursche alles kann. Am Ende haut der hier noch einen Nagel gerade in die Wand?!

Sehen Se, das ist es, was ich meine: Jeder gibt sein Bestes, hilft mit, und alle arbeiten zusammen. Einer macht das Grobe, der andere die Feinarbeiten. Man stellt sich nicht bloß, sondern hilft sich auch mal diskret und ohne es an die große Glocke zu hängen. So kommt was Vernünftiges dabei raus, mit dem alle zufrieden sind und wo jeder stolz auf das sein kann, was er geschafft hat. Das gilt für die Baustelle und die Backstube genauso wie für die große Politik, sach ich Ihnen!

Diese Bedienungsanleitungen, von denen Gunter Herbst nichts hält, sind ja auch ein Thema für sich. Erst mal muss man sie zwischen Pappe und Styropor überhaupt finden. Und wirklich helfen tun die einem auch nicht, da kann ich Gunter schon verstehen:

1. Auspack und freu.
2. Nippel A kaum verklappen in Meppel B für sicher Puff von Milchkante 3000.
3. Für Kleber C in Pomadeleim oder Jacke von Lebenspartner einfraesen und laecheln fuer Erfolg mit Toilette. Toi, Toi frisch!

4. Unter eigens Schrankpapier setzen auf Schniepel.
5. Fuer kaput Strom leer viel zu Blumenstuhl beschweren Schraubenzieher, Hammer.
6. Karton brumm freu!

Ich habe das mit Lesebrille, mit Weitsichtbrille und sogar mit Gunters Brille gelesen. Es machte auch keinen Sinn, wenn man die Worte umstellte oder mit Punkt 6 begann. Bestimmt musste man dazu Fremdsprachen studiert haben!

Und haben Se mal darauf geachtet, wie viel Styropor die einem um die Möbel kleben? Waggonweise! Es ist unglaublich. Wissen Se, im Grunde könnte man das prima für die Hausillusierung verwenden. Also, für die Wärmedämmung. Da braucht man das gleiche Zeug. Auf die Idee bin ich aber erst gekommen, als das Dach schon drauf und die Illustrierung verklebt war. Man müsste die Möbel vorher kaufen, aber das geht ja alles nicht. Wer hat schon den Platz, die aufgebaut zwischenzulagern … und zweimal Ab- und Aufbauen überlebt die meiste Schwedenpappe nicht, da reißen einem doch die Pübbel, die die Böden halten, aus. Es ist wirklich ärgerlich. Wir haben den Styropor recht kleingeknipst. Das war eine schöne Arbeit für Ilse und die kleine Lisbeth. Es dauerte wohl einen ganzen Tag. Am zweiten haben wir das ganze Geraffel dann in Säcke gefüllt. Sehen Se, ich sagte ja, jeder fasste mit zu! Jeder half, wie er konnte, und so sparten wir schon wieder eine Menge Zeit. Gunter und Kurt fuhren die Säcke zum Rohstoffhof. So was kann man nicht einfach in die Müllcontainer tun, das geht nicht! Schließlich muss man auch die Umwelt schonen. Umwelt ist wichtig, wir haben nur die eine! Ich bin zwar ein bisschen älter, aber im Koppe noch deutlich reger als zum Beispiel dieser Tramp, der da jetzt in Amerika rumregiert und der das alles abstreitet mit den Wechseljahren. Nee, warten Se ... Klimawechsel meine ich. Wandel. Also, dass es plötzlich heiß wird. Ich bücke mich nach jedem Bonbonpapier, das ich im Park sehe, selbst, wenn die Hüfte knarzt. So was kann ich nicht sehen! Ich kaufe auch das graue Toilettenpapier, selbst, wenn das weiße eigentlich angenehmer ist. Davon habe ich nur eine Reserverolle, wenn ich mal Durchfall habe. Dann muss man schon das Weiche nehmen, wissen Se, sonst ... nee. Spätestens nach dem zweiten Tag stelle ich auf das Flauschige um.

Gertrud nimmt immer das Flauschige. So eine Verschwendung! Erst mal kostet es viel mehr, und die arme Umwelt ... da kann man doch Papier nehmen, das schon mal verwendet wurde! Also, anders. Als anderes Papier als Toilettenpapier ... ach, lassen Se mich das Thema wechseln. Es ist nicht sehr appetitlich, und man spricht nicht über so was.

Ich hatte extra beim Gugel die Öffnungszeiten vom Wertstoffhof nachgeguckt und zur Sicherheit angeklingelt, Angaben aus dem Internetz stimmen ja oft nicht. Aber hier war alles richtig, Gunter und Kurt sind mit der ersten Fuhre los. Bald 20 Säcke passten auf den Hänger. Als sie auf dem Wertstoffhof ankamen, waren noch drei davon da.

Das Zeug ist ja doch sehr leicht, selbst einen vollen Sack kann eine schwache kleine Oma wie Ilse gut tragen (und die macht schon die Friedhofskannen nur halbvoll, weil es ihr zu schwer ist!). Gunter und Kurt hatten jedenfalls den

Tag über zu tun, die Säcke wiederzufinden. Man kann das ja nicht am Straßenrand liegen lassen, ich bitte Sie! Unsere Generation ist noch zu Anstand erzogen und schmeißt weder Kaffeebecher noch Kaugummipapier achtlos weg und lässt schon gar keine vollen blauen Müllsäcke herumliegen. Gut, Kaugummipapier schon aus Gründen, die ich hier nicht weiter ausführen will, wenn Se verstehen ... und meinen Kaffee trinke ich IMMER aus der Tasse. Ich lasse mir doch keinen Pappbecher andrehen! Wissen Se, eine Tasse Kaffee kostet heute bald an die vier Euro, und da sind Se noch gut bedient, wenn Se einen Spritzer Kokosschampo drauf haben wollen, sind Se bald bei sechs Euro. Für den Preis kann ich ja wohl erwarten, dass man mir das Getränk in Porzellan serviert.

Na ja, wie auch immer, die Männer hatten eine Strecke von gut fünf Kilometern abzufahren, die zwischen dem neugebauten Haus und dem Wertstoffhof lagen. Es ist mir bis heute unverständlich, dass keiner der beiden ollen Zausel gemerkt hat, dass sie Fracht verlieren. Es waren ja nicht nur ein paar Brösel, sondern fast zwanzig Sack! Andererseits ist es durchaus beruhigend, dass sich Kurt mit seinen verbliebenen 40 % Sehkraft auf den Verkehr konzentriert und nicht noch groß nach hinten guckt. Der Mann fährt sachte und sicher, gewiss. Wenn man über 80 ist, greift das Tempolimit der Natur: Dann geht das alles nicht mehr so schnell, und der Koyota ist auch keine Rennsemmel. Wenn hinter uns einer hupt, bringt Kurt das nicht aus der Ruhe. Im Gegenteil, wenn es ihm zu bunt wird, fährt er rechts ran und zeigt dem nervösen Drängler mal, wie eine Rettungsgasse geht.

Ja, Kurt und seine Kuckwerkzeuge, ich sage Ihnen, es wird nicht besser: Wilma Kuckert sieht durch die Gardine von der anderen Straßenseite aus, dass Herr Kalle nach meinem Erbseneintopf den oberen Hosenknopf aufmachen musste, wohingegen Kurt für teures Geld zwei Kilo Kiwis vom Edeka anschleppte, als Ilse ihn nach Kartoffeln geschickt hat.

Kurt und Gunter hatten jedenfalls gut zu tun, die Säcke wieder einzusammeln. Da keiner so genau wusste, wie viele es überhaupt gewesen waren, hat Ilse es gelten lassen, als 16 beisammen waren. Die meisten lagen gut sichtbar irgendwo am Straßenrand, und es war gar kein Problem, die zu finden. Aber nun stellen Se sich die Situation mal vor: Zwei betagte Herren halten und laden einen Müllsack auf. Eine Dame rief aus dem Fenster, dass sie noch eine alte Zinkwanne im Keller hat, die sie gleich holt und die noch mit soll, und als Kurt und Gunter nur ganz kurz nicht aufpassten, hatte der olle Jockel Bieber schon eine Karre voll Heckenschnitt in den Hänger geladen, weil er dachte, es wäre eine Abholung von der Stadt. Kurt erzählte, dass sie auch mit einer Truppe Schrottsammlern Ärger hatten, weil das »ihr Gebiet« war. Denen überließen sie ohne Murren zwei Säcke. (Sehen Se, da sind schon 18 beisammen. Das kommt ja dann fast hin.)

Eine Aufregung, sage ich Ihnen. Jeden Tag passierte was anderes. Es ist wirklich ein Abenteuer, ein Haus zu bauen, und wie schön war das, dass wir »olle Lüht«, wie Oma Strelemann immer sagte, es miterleben durften. Wir fragten gar nicht groß, wir machten einfach, hihi!

Ilse entschied nach der Geschichte mit dem Styropor jedoch, dass Kurt nicht mit dem Koyota und Anhänger nach Leipzig fahren durfte, um das Sanitärkrams von Arianes Eltern abzuholen. Das war auch sehr vernünftig, ich pflichtete ihr bei. Wir hatten so viel gespart, dass man ruhig eine Spedition beauftragen konnte. Wer weiß, wo das Waschbecken und die Throne sonst gelandet wären!

Kurt Gläser, 87. Nominiert als
»Deutschlands Handwerker des Jahres«.

Wir holten unser Richtfest nach und nannten es »Das Haus ist nun so halbwegs fertig«-Fest. Richtig fertig ist man ja nie!

Einweihungsfest konnte man auch noch nicht sagen, wissen Se, in einigen Zimmern standen schon die ersten Schränke, in anderen fehlte noch der Putz an der Wand, und richtig wohnen konnte man da noch gar nicht. Aber das tat auch nicht Not, der richtige Einzug war erst für das Frühjahr geplant. Es war eher als Dankeschönfest für die Helfer gedacht. So was muss man schon machen, sonst reden doch die Leute!

Alle haben wir eingeladen, die beim Bau geholfen haben: Bogdan und Kalle, die Maurer, natürlich die Dachdecker, Zimmerleute, Sanitärfritzen, den Architekten und auch die Paukert vom Bauamt. Die kam zwar nicht (es war auch wirklich frisch auf dem Dixi-Häuschen), aber dafür ihre Schwiegermutter, die Else aus meiner Wasserdisco-Truppe. Stefan hatte ein paar Kollegen eingeladen, die drei blassen, die im Sommer zum Helfen da gewesen waren. Die kamen auch. Wir Alten hatten uns ein bisschen damit zurückgehalten, noch Leute dazuzubitten, wissen Se, es kamen auch ohne Einladung genug neugierige olle Weiber »zufällig vorbei«. So ist es doch immer! Ich hatte lediglich Herrn Alex eingeladen und ihm geheißen, der Meiser und der Berber nichts zu sagen. Die Berber hat einen gesegneten Appetit. Wäre die gekommen, hätten wir zwei Platten Schrippen mehr machen müssen. Die würde ich einladen, wenn meine Wohnung dereinst fertig eingerichtet war. Alles zu seiner Zeit!

So ein Fest soll was ganz Besonderes sein. Da ist so vieles zu bedenken und zu planen! Wer hält eine Rede? Wie lautet der Richtspruch? Macht man das überhaupt, wenn es eigentlich gar kein Richtfest mehr ist? Und wo schlägt man dann diesen Nagel ein? Was – und vor allem wer! – macht was zu essen und organisiert ein Bierfass? Und wo kriegt man Tische und Bänke für die Gäste her? Ach, so ein Richt-Einweihungs-Dankeschön-Fest vorzubereiten ist fast so schön, wie eine Hochzeit zu planen, und da bin ich ja Expertin.

Über das Essen müssen wir ja wohl nicht groß reden, denke ich. Das ist Ihnen bestimmt klar, dass Ilse, Gertrud und ich uns darum kümmerten. Wir machten aber kein Menü mit Schischi und vielleicht noch Wein zur Vorsuppe, sondern hielten alles eher rustikal.

Früher, ja, da wurde bei solchen Gelegenheiten ganz groß aufgetragen. Es gab sogar getrüffelten Kapaun. Da hat mein Otto lange Zähne gemacht, das war so einer, der nichts gegessen hat, was er nicht kannte. Sie kennen doch den Spruch »Watt der Bauer nich kennt, frett er nich« – »Was der Bauer nicht kennt, frisst er nicht«. Ich musste ihm gut zureden und sagen, dass »Kapaun« nur Etepetete-Gequassel ist und sich im Grunde genommen Hähnchen mit Pilzen dahinter verbirgt. Dann hat er es gegessen, und es hat ihm geschmeckt. Die haben damals schon wichtigge-tan und das Essen schön und kompliziert benannt. Kennen Se »Zartes Schweineparfait in Eigenhaut an Soße Bombay«? Das ist Currywurst. Oder diese Bio-Menschen, die sich gegenseitig Reste vom Komposthaufen verkaufen! Wissen Se, wenn ich Gemüse geputzt habe, haben sich die Kaninchen von Walter immer gefreut. Und heute? Das schmeißen se noch ein paar Veilchen oder Rosenblüten drüber, legen das in einen tiefen Suppenteller und verkaufen es für elfneunzich als »Wildkräutersalat«. Die haben doch alle einen Knall. Halten Se mich nicht für altmodisch, aber das haben wir nicht mal nach dem Krieg gegessen. Selbst da haben die Hühner die leeren Erbsenschoten gekriegt. Stundenlang haben wir die ausgepalt, bis die Daumen wund waren. Keiner ist auf die Idee gekommen, die leeren Schoten als Salat anzumachen! Das kriegten die Karnickel oder die Hühner. Basta.

Da Kirsten im Sauerland friedlich mit ihrer Wünschelrute durch die Wälder streifte, machten wir hier ohne Rücksicht auf Schakra belegte Brötchen mit bunter Wurst. Auf die Hälfte der Hackepeterbrötchen machte ich reichlich Petersilie und ein bisschen Zwiebel, falls doch ein Vegetarier käme. Die Zwiebel ist die Pauke unter den Küchengemüsen, und die wirkt bekanntlich am besten, wenn man sie behutsam schlägt. Wir belegten auch ein paar Schrippen mit Käse, schließlich sollen sich auch solche weganen Leute bei uns wohl fühlen. Aber nicht zu viele, wissen Se, die bleiben doch immer liegen! Also, die Stullen. Wir rechneten, dass wir mit fünf Halben pro Person gut auskommen würden. Es gab ja auch noch kalte Buletten und kleine Schnitzelchen, einen Teller mit aufgeschnittenen Tomaten, ein paar saure Gurken (Ilse hat noch Eingemachtes von 77, das muss ja auch mal weg!) – also, da würden wir schon hinreichen. Es gibt ja starke Esser und solche, die nicht so kräftig zulangen. Gertrud zum Beispiel ist eigentlich ein sehr kräftiger Esser, aber die hatte sich gerade ... nun, wie sage ich das ... sie hatte sich das Speisezimmer neu einrichten lassen. Nee, das versteht man so nicht ... aber die dritten Zähne sind ein so sensibles Thema für uns ältere Herrschaften. Gertrud hatte also ... ach, sei's drum, wir sind ja unter uns: Sie hatte den Klappermann neu. Zum Erzählen nahm sie das Ding schon rein, da drückte nichts mehr, und es ging ganz flüssig. Nur zum Essen, da waren sie noch nicht hinreichend eingetragen. Da nahm sie die Kauleiste diskret raus. Das war aber selbst für Gertrud, die im Grunde keine Feine ist, in so großer Runde keine Möglichkeit der Wahl, und deshalb fiel sie als großer Esser aus.

Natürlich hätte man auch Spanferkel machen können, aber das ist wieder mit offenem Feuer. Das wäre zwar zur Freude von Kurt gewesen, aber wir waren gerade erst im Fernsehen, als die Feuerwehr beim Grillfest im »Haus Seerose« wegen der Stichflamme ausrücken musste. Außerdem ist Spanferkel immer so eine Sache, meist hat man mehr Schwarte und Speck als alles andere. Nee, belegte Brötchen waren das Richtige.

Es wäre natürlich ein Wunder gewesen, wenn die Schiode mit den Engelchen nicht zum Singen gekommen wäre. Das war ja gar nicht zu vermeiden, und wir trugen es mit Fassung und rätselten, was sie wohl zu Gehör bringen würde. Stefan sagte »Hauptsache, nichts von EINSTÜRZENDE NEUBAUTEN« und kicherte. Ich verstand nicht so recht, warum, aber bestimmt hatte er wieder was Unverschämtes gesagt. Diese jungen Leute! Manchmal sagen die Sachen, die wir Alten nicht kennen, und dann gibt es wieder ein Missverständnis. Ich weiß noch, vor ein paar Jahren. Stefan war damals Junggeselle, an Ariane war noch gar nicht zu denken und an Lisbeth und die kleine Agneta erst recht nicht. Da war er an Weihnachten bei mir. Als ich fragte, was wir wohl zusammen im Fernsehen anschauen wollen, sagt doch der unverschämte Bengel: »Stirb langsam«.

SAGT DER ZU MIR »STIRB LANGSAM«!

Eine Frechheit! Ich habe ihm eins mit dem Abwaschlappen um die Ohren gegeben, eine links und eine rechts. Aber es gibt wohl einen Schießfilm, der so heißt und den das Zweite gerne an den Feiertagen zeigt. Stefan wollte mich also zu nichts auffordern.

Natürlich gab der Kinderchor wieder »Wer will fleißige Handwerker sehen« zum Besten, viel Phantasie hat die Schiode eben nicht. Am Anfang des Liedes hatten die Kinder ja noch Lust und sangen fröhlich und motiviert mit, aber zum vermeintlichen Ende hin ließ das alles nach, und es sang fast nur noch die Dirigentin. Ich schreibe »vermeintlich«, weil es da natürlich noch lange nicht vorbei war. Es ging ganz harmlos los mit den neun Strophen, die ich auch mit Lisbeth oft singe:

Wer will fleißige Handwerker sehn,
der muss zu uns Kindern gehn.

Also, so fängt jede Strophe an. Das schreibe ich nur einmal, damit die in der Druckerei nicht so viel Papier kaufen müssen, es ist ja immer dasselbe. Es muss ja nicht sein, dass ein Baum stirbt, nur weil die Schiode kein Maß kennt. Nach den ersten beiden Zeilen ist jeder Vers ein bisschen anders. Cornelia Schlode hat in langen, einsamen Nächten, als sie wieder ihre Hitzewallungen hatte und dem Herrn Pastor nachweinte (der sich nämlich auf die Kirche und seine Schäfchen besann und sie wieder aus dem Pfarrhaus hat ausziehen lassen), einige Strophen umgedichtet:

Stein auf Stein, Stein auf Stein,
das Häuschen wird bald fertig sein.

Oh wie fein, oh wie fein,
der Glaser setzt die Scheiben ein.

Tauchet ein, tauchet ein,
der Maler streicht die Wände fein.

Zisch, zisch, zisch, zisch, zisch, zisch,
der Tischler hobelt glatt den Tisch.

Poch, poch, poch, poch, poch, poch,
der Zimmermann klopft auf dem Dach!

Stich, stich, stich, stich, stich, stich,
Frau Gläser näht Gardinen hübsch!

Rühre ein, rühre ein,
der Kalk, der wird bald fertig sein.

Trapp, trapp drein, trapp, trapp drein,
jetzt gehn wir von der Arbeit heim.

Nun hätte man ja wirklich denken können, wir haben endlich Ruhe, aber da kennen Se Cornelia Schiode schlecht. Als letzte Strophe ließ sie nämlich singen:

»Hopp, hopp, hopp, hopp, hopp, hopp,
jetzt tanzen alle im Galopp.«

Das war das Zeichen für die stämmige Sophie. Wie durch Zauberhand hatte die auf einmal ihr rosa Tüllröckchen über die Hose gestreift und tanzte, während alle anderen Kinder im Kreis um sie herumstanden und klatschten. Am lautesten klatschte die Schiode. Genau genommen klatschte, dirigierte, sang und tanzte sie in einem. Als wir im Sommer in Gläsers Garten Erdbeertorte gegessen haben und Ilse eine Wespe auf der Kuchengabel entdeckte, machte sie so ähnliche Bewegungen. Die Maurer hatten das Geträller ja schon einige Male erlebt und waren es gewohnt, die sagten nichts, sondern nippten nur verlegen an ihrem Bier. Ariane stand mit dem Baby auf dem Arm neben mir und sagte leise, aber so laut, dass ich es hören konnte, zu Stefan: »Na, den Rüttler zum Verdichten können wir uns im Garten sparen. Wir lassen die einfach noch mal zum Tanzen kommen.« Ich zwinkerte zu Ariane rüber und zeigte den Daumen hoch, und Ariane zwinkerte zurück. Da staunen Se, nich? Das habe ich schon vor Jahren vom Stefan gelernt. Wir wandten uns wieder dem Gesang zu, und ich guckte auf die Uhr. Wenn der Kinderchor das Singen anfängt, ist es wie mit einer Oper von Richard Wagner: Man hat das Gefühl, dass es vier Stunden geht, und wenn man nach drei Stunden auf die Uhr guckt, sind gerade acht Minuten um.

Natürlich wollte Frau Schiode auch den Männerchor antreten lassen, das war ja gar nicht zu vermeiden. Wir hatten vorher ein langes Gespräch und hatten uns nach schwierigen Diskussionen geeinigt. Einerseits ist es ein feierlicher Moment, wenn man so auf die zurückliegenden Monate schaut. Da ist ein bisschen netter Gesang im Grunde schon passend. Aber es muss sich ja nicht hinziehen, bis es dunkel wird! Ich wandte also eine List an und legte ihr nahe, doch nicht nur die Kinder, sondern auch den Männerchor auftreten zu lassen. Kurt hatte gerade sein Jubiläum im Chor und musste sowieso einen ausgeben, da hatten Ilse und ich überlegt, dass wir ein paar Brötchen mehr schmieren und das Einjährige für die ollen Sangesrochen gleich mit bei der Einweihungsfeier begießen. So hat man nur einmal den großen Hans und fängt nicht zweimal mit Brötchenschmieren und Abwasch an. Es ist auch immer von Vorteil, wenn die Schlode mit den Männern singt. Die werden ungemütlich, wenn sie überzieht und sie so lange trällern müssen. Es sind alles Herren in Kurts Alter, wissen Se, die wollen ihre drei Lieder absingen und dann zwei, drei Bier. Von denen lässt sich keiner von einem ausgemusterten Pfarrersliebchen zum Darben verdammen. Cornelia Schiode ist eine herzensgute Person, die nur nicht merkt, wann es genug ist. Die Herren sangen gerade was von einem gewundenen Jungfernkranz, als Elfie Hecht, die selbstverständlich auch gekommen war, dem Kulturprogramm ein jähes Ende machte, indem sie rief: »So, Ruhe jetzt. Es ist genug gesungen. Der Schnaps schmeckt ja schon nach Glas!« Dann stieß sie mit dem Herrn Alex an.

Gertrud war derweil mit dem Tablett rumgegangen und hatte Sekt, Apfelsinensaft und Korn ausgeteilt. Die Schnapsgläser sind ja heutzutage kümmerlich. Die muss man mit zwei Fingern zum Mund balancieren, wenn sie halbwegs voll sind. Und voll muss man sie schon machen, damit es überhaupt ein Einfacher ist, von einem Doppelten gar nicht zu reden. Am Ende kleckert man sich vielleicht noch voll und es riecht – das macht doch einen schlechten Eindruck. Deshalb hebe ich immer die kleinen Gläschen auf, in denen Amarenokirschen drin sind. »Sto Gramm«, sagt der Russe dazu. Da geht wenigstens was rein! Wenn man schon anstößt, muss auch was im Magen ankommen und nicht auf dem Weg dahin verdunsten. Gertrud lächelte jeden mit ihrem neuen Speisezimmer an (jetzt wissen Se ja, was das ist!) und ermunterte alle, kräftig zuzugreifen. Als jeder ein Getränk hatte, legte Stefan seinen Arm fest um Ariane, die das gnäckelnde Baby sanft wiegte. Er dankte allen Helfern, den Bauleuten, seiner Familie und ganz besonders mir, was mir aber sehr unangenehm war. Ich wollte die finanziellen Zusammenhänge nicht in so großem Rahmen erläutert haben und rief einfach »Prost«. Wir stießen an und tranken aus.

Die, die Korn genommen hatten, schüttelten sich und rangen nach Luft. »Alles Weißweintrinker«, dachte ich bei mir, während ich zum zweiten Glas griff. Auf einem Bein kann man schließlich nicht stehen!

Beim Einweihungsrichtfest waren selbstredend auch die blaublütigen Fürstenbergs, Arianes Eltern, zur Stelle. Monika lud eine riesige Platte mit belegten Brötchen aus dem Auto. »Das sind Canapés«, flötete sie. »Greifen Sie nur alle tüchtig zu!« Die Schnittchen waren vom Partyservice und nicht selber geschmiert, das sah ich auf den ersten Blick. Monika stellte ihre prächtige Angeberplatte zu unseren belegten Brötchen auf die Tapeziertafel, die die Männer aufgebaut hatten. Ilse hatte mit dem ganz langen Tafeltuch ihrer Mutter alles sehr hübsch dekoriert. Das hat sie gerbt, es ist vier Meter lang, und jeder, der noch ein bisschen Sinn für Gutes und Schönes hat, beneidet sie darum. Ilse hat das Tafeltuch ihr Leben lang gehütet wie ihren Augapfel, aber seit ihre Tochter »hässlicher Knitterlumpen« dazu gesagt hat, legt sie es öfter auf. »Es hat gar keinen Sinn, es für Regina aufzusparen. Die weiß das sowieso nicht zu achten«, hat sie zu mir gesagt. Und recht hat se! Was soll man sich die Sachen immer »für gut« weglegen? Wann ist es schon mal gut genug? Nee, ich sage immer, wir sollten uns gut genug sein für nur das Beste! Was nützt es, wenn ich in gestopfter Bettwäsche schlafe und im Schrank liegen, originalverpackt und noch nicht mal aufgewaschen, Luxusbezüge? Wenn ich dereinst heimgerufen und begraben bin und der Entrümpler aufräumt, ja, meinen Se, der sagt »Och, guckt mal, was die Bergmann für schöne Bettwäsche hatte, die wollen wir mal für gut weglegen«? Im Leben nicht! Der schmeißt die in den Lumpensack und guckt nicht mal hin, ob nicht am Ende noch ein Notfallgeldschein dazwischen steckt. Das habe ich Ilse gesagt. Sie hat traurig geguckt, aber letztlich genickt. Seither legt sie das Prachtleinen immer auf, wenn wir was zu feiern haben – und ich frage Sie, wenn ein Baustellendankesfest nicht ein angemessener Anlass ist, was denn dann? Ilse hatte auf den mit Mutters Tafelleinen geschmückten Tapeziertisch auch drei üppige Blumensträuße gestellt. Die letzten späten Astern streuten ihren gelben Blütenstaub jedoch schon beim ersten kleinen Rempler über Monikas lackierte Edelschnittchen, sodass keiner mehr mit rechtem Appetit danach griff. Ich bitte Sie, so ein Handwerker nimmt doch auch eher eine deftige Schmalzstulle mit saurer Gurke! Das sollte eine Frau, die im Sanitärhandel arbeitet, eigentlich wissen. Ich hielt den Mund, um ihn mir nicht zu verbrennen. Man verscherzt es sich nicht gern mit der Verwandtschaft, auch nicht mit der angeheirateten. Und wer weiß, vielleicht brauche ich demnächst noch einen Duschhocker für mein Spandauer Bad?

Bis auf das gute Tafeltuch hatten wir alles rustikal gehalten; die einfachen Teller für alle Tage hingestellt und das Küchenbesteck, nicht das gute Familiensilber, das Oma Strelemann im Garten vergraben hatte, als der Russe kam. Biergläser hatten wir gar nicht erst mitgenommen, wissen Se, Handwerker sind Flaschenkinder. Die nehmen kein Bierglas. Bis das umgefüllt ist, ist der Durst aus der Flasche schon längst gestillt.

Wie ich schon sagte, wir hatten alle zum Fest gebeten, die mitgeholfen hatten. Die Maurer, die Trockenbauer, die Zimmerleute, die Klempner, die Fensterbauer, den Architekten, alle neuen Nachbarn – selbstverständlich auch Wilma Kuckert. Ilse war deswegen gar nicht richtig entspannt und passte die ganze Zeit über nur auf, dass Wilma und Kurt sich nicht näher kamen. (Sicherheitshalber versteckte ich das Fleischmesser im Kamin.) Es war eine große Meute von an die 60 Personen, der Männerchor und die Kinder mitgerechnet. Monika machte mit kleinen Gruppen Führungen über den Bau und tat so, als hätte sie hier Regie geführt: »Hier kommt das Schlafzimmer hin, und hier, die Badewanne, schauen Sie mal! Die haben mein Mann und ich selbstverständlich zur Verfügung gestellt, genau wie alle anderen Sanitäreinrichtungen hier.« Ich biss mir auf die Lippen und lächelte, aber Gertrud sprang ein. Sie zeigte jedem die klitzekleinen Schrammen und sagte: »Zweite Wahl, war abgeschrieben. Aber man sieht es ja kaum, wenn man nicht genau weiß, dass es ein Fehler ist«, und lächelte Monika falsch an. Die kochte, sage ich Ihnen.

Ach, mein Trudchen! Als wir die Treppe hinabstiegen, drückte ich ihre Hand. Die anderen dachten, weil ich mich festhalten musste (es war ja noch kein Geländer dran, und ich hatte zwei Korn!), aber beste Freundinnen verstehen sich auch ohne Worte! Ich war ihr sehr dankbar.

Es war ein schönes Fest. Monika schleckerte den ganzen Nachmittag am Eierlikör, der mundete ihr sehr. Ich weiß, dass der in den Kopp geht, schauen Se, da ist schließlich Primasprit mit fast 80% drin. So kann man den natürlich nicht trinken, deshalb verdünne ich mit Doppelkorn. Aber nicht zu doll, wenn er wässrig schmeckt und keinen Spaß bringt, ist das ja auch nichts. Der Herr Bürgermeister hat seinerzeit am Karnevalsbeginn, als die Narren das Rathaus übernahmen, auch nicht glauben wollen, dass es mein Eierlikör in sich hat. Die Sekretärin hat ihm den halben Nachmittag lang kalte Umschläge machen müssen, damit der am Abend die Sitzung wieder vorzeigbar für war. Und Ilse ist bei mir im Treppenhaus das Geländer runtergerutscht, so beschwingt ... na ja. Hihi. Monika machte er jedenfalls gesellig. Nicht lange, und sie sang laut und schief »Du hast ein knallrotes Gummiboot« und tanzte dazu ganz obszön an der Gerüststange. Manfred wusste gar nicht, was er sagen sollte. Sie winkte ihm aufgedreht zu und rief: »Vatichen! Guck mal!«, und kreiste das Becken. Monika sprach von Manfred immer als »Vatichen«, das hatte gar nichts mit dem Eierlikör zu tun. Ich kann Ariane gut verstehen, dass sie zum Studieren nach Berlin gegangen ist. Mutter hat meinen Vater nie »Vatichen« genannt. Sie rief »Ewald«, und zwar laut und deutlich, nur manchmal des Nachts nannte sie ihn »Jaduwilderstier«.

Meine Männer waren allesamt schon unter Tage, bevor sie auf so einen Quatsch wie »Muttilein« gekommen wären. Manfred wollte Monika einfangen, aber das machte sie nur noch wilder, und sie tanzte mit dem Maurerpolier auf der Bierzeltbank. Ich riet »Vatichen«, sich nicht aufzuregen, wir waren schließlich mehr oder weniger unter uns. Stattdessen gab ich ihm den Tipp, Fotos zu machen. Damit hätte er immer ein Argument, wenn es zu Hause mal Zank gab.

Wir machten noch ein schönes Erinnerungsbild. So ein Tag muss schließlich für die Ewigkeit und für den Fäßbock festgehalten werden. Auch, wenn das Interweb angeblich nichts vergisst, ließ ich ein paar Abzüge von der Fotografie entwickeln. Ich glaube das nämlich nicht, dass das Netz nichts vergisst! Wenn ich beim Gockel eingebe: »Wo ist meine Lesebrille?«, dann weiß das auch nie eine vernünftige Antwort!

Ilse arrangierte lange, bis wir alle richtig standen. Sie ist in jeglicher Form von Familienangelegenheiten erfahren und weiß Rat wie keine Zweite. Die können Se nicht nur wegen Stammbaum fragen und was Perlenhochzeit ist, nee, Ilse weiß ALLES. Die hat immer gute Tipps in petto. Bei Gläsers stehen zum Beispiel bei Feierlichkeiten die angeheirateten Schwiegersöhne und -töchter grundsätzlich außen, wenn fotografiert wird. Ilse macht das mit Bedacht, wissen Se, im Scheidungsfall muss man dann nicht das ganze Bild verbrennen, sondern kann die ehemaligen Partner einfach wegschneiden. Merken Se sich das, das ist sehr praktisch. So stellte sie auch unsere Gäste vor dem Haus auf.

Monika kam ganz an den Rand!

Huch, nun gucken Se mal auf die Seitenzahl. Jetzt habe ich mich ganz schön verplappert und muss wohl zum Ende kommen. Papier ist nämlich nicht nur geduldig, sondern auch teuer. Ich kann das nicht ab, wenn ein Buch so dick ist und der Schreiberling über 800 Seiten erzählt, wie der Wind durch die Wipfel ging und die Zweige tanzen ließ, aber die Handlung hätte auch auf 20 Seiten gepasst. Sie kennen mich ja nun schon ein bisschen, bei Renate Bergmann ist alles zackig und knackig, bis hin zu Rücken, Knie und Hüfte.

Das Richtfest war gefeiert, und das Dach war rechtzeitig drauf. Gott sei Dank, so konnte nun alles schön trockenfrieren. Da waren sich Gunter und Kurt mit den Maurern und sogar dem Architekten einig: Der Bau muss einen Winter lang Frost kriegen und richtig durchfrieren. Nichts ist doch schlimmer, als wenn man dem Haus nicht genug Zeit gibt. Dann hat man den Schimmel hinter jedem Schrank, und im Keller verfaulen einem die Kartoffeln. Spinnen sind ein gutes Zeichen, wenn Se Spinnen in der Wohnung haben, können Se sicher sein, dass das Haus trocken ist.

Die kleine Lisbeth machte uns viel Freude, genau wie Baby Agneta. So ein Wonneproppen! Sie schlägt ein bisschen nach ihrer Oma, das muss ich einräumen. Wenn sie einkäckert, macht sie eine Schnute genau wie Monika, wenn sie Manfred wieder die Leviten liest.

Wir waren am Tag nach dem Einweihungsdankesrichtfest noch mal zum Haus gefahren, um das Geschirr zu holen. Ich drängte auch darauf, dass wir uns gleich noch daranmachten, die vielen Apfelbäume, die die jungen Winklers zum Richtfest bekommen hatten, einzupflanzen. Was erledigt ist, ist erledigt, und der Spätherbst war die beste Zeit dafür! Den Spruch mit dem Haus, dem Sohn und dem Baum kennt ja wirklich jeder, sogar die jungen Leute. Da können Se sich ja denken, was bei der Einweihungsfeier los war: Vierzehn Apfelbäumchen kamen als Geschenk. VIERZEHN! Ariane schlug die Hände über dem Kopf zusammen. Ihr schwante schon, was da an Arbeit auf sie zukommen würde. Aber das Grundstück war groß genug für eine schöne Streuobstwiese. Und was gibt es Leckereres als frisches, selbstgekochtes Apfelmus?

Das Einpflanzen oblag eigentlich Stefan, dem Hausherrn und Familienvater. Kurt ließ es sich aber natürlich nicht nehmen, dabei zu helfen, wissen Se, er ist der Gärtner unter uns und kennt sich aus. Stefan ist kein Dummer nicht und weiß auch, dass die Wurzeln nach unten kommen, aber trotzdem muss man ja auch gucken, wie tief die Bäumchen eingebuddelt werden, dass man einen Gießrand lässt und die Stämmchen gerade setzt und gut festtrampelt. Wir haben das gleich miteinander verbunden: Erst die Friedhöfe mit Tannenschnitt winterfest gemacht und später die Streuobstwiese bei den Kindern gepflanzt. Wenn der Hänger einmal am Koyota ist, muss man doch gucken, dass man praktisch denkt und das ausnutzt.

Ilse und Kurt pusselten noch am Wagen rum und luden den Spaten und die Gießkanne in den Koyota, während ich ganz für mich allein ein paar Schritte auf der Wiese hinterm Haus ging.

Wie würde das nun alles werden?

»Ein Haus bauen, einen Sohn zeugen und einen Baum pflanzen« soll ein Mann in seinem Leben, so heißt das Sprichwort ganz genau. Man darf das ja alles nicht mehr so eng sehen heutzutage. Wir haben Gleichberechtigung, da ist ein Mädchen genauso gut wie ein Junge! Die kleine Agneta war ein kräftiges Kind, das wuchs und gedieh, das zählte gut für zwei Jungen. Das Haus hatte der Stefan nicht ganz allein gebaut, wir hatten alle tüchtig mitgeholfen. Aber nun stand es, und er war der Hausherr, jedenfalls in dem Rahmen, in dem seine drei Frauen das zulassen. Und das mit dem Bäumepflanzen war dank Kurts Hilfe die leichteste Übung.

Die beiden hatten die Setzlinge so gepflanzt, dass die Bäume sich nicht das Licht und die Luft zum Gedeihen nahmen, und doch einen schönen Apfelhain ergaben. »Wie eine Familie«, dachte ich bei mir. »Genau wie meine Familie.«

Man muss sich die Luft zum Atmen lassen, darf sich nicht erdrücken und zu dichte auf den Pelz rücken und doch nahe genug zusammenstehen, wenn es darauf ankommt.

Wie oft würde ich die Apfelbäumchen wohl noch blühen sehen? Würde ich es noch erleben, dass sie Früchte tragen? Mit Ariane Apfelmus einkochen, während Lisbeth und Agneta auf der Wiese toben? Es wäre zu schön. Ich bin 82 Jahre alt, da muss man jedes weitere Jahr als Geschenk sehen. Keiner weiß, wie viel »Nachschlag« es noch gibt.

Eins kann ich Ihnen versprechen, ich bin keine, die auch nur eine Minute dieses Geschenks verschwenden wird! Ich habe die Absicht, den Rest meines Lebens wie eine große Portion rote Grütze mit Vanillesoße zu verschlingen. Deshalb werde ich auch noch nicht zu den Kindern in die Einliegerwohnung ziehen. Wasserbett hin und Treppenlift her, noch komme ich gut allein zurecht und will den jungen Leuten nicht auf die Pelle rücken.

Und in Spandau werde ich noch gebraucht. Der kleine Berber, der Jemie-Dieter, ist versetzungsgefährdet, denken Se sich das nur! Der blaue Brief kam letzten Donnerstag, ich habe ihn zwischen all den Rechnungen und der Werbung zufällig gefunden. Natürlich habe ich ihn mit der Grillzange wieder unauffällig in den Berberschen Briefkasten rutschen lassen. Das ganze Jahr über konnte ich mich nicht um den Bengel kümmern und die Hausaufgaben kontrollieren, und das ist nun das Resultat.

Mit der Bildung ist es im Hause Berber nicht weit her, wissen Se. Die Dame schreibt der Frau Meiser immer auf Postkarten aus dem Urlaub, wie da Essen schmeckt. Ich habe sie nun schon ein paar Jahre mit im Haus wohnen, und bisher hat das Essen noch immer geschmeckt! Die ist nicht küme oder wählerisch. Aber diesen Sommer hat sie der Meiser auch noch »Grüße aus Italien« für die »liebe Doris« geschickt. »Anbei siehst du den berühmten Eiffelturm von Pisa.« Da muss man doch um den Jungen fürchten! Wissen Se, ich bin nur eine einfache Frau, die auf der Volksschule war, aber dass der Eiffelturm in Paris steht, das weiß ich sogar. Man kann nur den Kopf schütteln.

Ich stieg zu Ilse und Kurt in den Koyota. Während Kurt nach dem richtigen Gang suchte, drehte ich mich noch mal um und erinnerte mich an einen Spruch von so einem ollen Griechen-Weisheiten-Onkel. Sinngemäß hat der gesagt: »Man muss Bäume pflanzen, auch wenn man weiß, dass man nie in deren Schatten sitzen wird. Aber pflanzen muss man sie. Denn: Wenn wir es nicht tun – wer dann? Und wenn nicht jetzt – wann dann?«

Oder ist das von der ollen Andrea Berg?

DA WAR NOCH WAS!

Ich habe Ihnen ja auf Seite 63 versprochen, dass ich noch mal auf die Geschichte zurückkomme, wie Gertrud die Gummistrapse von der Berber ... hihihi ... ich kann kaum das Lachen zurückhalten, wenn ich daran denke! Wissen Se, ein bisschen was habe ich auch zu sagen, und da ich immer brav mein Papier in den Altcointainer werfe – selbstverständlich sortiert und sauber! –, glaube ich, wir dürfen auch noch zwei Blatt ins Buch machen mit dem Vorfall. Ich erzähle auch schnell, passen Se auf:

Was habe ich mit der Berber nicht schon alles durch, nee, dieses lose Rabenaas! Die trägt Schnürsenkel als Schlüpfer und krakeelt durchs Haus, als wäre se eine Stadionsprecherin, die ein Tor ansagt. Ich habe Ihnen ja schon öfter von ihr erzählt, Sie wissen ja, dass sie ein bisschen kräftiger ist. Das ist auch in Ordnung, deswegen sage ich doch gar nichts. Dicke sind oft die gemütlichsten Menschen. Es ist nur so unansehnlich, wenn sie sich in viel zu kleine Leibchen quetscht und dann rumläuft wie mit dem Tannenbaumtrichter ins Kleid geschossen. Na ja. Jedenfalls kauft sie gern und viel. Meistens lässt sie sich die Fummel oder Schuhe in kleinen Päckchen schicken. Da sie aber tagsüber im Büro ist, landen die meist bei mir.

Ein halbes Jahr lang war zwischenzeitlich mal Ruhe, sie hatte dem Zusteller nämlich verboten, die Sendungen bei mir zu deponieren. Gottchen, was hatte sie sich aufgeregt, weil ich es aufgemacht und gleich wieder zurückgeschickt hatte! Statt dass sie froh war, dass ich ihr die Mühe und den Gang aufs Postamt spare, machte sie ein Theater, dass mir wirklich der Spaß an der Hilfsbereitschaft verging. Das Oberleibchen, was die sich bestellt hat, war wirklich viel zu klein, da können Se mir glauben. Da habe ich doch einen Blick für! Aber Undank ist der Welten Lohn, man kennt das ja.

Jedenfalls gab es ein Donnerwetter und ein halbes Jahr ohne Karton. In der Zeit hat sie ihre Päckchen ins Büro liefern lassen. Das wurde denen aber wohl auch bald zu viel, und der Chef hat es verboten, weil ihr Sekretariat aussah wie eine Filiale von Deichmann. Nun kommen die Fahrer wieder zu mir. Gertrud war gerade zu Besuch, da schellte der Bote. Der mit dem blauen Auto, nicht der von der Post. Der hat es immer am eiligsten und grüßt nicht mal richtig.

Die Türglocke läutete Sturm.

Ich machte mich hoch vom Sofa, wissen Se, mit der Metallhüfte muss ich zwei-, dreimal Schwung holen und mich ein bisschen abstoßen, dann geht es. Aber es dauert eben seine Zeit.

Der klingelte schon ganz vorwurfsvoll und drängelig. So ein Lackaffe! Der weiß doch ganz genau, dass ich erst mal aus dem Sessel hochmuss und nicht so fix bin! Diese hektischen jungen Leute.

Ich öffnete die Tür mit vorgelegter Kette – man weiß ja nie! –, da schob der schon einen dicken, gepolsterten Umschlag durch den Schlitz.

»Päckchen für Nachbar!«, blökte der Fatzke eilig und wollte schon auf dem Hacken umdrehen.

»Ich heiße nicht Nachbar, ich heiße Bergmann«, entgegnete ich.

Frechheit! Ich schob seinen Arm und den Umschlag zurück, drückte die Tür zu und nahm die Kette ab.

»Nun sagen wir erst mal freundlich ›Guten Morgen‹ und für wen das Tütchen da ist, junger Mann«, belehrte ich ihn, nachdem ich richtig geöffnet hatte. Man muss sich für gute Manieren einsetzen, wo es nur geht. Eines Tages werden es einem die Menschen danken!

»Ist für Berber. Frau Manja Berber. Würden Sie annehmen?«

Ganz kleinlaut war der.

»Ja, gut, wenn Sie mich so freundlich bitten, nehme ich das an.«

Ich unterschrieb mit einem Stöckchen auf einem Glasscheibchengerät und nahm die Sendung an mich. Es war nicht schwer, kaum wie ein halbes Pfund Butter. Oben hatte die Tüte schon ein kleines Loch. JA, GUCKEN SE NICHT SO! Wirklich! Gertrud ist Zeugin. Sie mahnte zwar, es ginge mich nichts an, aber wissen Se, in den heutigen Zeiten sehe ich das anders. Überall wird vor Schäfern gewarnt, vor Bomben, die mit der Post kommen. Am Ende war da noch Rauschgift drin? Drogen in Spandau, und Renate Bergmann war der Kurier? Nee! Da muss man doch ein Auge drauf haben! Mit dem großen Fischmesser machte ich einen entschlossenen Schnitt. RATSCH! Das Messer ist ganz dünn und scharf wie ein Rasierer, das hinterlässt fast keine Spuren. Was mir entgegenpurzelte war ein ... man konnte erst gar nicht erkennen, was das sein sollte. Ein Stückchen Stoff in Lila, mit eingewebtem Gummi. Ich konnte es ziehen, und es gab in alle Richtungen nach.

Auf dem anhängenden Etikett stand »Dieser figurformende Body sorgt dafür, dass Sie perfekt aussehen und Sie selbstbewusst Ihre Schokoladenseiten zeigen können«. Selbstbewusstsein hatte se ja, die Berberin. Daran mangelte es nicht. Und Schokoladenseiten ..., na, auf jeden Fall genug Hinterteil, dass von Schokolade herrührte. »Das Modell formt und modelliert Damenbäuchlein, Magen und Hüft-Problemzonen. Alles wird umverteilt und in eine einheitliche Linie gebracht. Verlieren Sie optisch bis zu zwei Kleidergrößen.«

Mmmmh. Umverteilt? Ich setzte die Brille ab und guckte Gertrud an. Die kicherte und schob ihr Hüftgold mit den Händen nach oben. Wir mussten herzhaft lachen. Wissen Se, wenn wir alten Mädchen unter uns sind, machen wir schon mal einen Spaß.

»Was hab ich denn davon, wenn mir der Speck hier liegt?«, fragte sie, während sie sich schon kaum noch halten konnte. »Renate, jetzt, wo das Ding schon mal ausgepackt ist, ziehe ich es auch an. Los, hilf mir mal!«, sprach sie. Ich tupfte mir die Augen trocken, setzte die Brille wieder auf und las weiter. »Keinen Weichspüler benutzen. Bitte von unten anziehen, weiches Bindegewebe mit hochnehmen und am Körper verteilen.«

Das wird nicht weniger lustig, wenn Se es noch drei- oder viermal lesen. Ich hätte es zu gern selbst anprobiert, aber Sie wissen ja, ich habe, seit ich ein Backfisch war, immer die Größe 38. Mit vierzehn bekam ich ein bisschen Busen, aber das ist alles, was sich im Laufe der Jahrzehnte tat.

Sicher, der hat auch längst den Beweis angetreten, dass Kanter Kienzle in der Physikstunde recht hatte und es die Schwerkraft gibt, aber darum ging es ja nicht. Das Zauberdings sollte weiches Gewindegewebe umverteilen. Gertrud stieg also, wie es auf dem eingenähten Schnippel angewiesen war, von unten in das Gummimieder. Wir zerrten es ihr mit vereinten Kräften über den Po. Danach mussten wir erst mal eine kleine Pause machen und verpusten. Nicht nur vor der Anstrengung, nein, auch, weil wir so losprusteten. Es drückte den Hintern wirklich rund, da kann man nix sagen. Aber irgendwo muss das ja hin, und deshalb quoll das ... ach, *Fett* will ich nicht schreiben, das ist so unfein, obwohl wir ja unter uns sind und Gertrud da auch zu steht ... sagen wir Bindegewebe. So nennen die es ja auch in ihrem beigelegten Prospekt. Irgendwo muss das weiche Bindegewebe ja hin, und so lag Gertruds halber Po auf dem Rücken und vor dem Bauch. Wir rissen uns zusammen, und Gertrud arbeitete sich weiter rein in dieses Boddieformteil. Sie stellte sich hin, und ich half ihr, die Ärmelriemen so auf die Schultern schnalzen zu lassen, dass dabei der Busen eingefangen blieb. Wir staunten nicht schlecht. Es war wirklich alles frisch verteilt am Körper, der Bauch war plattgepresst, und die Büste drückte oben aus dem Ausschnitt gegen Gertruds Doppelkinn. »Wir fühlst du dich, Trudchen? Geht's dir gut? Kriegst du Luft?«, fragte ich sicherheitshalber. Gertrud konnte die Arme bewegen und flach atmen, das ging ganz prima. Sie nickte strahlend. »Ich fühle mich wie ein Rollbraten.«

Nee, was haben wir uns amüsiert! So ein Quatsch. Ich half Gertrud raus aus dem ... Ding, was gar nicht so leicht war. Sie stand mit dem Fuß auf dem rechten Beinausgang, während links noch die Schulter drin hing. Da schnellte der Elastikstraps wie ein Geschoss los und brannte ihr eine Schmauchspur auf den Hintern. Da war es aus mit dem Spaß. Sie hat laut geschimpft. Wir haben das Gummihöschen schnell wieder in den Umschlag getan. Dank meines Fischmessers war der Schnitt am Umschlag kaum zu sehen. Ich übergab Frau Berber das Tütchen am Abend. Man glaubt es nicht, am nächsten Tag sah ich sie damit durch das Treppenhaus stampfen. Am Dekolleté blitzte das Lila raus, ich habe es genau erkannt. So eine Farbe vergisst man nicht. Das war schon knapp an Dirnenbunt vorbei! Am Hals quollen ihr ein paar zusätzliche dralle Würste raus. Ja, wo soll das Zeug auch hin? Die hatte das Zauberboddiedings tatsächlich behalten. Sie stiefelte mit angehaltener Luft durch das Treppenhaus und drehte den Po im Kreis. Dabei trampelte sie mir fast den Putzeimer von den Stufen. Aber dann hätte ich die wischen lassen, das können Se mir glauben! Sie sagte jedoch nur: »Huch, 'tschuldigung«, und hat die Frau Meiser laut und eindringlich aufgefordert, ihr zu sagen, wie schmal ihre Hüften sind. Die hat das sogar gemacht! Nee, diese jungen Dinger.

Immer, wenn Gertrud und ich die Berber in das Ding eingeschnürt umherstolzieren sehen, sagt Gertrud »Rollbraten ist im Angebot, Renate«. Dann zwinkern wir uns zu und gehen untergehakt unserer Wege.